Tudo a seu Tempo

Elisa Masselli

Tudo a seu Tempo

Revisão
Cristina Marques

Capa
Arthur Emílio de Oliveira
Mídia Publicidade

Diagramação
Luciano Bernardes

1ª Edição
4ª reimpressão
20.000 exemplares
Fevereiro de 2008

Publicação e distribuição
MENSAGEM DE LUZ EDITORA

Av. Costa e Silva, 609 - sala 309
Boqueirão - Praia Grande - SP
CEP 11701-000 - Brasil
Telefax: (13) 3592-2794
Site : www.mensagemdeluz.com.br
E-mail : info@mensagemdeluz.com.br

Sumário

Desigualdade

O carro chegou pela alameda que levava à entrada principal da casa. O motorista estacionou, saiu do carro, abriu a porta traseira e ficou segurando-a, esperando que Carolina descesse. Ela saiu logo do carro e, sem olhar para o lado, foi entrando em casa. O motorista, então, foi até o bagageiro, tirou alguns pacotes e entregou-os para uma das empregadas da casa, Nilda, que, avisada pela portaria da casa que a patroa já estava chegando, tinha saído para esperá-la. Enquanto entregava os pacotes, José, o motorista, disse:

— Aqui estão as compras que ela fez, Nilda. Tome cuidado! Não sei por que, mas ela está muito nervosa hoje!

— Não se preocupe, José, já aprendi como me comportar! E me acostumei com as grosserias dela. Muitas vezes tive vontade de largar o emprego, mas você sabe que não posso, preciso do trabalho. Minhas três crianças dependem quase que só de mim, que meu marido ganha pouco. Ela pode ser muito grosseira, mas até que me paga um bom salário.

— Está certa, Nilda. A vida é mesmo assim.

Nilda forçou um sorriso e entrou carregando os pacotes. Atravessou duas salas enormes, subiu a escadaria que levava ao piso superior e bateu à porta. Assim que ouviu a autorização, pediu licença e, com os olhos baixos, entrou no quarto de Carolina. Cortinas fechadas, ainda vestida com as roupas com que tinha vindo da rua, ela estava deitada quase na beira de sua cama e, com a mão, fez um sinal para que ela colocasse os pacotes sobre uma poltrona que havia no quarto.

Nilda fez isso e, sem levantar os olhos, pediu licença e saiu, fechando a porta bem devagar.

Carolina olhou para onde estavam os pacotes, mas continuou deitada, com os olhos voltados para o teto, pensando... *Outro dia está terminando. Outro dia em que passei fazendo compras, comprando coisas de que, por sinal, nem tinha necessidade. O que estará acontecendo comigo? Por que estou tão triste? Não há motivo para isso. É, tenho tudo o que alguém possa desejar para ser feliz, mas não sou... Aliás, nunca fui. Desde que me casei nunca me senti uma pessoa realizada. Sei, sempre tive praticamente certeza que o Mário me traía e me trai até hoje, mas eu poderia fazer o quê? Ele sempre nos deu uma vida boa, além de muito carinho e atenção. Não tenho do que me queixar, mas por que então estou tão triste? Se pensar bem, não tenho motivo algum, tudo está bem, já me acostumei com a falta de interesse dele por mim, com as traições. Mas, hoje, aquela moça com quem ele estava almoçando... é muito bonita, muito jovem, poderia ser filha dele! Ainda bem que ele não me viu... Também, parecia tão encantado com ela. Por que eu fiquei com tanta raiva? Por que senti tanto ciúme? Será que foi por ele nunca ter me olhado daquela maneira? Será que foi isso?*

Continuava pensando, quando ouviu uma batida leve na porta do quarto.

— Entra — respondeu gritando.

A porta foi aberta devagar e, por ela, entrou Nilda, com os olhos baixos de sempre, que falou:

— Desculpe, dona Carolina, uma senhora chamada dona Tereza telefonou várias vezes e agora está de novo no telefone. Diz que é urgente. Eu disse pra ela que não podia incomodar a senhora, mas ela insistiu.

Com um pulo, Carolina sentou-se irritada na cama e esbravejou:

— Tereza? Não conheço nenhuma Tereza! Você é mesmo uma incompetente! Por que não disse que eu não estava em casa?

— Tentei, mas ela parecia desesperada.

— Esquece, não vou atender! Diga que não estou em casa.

Nilda não respondeu. Pediu licença e saiu do quarto. Desceu e pegou o telefone:

— Dona Tereza, desculpe. Eu não sabia, mas dona Carolina não está em casa. Ela saiu logo depois do almoço, pensei que já tinha voltado, mas ainda não chegou.

Do outro lado, a voz respondeu:

— Está bem, mas, por favor, assim que ela chegar, diz que preciso falar urgente com ela. Diz também que a dona Mercedes está muito mal e quer ver ela.

— Pode deixar que eu digo, a senhora quer deixar o número do telefone?

— Eu não tenho telefone, mas ela sabe onde me encontrar. Por favor, diga que é urgente.

— Está bom, dona Tereza, fique sossegada que eu faço isso.

Nilda desligou o telefone. Não sabia, mas Carolina estava na extensão e ouviu toda a conversa. Assim que Nilda desligou o telefone, Carolina também desligou. *Como que a Tereza teve coragem de me telefonar! Ela sabe que eu não quero saber dela nem de ninguém daquela casa!*

Voltou a recostar-se na cama ainda por algum tempo, depois se levantou, sem saber bem o que ia fazer. Estava saindo pela porta do quarto quando encontrou Nilda, carregando algumas roupas que acabavam de ser passadas. Ela estava entrando no quarto de Waldir, filho de Carolina. Essa, ainda com a irritação de que estava tomada, ao ver Nilda, disse com voz áspera:

— Para onde está indo, Nilda?

— Estou indo guardar as roupas no quarto do Waldir.

— Está fazendo isso mesmo?

— Sim, senhora. Estou indo guardar as roupas. Está quase na hora de eu ir embora...

— Espero que esteja dizendo a verdade. Está bem, pode ir, mas não mexa em nada, a não ser no lugar em que for guardar as roupas.

Entrando no quarto de Waldir, sempre de olhos baixos, Nilda não respondeu.

Carolina desceu a escada e foi para uma das salas da casa. Agora, não só por ter visto o marido acompanhado de uma linda moça, estava irritada com ele e também com Tereza, que teve a coragem de telefonar para ela! Sentou-se em um sofá e continuou envolvida em seus pensamentos... *Não entendo o que está acontecendo. Nunca me preocupei que Mário tivesse aventuras. Sempre soube que ele poderia ter quantas mulheres quisesse, mas que nunca nos abandonaria. Ele é muito responsável e sabe que precisa da imagem de uma família bem estruturada para continuar com suas pretensões políticas. Para chegar aonde quer, terá que continuar ao nosso lado, apresentando para todos sua família feliz. Eu nunca me preocupei, talvez por nunca ter ficado frente a frente com a traição, sempre sobrar alguma dúvida. Eu sabia, mas nunca vi...*

Enquanto Carolina se isolava em seus pensamentos, Nilda tinha terminado de guardar as roupas, aprontara-se e tinha ido embora. Agora, estava quase chegando em casa, acompanhada por seus três filhos. O menor, Rodrigo, com um ano, ela carregava no colo. O do meio, Sergio, com três anos, e a maior, Dalva, com seis, estavam agarrados à saia da mãe, um de cada lado.

Depois de um dia inteiro de trabalho, Nilda estava cansada, pois, além disso, para ir da creche onde os pegou até a sua casa, precisava andar por quase uma hora. A creche ficava longe dali, mas era a única que existia. Ainda assim, mesmo sendo cansativo, estava feliz por ter conseguido vagas para as crianças. Pelo menos podia ir trabalhar sem se preocupar com elas. Estava agora com vinte e quatro anos. Tinha casado muito cedo com Ari, um rapaz que conhecia desde criança. Moravam no interior, mas Ari, atraído pela propaganda de alguns amigos que tinham vindo antes para a Capital, resolveu vir também, imaginando que ganharia muito dinheiro. Mas as coisas não estavam sendo bem assim. Ele não tinha uma profissão. Agricultor durante toda a sua vida, seu ofício não tinha nenhum valor na Capital. Já estavam ali há quatro anos e ainda não tinham conseguido nem mesmo a casa própria, tão sonhada. Moravam em um quarto e cozinha, nos fundos de uma casa. O aluguel era barato, mas mesmo assim, até ele, estava sendo difícil de pagar. Nilda estava preocupada com o futuro da família, principalmente com o dos filhos. O trabalho na casa de Carolina tinha sido um achado. Trabalhava para ela há um ano e o salário era bom; e, além dos outros empregados, eram só quatro pessoas na casa: Carolina, muito rica e freqüentadora da alta sociedade; seu marido, Mário, empresário que agora estava pretendendo entrar para a política; e os dois filhos. Waldir, com vinte e três anos, ao contrário da mãe, era gentil com todos, principalmente com os empregados da casa. Estava sempre sorrindo e parecia ser feliz. E também Paula, com vinte anos. Essa era igual à mãe. Prepotente, mimada, considerava os criados como se fossem animais e só quando dava ordens trocava algumas palavras com eles.

Enquanto caminhava, Nilda pensava... *nunca comentei com dona Carolina sobre a minha falta de dinheiro. A única coisa que ela sabe é que sou casada, tenho três filhos e que deixo minhas crianças na creche. Também, do que adiantaria ela saber mais, é uma mulher de sangue ruim. Malvada, trata quem trabalha para ela como se fosse lixo. Ela é muito ruim mesmo. Os empregados não comem da mesma comida que a família dela, não podem nem tomar um café...*

Finalmente chegou em casa, entrou e ficou surpresa ao encontrar Ari. Ele costumava chegar bem depois dela, pois sempre trabalhava até mais tarde. Estava em pé, junto ao fogão, terminando de colocar água em uma panela com arroz. Sem camisa e com um colete de gesso.

— Ari! Que aconteceu? Por que está usando esse colete? — perguntou assustada.

— Estava trabalhando e, quando me abaixei para pegar um saco de cimento, dei um mau jeito nas costas e caí. O dono da casa que a gente está reformando estava lá e me levou para o pronto-socorro. O médico examinou e me mandou colocar este colete. Vou precisar ficar com ele por pelo menos uma semana. Depois, vou ter que voltar, mas ele disse que estou proibido de fazer esforço, porque a minha coluna está com um desvio muito grande. Estou desesperado! Como vai ser a nossa vida daqui pra frente, Nilda?

— Meu Deus do céu! E você, como é que está? Está doendo?

— Não, na hora doeu muito, mas o médico mandou aplicar uma injeção e agora não está mais. Receitou um remédio que eu preciso tomar de seis em seis horas. Disse que é para tirar a inflamação e passar a dor. Fui até a farmácia, mas o remédio está caro demais, e eu não comprei.

— Mas precisa comprar, Ari!

— Sei disso, mas o dinheiro que temos agora só vai dar para comprar comida para as crianças, Nilda! Sabe que não temos muito. Além do mais precisamos guardar! Não sei por quanto tempo vou ter que ficar sem trabalhar! Você sabe que eu estava esperando terminar a obra para poder pagar o aluguel, mas agora eu não vou receber, que o dono da casa vai ter que contratar outro pedreiro para terminar o serviço. Não posso ir para a caixa, porque o trabalho é sem registro e nunca paguei. Não sei o que vai ser da gente! Não posso ficar sem trabalhar! Tenho só trinta anos! E com três filhos para criar!

Nilda começou a chorar e a dizer, desesperada:

— Não pode ser! Isso não está acontecendo! Não é justo! Por que Deus está fazendo isso com a gente, Ari? Como a gente vai fazer para cuidar das crianças?

— Não sei, mas agora não adianta se desesperar! Lá na casa espírita eles dizem que tudo está sempre certo, que a gente nunca está sozinho e que basta só ter fé que tudo se resolve.

— Do que adianta tudo isso? Do que adianta a gente ir lá e ler todos aqueles livros? Acreditar em uma vida melhor depois da morte, se a gente tem que viver aqui e agora? Nós temos três crianças para criar! Não me importo com o que eu fiz em outra encarnação! E se é que eu fiz alguma coisa de ruim, também não me lembro! Quer saber de uma coisa? Não acredito nem em Deus! Ele não existe, é tudo pura invenção! Estou cansada de viver dessa maneira! Desde que nasci foi sempre assim! Fui sempre pobre e nunca consegui qualquer coisa que eu tenha querido nesta vida! Por que essa diferença entre as pessoas? A gente sem ter dinheiro pra pagar o aluguel dessa casinha, sem conforto algum, com três crianças e sem saber se vamos ter comida para elas, e a importante da dona Carolina vivendo naquela enorme mansão, com tudo que você nem imagina que possa existir, e, olhe, ela que é uma pessoa muito ruim! Você acha isso justo? Você acha que Deus existe mesmo! Que somos todos seus filhos? Tudo isso é mentira! A gente sempre foi honesta, nós nunca prejudicamos ninguém! E o que ganhamos com isso, Ari?

Ela chorava sem parar. Todo seu corpo tremia. Estava transtornada. Ari a abraçou dizendo:

— Fique calma, Nilda, a gente pode voltar para o interior... lá tem os nossos pais e ficamos morando com a tua família ou a minha, até encontrar um lugar só nosso...

— Como voltar?! Eles também não têm muito! O pouco que têm, mal dá para eles! E aqui ou lá, do jeito que você está, também não vai poder trabalhar! Como é que vai pra roça? Pegar na enxada? A gente não pode voltar! Não sei o que a gente vai fazer! Não sei o que vai ser da gente e das nossas crianças...

Enquanto Nilda chorava e se queixava da vida, duas entidades entraram na casa e colocaram-se ao lado dela. Uma delas jogou sobre Dalva, a pequena filha do casal, uma luz branca intensa. Imediatamente a menina disse:

— Mãe, pára de brigar... estou com fome...

Ao ouvir aquilo, Nilda se voltou em direção à menina, viu suas três crianças abraçadas, assustadas e agachadas em um canto da cozinha. Parou de chorar.

— Está bem, vamos comer. Não precisam ficar assustados, não estamos brigando, apenas conversando. — disse, ainda com os olhos molhados.

Foi até o fogão. O arroz que Ari tinha posto no fogo estava quase pronto. Em seguida, abriu a geladeira praticamente vazia, tendo lá dentro apenas uma garrafa meio cheia de água, uma panela com um pouco de feijão quase sem caldo e dois ovos. Esquentou o feijão, pondo mais água do que de costume para aumentar a quantidade, pegou os ovos, bateu e fritou. Os pratos que tinha, desparceirados, já estavam sobre a mesa. Colocou um pouco de arroz e feijão em cada um deles e, dando um jeito, dividiu o que até parecia uma omelete em cinco pedaços quase iguais. Começaram a comer em silêncio. Quando terminaram, acomodou todas as crianças numa única cama de solteiro, que era o que tinha para elas não dormirem num colchão no chão. Em seguida, deitou-se na cama de casal e ficou de costas para Ari, que se deitou também.

Preocupado, seus pensamentos não paravam e, neles, ele orava... *Meu Deus, Pai de bondade, por favor ajude a gente neste momento. O Senhor colocou em meus braços três crianças que são minha riqueza! Estou com medo de não poder cuidar delas. Senhor, nem sei por que estou com medo, pois sei que, a qualquer momento, a Sua ajuda vai chegar para nós. Tenho tentado cuidar bem da minha família, de todas as formas, mas sinto que está sendo inútil. Não peço muito, Senhor, só o necessário para que as minhas crianças cresçam em uma boa casa e com muita comida...*

Em seguida ele tentou conversar com Nilda, mas foi em vão. Ela estava muito nervosa e revoltada com tudo o que acontecia na sua vida. Tentava dormir, mas não conseguia e pensava, chorando baixinho: *Que vida é essa que tenho? E que eu sempre tive? Por que nada dá certo na minha vida? Ari fica dizendo que tudo está certo, que tudo é vontade de Deus, mas eu não acredito!*

Que Deus é esse que faz diferença entre aqueles que diz serem seus filhos? Por que eu vivo com meus filhos aqui, nesta miséria, enquanto dona Carolina, apesar de toda a sua maldade, tem tanto que nem sabe o que fazer com o que tem? Não, Deus não existe! Nunca fiz mal a ninguém! Sempre procurei ser uma mulher digna, boa esposa, boa mãe! Por que tudo isso está acontecendo? Sorte teve a Soninha, que se casou com aquele homem rico. Sei que ele é bem mais velho que ela... mas e daí? Ela vive desfilando de carro novo pela cidade e nem se lembra mais do tempo em que foi pobre, muito menos de mim. Ela sempre foi egoísta e mentirosa, nunca se preocupou com ninguém e, se precisasse fazer alguma maldade para conseguir o que queria, fazia sem pena. Inventava a mentira que fosse para se sair bem e nem se preocupava! Todos na cidade comentam que ela tem uma porção de amantes, e até assim é respeitada, por causa do dinheiro que tem agora, e ninguém se atreve a comentar nada na sua presença. Olha aí no que deu! Está rica e feliz, enquanto eu, com todo o meu bom caráter, estou nesta miséria! Isso não está certo! Ari pode dizer o que quiser, mas eu não consigo me conformar! Deus não existe mesmo! Além da Soninha, conheço tantas outras pessoas que são más, egoístas e têm tudo na vida. Parece até que tudo o que tocam vira ouro! Estou cansada desta vida! Estou, mesmo, muito muito cansada...

Naquele começo de noite, enquanto em seu quartinho Nilda inconformada chorava deitada de costas para o marido engessado, Carolina, sozinha, tinha tomado um drinque e, depois de andar de um lado para outro, saiu para o jardim, deu uma caminhada indo em direção ao salão que havia ao fundo e, antes de chegar lá, parou diante da piscina iluminada. Olhou para aquela maravilha azul transparente e para tudo o que havia em sua volta. Com um gramado muito verde, bem tratado, as árvores escolhidas, as plantas em canteiros bem desenhados, com flores de várias cores, aquele jardim, quase um parque, havia sido projetado por um paisagista. Era de muito bom gosto e também o orgulho de Carolina. Ela sempre promovia festas ali, para exibir sua casa e tudo o que nela fosse sinal de riqueza, para que as pessoas pudessem ver como vivia. Gostava de mostrar para todos que era muito rica. Olhando para a piscina, pensou... *Por que não estou bem? Também, hoje o dia não foi bom... além de ver o Mário ao lado daquela moça, Tereza me telefonou, não gosto de lembrar do passado. Sempre fico deprimida. Não quero e não vou mesmo falar com Tereza. Isso faz parte de um passado que não tenho nenhuma intenção de relembrar.*

Estava assim, pensando, quando ouviu uma voz:

— Mamãe, o que está fazendo aqui fora?

— Olá, meu filho! Estou aqui pensando na vida.

Ele começou a rir:

— Pensando na vida? Que tem nela para pensar? Não tem preocupação alguma, a não ser o próximo desfile de moda que a senhora vai, as roupas que vai comprar ou os jogos de cartas das quartas-feiras, com aquelas suas amigas faladeiras insuportáveis.

— Que é isso, Waldir?

— Isso o quê? O, mamãe! Vai me dizer que não sabe que suas amigas são insuportáveis?

— Nunca achei. Elas, como eu, precisam encontrar uma maneira de se distrair.

— Estou de acordo, mas podiam fazer outra coisa! Dar um jeito, sei lá, de usar o tempo ajudando algumas pessoas carentes.

— Você não sabe o que está dizendo! É jovem demais, não conhece coisa alguma da vida! E agora, chega dessa conversa, daqui a uma hora vamos jantar.

— Está bem, mamãe, sou muito jovem mesmo. Mas agora preciso sair.

— Outra vez? Aonde vai? Você não costumava sair à noite. Sabe que precisa acordar cedo.

— Não se preocupe, não vou chegar tarde, além do mais, amanhã é sexta-feira e posso ficar dormindo mais um pouco que não tem a primeira aula. Hoje eu vou com o Marcelo ao cinema e amanhã vou sair de novo. Conheci uma moça linda, muito simpática, e prometi me encontrar com ela.

— Que bom, meu filho! Quem é ela e a que família pertence?

— A senhora não a conhece, ela não é de nenhuma família importante. Hoje é o aniversário da mãe do Marcelo e eu fui com ele comprar o presente. Ela é uma das balconistas da loja em que a gente foi e, além de muito bonita, nos atendeu muito bem. Fiquei encantado com ela.

— Balconista! Onde já se viu! Você não pode se envolver com uma balconista! A não ser que seja somente para se aproveitar...

— E por que não, mamãe!

— Porque você pertence a uma família com nome e tradição! Veja só, como vou chegar e ter que apresentar à sociedade uma balconista?! E ainda como nora!

Waldir começou a rir e disse abraçando Carolina:

— Mamãe, eu não vou me casar, recém conheci a moça! Também não vou só usá-la. Sabe que não sou assim. Jamais enganaria uma moça!

— O que tem isso?! Qualquer moça ficaria encantada com você, ainda mais depois de saber a que família pertence e a fortuna que tem. Por isso mesmo, pode ter as aventuras que quiser. É homem! Mas, para casar, nunca que eu aceitaria uma balconista ou mesmo qualquer uma que não tivesse nome e tradição, assim como nós.

— Mamãe, a senhora sabe que eu não dou muito valor para essas coisas. Para mim, o que importa é o caráter das pessoas. Sei que existem pessoas boas e más em qualquer lugar e em qualquer nível.

— Isso você é que pensa. Os pobres, por natureza, são invejosos e não perdem a oportunidade de nos importunar. Só nos aceitam, porque sabem que dependem do nosso dinheiro para sobreviver.

— Ora, mamãe, não é bem assim. Tenho alguns amigos na Faculdade que não são de família tradicional ou de família rica, mas que são boas pessoas e que me ajudaram muito.

— Ajudaram, como? Você lá necessita de ajuda? Tem tudo o que precisa!

— Tem razão, em termos financeiros não preciso de nada mesmo, mas a ajuda pode vir em uma palavra amiga ou mesmo nos estudos, quando tenho algum problema com alguma matéria.

— Essa conversa está tomando um rumo que não me agrada, vamos entrar.

Entraram. Waldir foi para seu quarto; precisava se preparar para sair logo depois do jantar. Carolina, agora, estava mais irritada ainda. Chamou por Eliete, a governanta da casa que, com a cabeça baixa, prontamente a atendeu.

— Pois não, senhora.

— O jantar está pronto?

— Sim, senhora. A mesa está sendo posta.

— Onde está Paula?

— Está em seu quarto, senhora.

— Chame-a, não sei por que essa menina fica tanto tempo em seu quarto.

— Está bem, senhora, estou indo chamá-la.

Eliete se afastou em direção à escadaria. Carolina e Waldir, que já voltara confortavelmente vestido para sair, caminharam para a sala de jantar.

Paula estava em seu quarto, diante de um grande espelho, dividido em três partes, com as laterais móveis, e se olhava, virava de costas, de frente, mexia nos cabelos, olhava mais uma vez, e dizia baixinho:

— Por que sou tão feia, tão gorda e esses cabelos são tão feios? Magali é tão bonita, por isso está sempre feliz. Eu não consigo nem me olhar.

Ouvindo uma batida na porta, perguntou gritando:

— Quem é?

— Sou eu, Eliete. Sua mãe pediu para avisar que o jantar já vai ser servido.

— Vê se me esquece, Eliete! Não quero jantar e não vou comer por muito tempo! Estou gorda e feia!

Ainda do lado de fora do quarto, Eliete disse:

— O que é isso, menina! Você não está gorda e é muito bonita...

— Vai parando! Você não me engana! Está dizendo isso só para me agradar, tem medo de perder o emprego. Vá embora, quero ficar sozinha!

Eliete ficou calada; sabia que, quando Paula ficava daquela maneira, não adiantava insistir. Estava há muito tempo naquela casa. Conhecia Paula e Waldir desde que eram crianças, era como se fossem seus filhos. Sempre condenou o tipo de educação que Carolina lhes deu, mas não podia interferir. Sabia que tanto Paula como Waldir foram muito mimados, e todos os seus desejos, mínimos que fossem, eram sempre atendidos. Sabia que Carolina fazia isso para não ter trabalho. Era mais fácil atender a um pedido do que dizer um não, e, se não fosse assim, teria que dar explicações, responder aos "por quês" naturais de uma criança. E, provavelmente por isso, Paula se transformou naquela moça irritante e infeliz. Nunca satisfeita com o que tinha, querendo sempre mais e mais. Além de não dar valor para as coisas, dava muito menos para as pessoas, em especial para quem a servia.

Eliete se afastou, indo avisar Carolina, que já estava na sala de estar.

— Senhora, a menina Paula disse que não vai jantar, porque está se achando muito gorda. Vai recomeçar a fazer dieta.

— Não sei o que essa menina tem. Ela tem tudo, nunca lhe faltou nada! E essa mania de gordura, ela parece um esqueleto! Não sei o que fazer com ela! — disse Carolina, irritada.

— Tentei argumentar, mas não adiantou. A senhora a conhece e sabe como fica quando está assim. Como das outras vezes fará regime por alguns dias, depois esquecerá, e tudo logo volta ao normal.

— Sei disso, mas já estou me cansando. Vamos esperar. A propósito, o doutor Mário telefonou dizendo se vem jantar?

— Não, senhora, ele não telefonou.

— Está bem, pode mandar servir o jantar para mim e para o Waldir. Vou subir e voltarei em seguida.

— Sim, senhora.

Carolina foi para seu quarto e Eliete para a cozinha.

A caminho do quarto, Carolina lembrava-se da moça que estava com Mário... *ela é jovem e linda, por isso ele não veio para o jantar, deve estar com ela. Não me incomodo que tenha os casos que quiser, mas como pode fazer isso comigo? Freqüentar lugares onde as pessoas podem vê-lo com outra? O que aconteceria se uma de minhas amigas visse? E viesse me contar! Eu ia ser obrigada a fazer alguma coisa! Não, não posso admitir! Ele perdeu a compostura! E o Waldir agora, com essa história de balconista? Onde já se viu? Imagine se vou permitir que ele se envolva com alguém assim! Nem pensar! E Paula que não larga essa mania de dizer que está gorda? De onde tirou essa idéia? Diazinho horrível o de hoje... E ainda por cima a Tereza telefonou! Que está acontecendo com a minha vida? Bem, não adianta ficar pensando, vou jantar e, depois, vou... sair.*

Onde Está Deus?

Amanheceu, Nilda acordou e olhou para o relógio. Não eram ainda cinco horas. Levantou-se e foi até a cozinha. Abriu a porta de um armário velho para pegar o pó de café, mas não havia café. Nervosa, pensou: *O café acabou, vou ter que fazer um chá para dar pras crianças! Até quando vou suportar essa miséria? Não está certo! Minhas crianças vão ficar com o sangue fraco!*

Olhou para a mesa, onde era o lugar do pão, mas também não havia nenhum. *Nem um pão! Isso não pode continuar! Agora, com o Ari sem poder trabalhar, vai ficar pior! Não sei o que fazer. Ele quer voltar para o interior, mas sei que não vai adiantar, lá também não vai poder trabalhar. Se eu tivesse coragem, falava com dona Carolina e pedia um adiantamento de salário, mas não tenho... ela é tão fria e distante, não ia querer me ajudar. Quando me contratou, deixou bem claro que não ia adiantar salário. Não sei o que fazer...*

Ari também acordou, levantou-se com dificuldade por causa do gesso e foi até a cozinha. Viu Nilda olhando para a mesa, onde deveriam estar os pães, e disse, meio desanimado:

— Bom-dia, Nilda.

— Como pode dizer isso? Como pode ser um bom-dia, se não tenho nem um pãozinho para dar pras crianças? Não suporto mais essa vida! O salário que ganho é muito maior do que ganharia em qualquer outra casa, mas o que a gente vai fazer! A gente não tem estudo, por isso não consegue arrumar um emprego para ganhar mais! Não sei por que fui ter três crianças! — ela respondeu, já alterada.

— Fica calma, Nilda. Sei que tem razão, mas não adianta ficar assim, alguma coisa vai acontecer e a gente vai conseguir passar por este tempo ruim...

— Quando você fala assim, fico com mais raiva ainda! Você! Aceita tudo como se fosse muito normal não se ter o que comer!

— Sei que isso não é normal, mas também sei que a gente nunca está sozinho, e que tudo vai se acertar.

— Já me cansei de ouvir você ficar dizendo isso! Perdi a paciência! Vou fazer alguma coisa para dar um jeito nessa situação!

— Fazer o quê?

— Ainda não sei, mas vou achar um meio!

— Mãe, por que a senhora está brigando de novo?

Nilda e Ari se voltaram e viram que era a pequena Dalva, esfregando os olhos com as mãos e perguntando. Nilda tentando se acalmar, respondeu:

— Não estamos brigando, Dalva. Só conversando. Acorde seus irmãos. Está na hora de ir pra creche.

— Está bem, mamãe, mas tô com fome...

— Sei disso, não tenho nada para dar pra vocês, mas na creche tem lanche.

A menina, calada, voltou para o quarto e começou a chamar os irmãos que, aos poucos, foram acordando.

Nilda olhou para Ari, dizendo baixinho, mas nervosa:

— Viu como isso não pode continuar, Ari? Até quando a gente vai conseguir viver dessa maneira, sem ter o que dar de comer pra essas crianças? Se não fosse a comida que comem na creche, eles morriam de fome!

— Você tem razão, Nilda. Não vou poder ficar com este colete. Vou para a construção e tentar trabalhar.

— Não pode fazer isso, não vai agüentar de dor...

— Mas preciso agüentar, o que não posso é ver meus filhos passando fome.

— Agora não adianta a gente ficar conversando. Está na hora de levar as crianças para a creche. Nem tente voltar para o trabalho. Pode piorar e você ficar paralisado pra sempre. E isso vai ser uma desgraça maior.

— Está bem, vou pensar em alguma coisa, mas agora está na hora de você ir.

— Estou indo. Vamos crianças?

As crianças já estavam com o uniforme que usavam para ir à creche. Nilda agradecia elas terem que usar uniformes, ao menos não teria que se preocupar com as roupas que elas precisavam. Tinha dois uniformes para cada um e deixava-os sempre limpos. Pegou o pequeno no colo e os outros dois, como sempre, seguraram em sua saia. Saíram caminhando. Ela sabia que, mesmo antes de chegarem na creche, já estaria cansada, mas não havia o que fazer. Foi caminhando.

Chegou na creche e entregou as crianças para uma senhora que recebia todas as crianças que chegavam:

— Bom-dia, dona Aurora.

— Bom-dia, Nilda. A diretora pediu que entrasse um pouco, ela precisa conversar com você.

— O que ela quer? — Nilda perguntou preocupada.

— Não sei, ela só pediu que eu te avisasse.

Nilda entrou, assustada. Ao vê-la, a diretora sorriu.

— Bom-dia, Nilda.

— Bom-dia. A senhora quer falar comigo?

— Não gostaria, mas preciso.

— O que aconteceu? As crianças aprontaram?

— Não, suas crianças são uma beleza, muito educadas e atenciosas. Só que a Dalva vai completar sete anos, tem de ir para o primeiro ano e você precisa matriculá-la.

— Não tem problema. O que eu preciso fazer?

— Precisa ir até a escola e fazer a matrícula, mas tem um problema. Sei que para você será ruim.

— Que problema?

— Ela não poderá ficar na escola o dia inteiro, como acontece aqui. Terá de ficar um bom tempo em casa. Sei que você precisa trabalhar fora, por isso acho que vai ser mesmo um problema.

— A senhora tem razão. Vai mesmo ser um problema. A senhora sabe que só fico tranqüila quando estou trabalhando porque sei que as crianças estão aqui. Preciso encontrar um jeito, só não sei qual...

— Pode arrumar alguém para ficar com ela no horário em que não estiver na escola.

— Pra isso eu tenho que pagar, e o que ganho não dá.

— Tenho certeza que, se pensar com mais calma, encontrará alguém.

Nilda ficou desolada. Aquilo seria mesmo um problema, pois sabendo que as crianças ficavam na creche, ela podia trabalhar tranqüila, mas agora teria que encontrar uma solução... E voltou a falar com a diretora:

— A escola primária é aqui do lado; a Dalva não pode ficar aqui quando não estiver na escola?

— Sinto muito, Nilda, mas não é possível, pois precisamos da vaga dela para outras crianças. Além do mais, aqui as crianças são menores. Não tem outro jeito, ela precisa ir para a escola. Sinto muito, mas confie em Deus.

Nilda chorando e revoltada, disse:

— Deus?! Que Deus?! Esse Deus que me condenou a viver toda a vida na miséria? Que me deu três filhos e agora não me ajuda a criar? Não, não posso confiar Nele! Eu sozinha preciso encontrar um jeito!

— Sei que você está passando por um mau momento, mas tudo na vida passa. Verá como uma solução surgirá.

— Não estou só passando por um momento difícil, a minha vida toda foi difícil! Desde que me conheço por gente vivo nessa miséria! Não tem jeito, só vai melhorar quando eu morrer. Estou cansada, não suporto mais essa vida!

— Tenha calma, tudo tem solução.

— Não acredito nisso. Estou sem caminho. Além de não ter uma profissão ou emprego, meu marido, agora que conseguiu um trabalho que estava deixando a gente mais tranqüila, ao menos por algum tempo, deu um mau jeito nas costas e não pode trabalhar mais. O que ganho não dá pra manter a casa.

— Infelizmente, não tenho como ajudar vocês, a não ser continuar cuidando dos pequenos, mas tudo ficará bem.

— Bem, já que não tem outro jeito, vou matricular a Dalva. O que eu preciso fazer?

— Se quiser, Nilda, eu tenho os documentos dela e posso fazer a matricula, sei que você não tem muito tempo. E ainda faltam quatro meses. Nesse tempo você poderá encontrar uma solução. E, com certeza, ela virá!

— Tomara que sim! Agradeço muito a sua ajuda, dona Telma,

pois não tenho tempo mesmo. Onde trabalho, não posso deixar de cumprir meu horário.

A diretora sorriu. Nilda se despediu e foi embora.

Foi caminhando e pensando na sua vida e nos problemas que pareciam, todos juntos, desabar em cima dela. *Bem que as pessoas falam que desgraça nunca vem sozinha. Tudo de ruim está acontecendo e eu estou perdida, sem saber o que fazer.*

Foi caminhando em direção de ponto de ônibus. Teria que viajar quase uma hora até chegar na casa de Carolina. Eram seis horas, precisava estar lá às sete.

O ônibus chegou, Nilda subiu e, enquanto ele andava, ela continuou pensando em sua vida e procurando encontrar uma maneira de resolver todos os problemas que estavam surgindo, um atrás do outro.

Faltando dez minutos para as sete horas, entrou na casa de Carolina. A primeira pessoa que encontrou foi José, o motorista, que estava lavando o carro.

— Bom-dia, Nilda.

— Que bom-dia, que nada! O meu dia já começou ruim, e acho que vai ser muito pior. — respondeu irritada.

— Não diga isso, só de ter acordado, já tem que agradecer a Deus. Além do mais, você tem saúde. Existem tantas pessoas sofrendo em uma cama de hospital.

— Não tenho nada a ver com os outros. Estou cheia de problemas e parece que não têm solução.

— Tudo tem solução, Nilda...

— Não sei, pra mim não vejo nenhuma. Mas agora, tenho que entrar e começar o meu trabalho. Até mais, José.

— Até mais, Nilda.

Nilda entrou, precisava pôr o uniforme e preparar a mesa para o café. Zenaide, a cozinheira, já estava terminando de preparar tudo para ser servido. Mais um dia estava começando naquela casa, onde todos tinham tudo para ser feliz, mas parecia que não eram.

Nilda estava terminando de preparar a mesa, quando Mário entrou na sala.

— Bom-dia, Nilda.

— Bom-dia, doutor. O café está pronto. Já vou servir.

Mário sentou-se e ficou olhando para Nilda. Notou que ela estava com olheiras e com os olhos muito vermelhos. Percebeu que havia chorado e perguntou:

— Está tudo bem, Nilda?

— Está, doutor.

— Você esteve chorando?

— Desculpe, doutor, mas estou com muitos problemas.

— Que problemas?

— Não quero preocupar o senhor. O seu café já está servido. Vou me retirar.

— Espere, Nilda. Que está acontecendo? Talvez eu possa ajudar. Pode falar.

Nilda e todos os empregados da casa gostavam de Mário. Ele, diferente dos outros, sempre os cumprimentava. Ela, sem saber por que, começou a falar e contou tudo que estava acontecendo. Mário a ouviu atentamente e, assim que ela terminou, ele sorriu e disse:

— Olhe, nem tudo é ruim como se pensa. Vou emprestar o dinheiro que você precisa para pagar o aluguel. Por agora, pegue esse daqui...

— Não posso aceitar, doutor. — disse ela, enquanto pegava três ou quatro notas da mão do Dr. Mário. — Não tenho como devolver...

— Devolve quando puder. Essa quantia não representa nada para mim. Você é uma ótima empregada. Não pense que estou fazendo isso sem interesse. Estou fazendo porque sei que, se você estiver triste ou preocupada, não conseguirá exercer bem a sua função. Tenho por norma dar o conforto necessário aos meus empregados; assim, sei que tudo farão por mim e pelos meus negócios. Não tendo com que se preocupar, eles renderão muito mais. Quanto ao seu marido. Ele não pode fazer trabalho pesado, mas conseguirei algo que não precise usar da força. Não se preocupe, tudo ficará bem. Para tudo, sempre existe uma solução. Você mora muito longe. Temos várias casas alugadas e outras vazias. Algumas ficam aqui perto. Você poderá morar em uma delas e assim ficará livre do aluguel. Vou pedir à minha secretária que encontre uma creche e escola também aqui perto. Assim ficará mais fácil para você.

— Obrigada, doutor. Não sei o que dizer, mas dona Carolina não vai gostar disso...

— Não diga nada. Sei como é difícil criar os filhos, ainda mais quando se é pobre. Quanto à Carolina, ela não precisa saber.

E, mesmo que souber, sou eu quem ganha o dinheiro, por isso ela não tem o que falar. Faço com ele o que quiser. Hoje é sexta-feira, peça ao seu marido que vá na segunda à tarde lá na empresa. Vamos ver no que ele pode trabalhar. Pronto, agora que não tem mais problemas, pode sorrir?

Ela sorriu feliz e, em pensamento, agradecia aquele homem, que sempre soube que era bom, mas nunca imaginou que fosse tanto.

Ele parou de falar e começou a comer. Ela estava sem saber o que dizer. Saiu da sala de refeições e foi para o quintal de serviço.

Lá fora, seus pensamentos começaram a ficar mais alegres. *...desde que acordei pela manhã, todas as pessoas que conversaram comigo me disseram que tudo tinha uma solução, que Deus não abandona gente. Mas eu não acreditei, pensei que tudo estava perdido! Pensei em pedir ajuda para dona Carolina, mas sabia que não ia adiantar. Nem por um minuto me lembrei do doutor Mário. Devia ter lembrado. Sei que ele é um homem bom. Não é à toa que a gente sempre comenta, os empregados todos, que ele não merecia ter essa família, que ele era diferente. Ele e o Waldir são muito parecidos, tanto no físico, como no caráter. Ari tem razão. Deus sempre encontra um caminho.*

José, que já estava na garagem, limpando o carro do Dr. Mário, ao vê-la, ali parada se aproximou:

— Que aconteceu, Nilda? Por que está chorando?

Ela se voltou para ele e, sorrindo, respondeu:

— Estou pensando que você tinha razão. Deus não está dormindo, não. Ele está sempre disposto a ajudar a gente. E olhe que eu nem merecia! Desde que acordei, disse tantas besteiras... Ouvi tantas coisas maravilhosas e não dei atenção. Desculpe, José.

— Está se desculpando, Nilda, do quê? Não fez nada!

— Você me cumprimentou e eu fui grosseira, mesmo assim teve boas palavras, e eu não aceitei.

— Não se preocupe, sei que está com uma porção de problemas.

— Estava José, mas isso não me dá o direito de ser grosseira, por isso estou pedindo desculpas. Eu estava com problemas, mas, agora, não estou mais. Tudo está resolvido. Só posso agradecer a Deus e pedir perdão por todas as coisas que disse.

— Ele já te perdoou, Ele perdoa sempre...

Ela sorriu e entrou em casa. Tinha um dia longo de trabalho e trabalharia com muito mais vontade. Estava louca para chegar em casa e contar as novidades para Ari.

Problemas de Família

Mário, pensativo, continuou tomando seu café. Estava tão distraído que sequer percebeu Waldir chegando. Ao ver o pai com um ar tão distante, perguntou, sorrindo:

— Bom-dia, papai. Posso saber no que está pensando?

Mário voltou-se e, também sorrindo, respondeu:

— Bom-dia, meu filho. Estava mesmo distraído, pensando nas desigualdades da vida e tentando entender por que elas acontecem. Sente-se para tomar seu café.

Waldir se sentou e serviu-se de um copo com suco e de algumas frutas. Enquanto comia, perguntou:

— Por que está pensando nisso, papai.

— Meus pais eram de família tradicional. Sempre tive tudo o que desejei. Nunca me preocupei com o que ia comer, pois nunca faltou nada e sempre da melhor qualidade. Hoje, conversando com a Nilda, fiquei sabendo que ela está passando por uma situação difícil, que seu marido está doente e eles não sabem como vão alimentar os filhos, precisam sair da casa onde moram, pois não têm como pagar o aluguel. Por que essas coisas acontecem? Por que temos tanto e eles nada?

— Não sei, papai. Nunca me preocupei com isso. Assim como o senhor, também sempre tive tudo. Deve existir uma explicação. Só não sabemos qual. A desigualdade existe desde o princípio dos tempos. Não vamos ser nós a encontrar essa resposta.

—Tem razão, meu filho. Não encontraremos mesmo.

Enquanto continuavam a tomar o farto café da manhã, a conversa continuou:

— O senhor chegou muito tarde, ontem?

— Cheguei sim. Estou tendo alguns problemas na empresa. Estive em reunião.

— Problemas? Que problemas?

— Nada que precise se preocupar. Estou resolvendo. Mas como sabe que cheguei tarde? Você dorme cedo, por causa da faculdade pela manhã...

— Realmente, em geral eu durmo cedo, mas ontem saí com o Marcelo e depois fomos ao cinema e ainda ficamos dando umas voltas. Quando cheguei já passava da uma e o seu carro não estava em casa. Por isso deduzi que não havia chegado.

— Cheguei quase duas horas. O filme foi bom?

— Foi sim, mas o mais importante, que ainda não te contei, foi que encontrei uma moça linda, que me impressionou muito.

— Nossa! Parece que está entusiasmado mesmo! Quem é ela? A que família pertence?

— Estou impressionado mesmo. Ela não pertence a uma família tradicional, mas é muito bonita.

— Onde a conheceu?

— Na loja em que fomos comprar o presente. Ela é balconista.

— Balconista? — Mário disse admirado.

— Sim, mas muito educada e inteligente. Marquei um encontro para hoje, assim que ela sair do trabalho.

Mário começou a gargalhar.

— Por que está rindo, papai?

— Estou imaginando a cara da sua mãe quando souber que você está interessado em uma balconista!

— Ela já sabe. Eu contei...

— Contou?! E o que ela disse?

— Já pode imaginar, ficou furiosa. Colocou na cabeça que eu tenho que me casar com uma moça de família tradicional e muito rica.

— Ela dá valor demais a essas coisas. E o que você pretende fazer, filho?

— Conhecê-la melhor e, se ela for da maneira que imagino, vou namorar a moça. Talvez algo mais sério.

— Está mesmo impressionado! Mas agora preciso ir. Está na minha hora. Sabe que estou sempre ao seu lado, seja qual for a decisão que tomar.

— Sei disso, papai, mas antes de ir, o que fará em relação à Nilda? Pode ajudar de alguma maneira? Gosto dela, é humilde e muito trabalhadora.

— Também sei disso, já tomei providências e tudo ficará bem. Até logo! E, cuidado, pense bem no que vai fazer!

Waldir sorriu. Mário se levantou e foi embora. José já o esperava, com o carro brilhando, sem um grão de pó, na frente da porta de saída.

— Bom-dia, doutor. Seu carro já está lavado e abastecido. O senhor pode ir tranqüilo.

— Bom-dia, José. Sei que você deixa o meu carro sempre em ordem. Até mais tarde.

Mário entrou no carro e saiu dirigindo. Ao contrário de Carolina, adorava dirigir. José o acompanhou com os olhos.

Mário já devia estar longe quando Carolina acordou. Estava irritada. Na noite anterior tinha decidido sair para fazer uma visita que, para ela, era importante. Dessa visita dependeriam as atitudes que teria de tomar; mas havia sido inútil. Não encontrou a pessoa que precisava. Embora houvesse marcado o encontro, por algum motivo que a própria Carolina desconhecia, a pessoa não apareceu. Assim que todos saíssem, telefonaria para ver o que havia acontecido. Levantou-se e, depois de se arrumar, desceu. Waldir ainda estava, calmamente, terminando de tomar café. Aproximou-se do filho, dizendo:

— Bom-dia, Waldir. Está atrasado? Onde está teu pai?

— Bom-dia, mamãe. Não, não estou atrasado, hoje não tenho a primeira aula. E o papai saiu já faz uns vinte minutos.

— Eu nem vi quando se levantou. Deve estar cansado, pois ontem chegou muito tarde.

— Ele me disse que está com problemas na empresa e que esteve em reunião.

— Que problemas?

— Não sei, mas disse que está tudo sob controle.

— Sei muito bem qual é o problema dele...

Carolina disse isso com ar de deboche. Waldir fingiu que não percebeu. Sabia bem quais eram as reações da mãe e como Carolina era sarcástica. Levantou-se, beijou a mãe e foi saindo para a Faculdade. Precisava ir embora, antes que ela começasse a fazer perguntas sobre a moça. Ele ainda não a conhecia direito, só tinham conversado sobre assuntos gerais, quando esteve na loja; Por isso não queria ter de comentar sobre ela.

Carolina, já sentada, começava a tomar seu café. Mas não estava com vontade de comer nada. E tocou a campainha para chamar a empregada. Nilda entrou, de olhos abaixados, e cumprimentou a patroa:

— Bom-dia, senhora.

Sem levantar os olhos da xícara, Carolina respondeu:

— Bom-dia. Pode retirar a mesa. Como sempre, não adianta deixar mesa posta para a Paula. E eu já terminei.

Em seguida se levantou e foi para a parte superior da casa. Passou em frente ao quarto de Paula e resolveu entrar. Fez isso sem bater. Paula dormia profundamente. Carolina se aproximou da cama, tocou em seu ombro:

— Paula, acorde. Precisamos conversar.

Paula não ouviu, e ela tornou a chamar:

— Acorde, Paula! — com um tom de voz mais agudo.

Paula abriu os olhos e, ao ver a mãe ao seu lado, disse irritada:

— Que é isso, mamãe! Por que está me acordando?

— Está na hora de acordar. Precisamos conversar. Ontem não jantou, já te disse que se continuar com isso vai acabar doente.

— Eu já estou doente! Não vê como estou gorda e feia? — respondeu, sentando-se na cama, quase gritando.

— Você não está gorda, nem feia, filha! Não sei de onde tirou essa idéia.

— Claro que estou gorda! Só a senhora finge não ver!

— O que aconteceu desta vez? Você só fica assim quando te acontece alguma coisa de ruim.

— André terminou o nosso namoro. — respondeu chorando.

— Como?! Por quê?

— Não sei, mamãe, ele pediu um tempo.

— Como tempo? Vocês estão namorando há dois anos! Pare de chorar e me conte o que ele disse.

— Disse que estava confuso e que precisava de um tempo para pensar. Que tempo, mamãe? Como a senhora disse, nós já estamos namorando há dois anos! Sei que não é verdade! Ele está querendo é me largar de vez! A Norma me disse que ele anda conversando muito com uma moça lá da faculdade e que quase todos os dias ele a acompanha no final das aulas. A Norma acha que estão tendo um caso.

— Isso não pode acontecer! Você precisa se casar com ele! Os pais são muito ricos e de família da alta sociedade! Temos que conferir essa história! —gritou Carolina, nervosa.

— Ele não me quer mais, mamãe! Será que a senhora não entendeu o que eu disse?

— Entendi, sim, mas não podemos aceitar isso! Precisamos descobrir quem é essa moça.

— Do que vai adiantar? Se ele estiver gostando dela, não vai ter jeito, não! Além do mais, sei qual foi o motivo. Se eu não fosse tão feia e gorda, isso não teria acontecido...

— Não seja tola! Você não é feia e nem está gorda! Seu peso está normal para a sua altura. Quantas vezes, o Durval já te disse isso?

— Ele diz isso porque é nosso amigo e médico da família há muito tempo!

— Não sei porque você é assim. Parece em tantas coisas comigo, menos na vontade de lutar por aquilo que quer e nunca entregar os pontos. Acha que, se eu tivesse agido assim, teria me casado com seu pai?

— É diferente, papai sempre a amou; por isso sempre fez e faz o que a senhora quiser...

— Nada disso! Sempre fui eu quem colocou limites; e sempre estive atenta. Agora, que me desliguei, ele está colocando as manguinhas de fora, mas não me preocupo, já decidi tomar minhas providências.

— E o que ele fez?

— Isso não tem importância. Não mude de assunto! O que precisamos, agora, é descobrir quem é essa moça com quem André está saindo!

— Para que, mamãe? Se ele está gostando dela e não gosta mais de mim, não vai adiantar...

— Claro que vai! O que não podemos é desistir assim tão facilmente. Você não pode perder esse casamento.

— O que vai fazer, mamãe?

— Não se preocupe. Veja se levanta e vai tomar o seu café, a mesa deve estar posta na copa, esperando por você. Quanto ao resto, ontem a noite saí para me encontrar com uma pessoa, mas por algum motivo isso não foi possível. Agora vou telefonar para ver o que aconteceu e marcar um outro encontro. Vou tomar minhas providências para tudo ser resolvido. Não se preocupe. André vai voltar para você.

— Tem certeza, mamãe? Já sabe o que vai fazer?

— Claro que sim. Mas, levante-se, tome um banho, dê um jeito nesse cabelo e faça uma boa maquiagem para esconder essa cara de sono. Sabe que a mulher precisa estar sempre bem arrumada e bonita.

— Eu não pretendo sair!

— Não importa, mesmo em casa, temos que estar preparadas para qualquer emergência. Levante-se.

Dizendo isso, Carolina saiu do quarto. Já sabia o que fazer. Não permitiria que André trocasse sua filha por uma outra qualquer. Ela investira muito nesse casamento. Sabia que Mário tinha muito mais dinheiro e prestígio que os pais de André, mas somar sempre foi a sua idéia. Quanto mais melhor. Ela faria qualquer coisa, não importando o que fosse, mas conseguiria o que queria. Sempre fora assim e agora não seria diferente. Por isso, foi para o seu quarto, deitou-se, pegou o telefone e discou um número:

— Murilo, sou eu. O que aconteceu ontem à noite? Fiquei te esperando e você não apareceu!!

— Olá, meu amor! Tive um problema. Lia passou mal e tive de acompanhá-la ao hospital. Ficamos ali quase a noite toda. Acabei de chegar no nosso apartamento e já ia te ligar, para você vir para cá!

— Tem certeza de que ela estava doente mesmo? Sabe como ela é boa atriz...

— Estava doente, mesmo! Mas agora já está bem. Vamos, vem logo encontrar comigo!

— Agora não dá tempo, e precisa ser à tarde, não posso sair outra vez à noite.

— Está bem, te espero hoje aqui, lá pelas três. Está bem, assim?

— Está, estarei aí. Um beijo.

— Outro... e sabe que te amo muito, Carolina.

— Sei disso, eu também te amo. Até mais.

Desligou o telefone, levantou-se e, olhando no espelho, admirava-se... *Apesar da minha idade, ainda estou bonita.*

Sorriu. E, lânguida, pensando em Murilo, voltou a deitar-se na cama.

Já na Faculdade, Waldir encontrou-se com Marcelo, seu amigo desde criança. Um sempre contava ao outro o que acontecia na sua vida.

— Então, Waldir, desde ontem que você está com essa cara de bobo alegre. Nem prestou atenção no filme!

— Não fica rindo, Marcelo, estou bem mesmo. E marquei um encontro com ele para hoje. Não vejo a hora disso acontecer.

— Você gostou mesmo dela!

— Gostei sim. Ela parece ser uma ótima pessoa e tem um astral muito bom. E o sorriso, então... é maravilhoso!

— Não está me dizendo que desta vez é sério! Você sempre se entusiasma, mas logo perde o interesse.

— Tem razão, mas, desta vez, sinto que é diferente. Ela não é igual a nenhuma das moças que conheci. O mais importante é que não sabe quem sou e nem quem é meu pai. Você estava lá e ouviu quando eu disse que era estudante, que minha família mora no interior.

— Não sei por que você se preocupa tanto com isso. Qual é o problema em se ter dinheiro?

— Problema algum, é até muito bom, mas, às vezes, sinto que as pessoas se aproximam só por isso. Dá muita insegurança! Quero ter amigos e até um amor, mas tem que ser sincero. Quero alguém que goste de mim por quem sou, não pelo dinheiro ou o prestígio da minha família. Não se lembra do que a Neide fez comigo?

— Eu lembro sim, mas acho que você está sendo muito radical. Para ter um amor sincero, você começa inventando mentiras... E você sabe onde isso vai dar! Nem todas as pessoas são iguais.

— Pode ser que não, mas não posso mais confiar. Eu amava a Neide e ela parecia me amar, mas me enganava com outro. Ninguém me contou, eu vi com meus próprios olhos. Os dois só estavam interessados no meu dinheiro.

— Nesse ponto você tem razão. Acompanhei todo o seu sofrimento. Agora, se esconder da Deise sua origem, de certa maneira, vai ter a certeza se ela gosta de você de verdade. Se depender de mim, ela não fica sabendo quem você é.

— É o que espero. Mas agora já está na hora da aula. Vamos entrar?

Entraram. Waldir era um bom aluno. Sempre foi muito

estudioso e pretendia ser um bom contador e advogado. Seu sonho era continuar com a empresa do pai. Desde pequeno tinha ido lá várias vezes e sentia-se feliz quando estava ali. Sabia que só seria o presidente quando seu pai morresse e, isso, ele sabia (e queria) que ainda ia demorar muito. Não tinha pressa, mas precisava preparar-se e o fazia com muito afinco, o que deixava Mário muito feliz, pois, com Paula, tinha quase certeza de que nunca poderia contar.

Paula, em seu quarto, ainda pensava na conversa com a mãe. Tinha um pouco de esperança de que André voltaria para ela. Conhecia Carolina e sabia que ela, quando queria, conseguia tudo. Sabia que Carolina não poupava nada e ninguém para conseguir o seu objetivo. *Mamãe vai conseguir trazer André de volta. Mas, isso tem de ser feito de uma maneira que papai não saiba, pois, se ele souber, vai destruir qualquer plano que ela engendre. De vez em quando, chego a pensar que ele não gosta de mim e que sempre preferiu o Waldir. Sei que não devia, mas, às vezes, tenho vontade que ele morra! ...assim, eu só dependeria da minha mãe! Só ela faz tudo por mim! Ela com certeza vai fazer qualquer coisa para trazer André de volta. Ela tem razão, não posso desistir de uma família e de uma fortuna como a deles!. Se papai morresse, eu poderia pegar a minha parte da herança e, aí sim, seria independente... O que será que mamãe está planejando? Sei que não vai me contar, mas eu queria tanto saber...*

Levantou-se e saiu do quarto. Encontrou Nilda no corredor e disse:

— Nilda, não venha me incomodar, veja se arruma logo o meu quarto, mas, já sabe, não mexa em nada que é meu nem tire do lugar!

— Está bem, senhorita. Já estou indo para lá. Arrumo tudo num instante. — Nilda falou sem levantar os olhos. Assim como Carolina, Paula exigia tal postura. E, enquanto subia a escada, não se conformava... *Como é que ela pode ser tão diferente do pai e do irmão? Os dois sempre foram tão atenciosos com os empregados. E parece que não é só aqui na casa. Na empresa também doutor Mário é muito querido. Tá bom... vou arrumar primeiro o quarto dela. Não quero que fique brava comigo. O do Waldir pode ficar para depois.*

Quando Mário chegou na empresa, entregou o carro para o manobrista e andou uns poucos metros que o separavam da entrada e daí até o elevador. Enquanto caminhava, ia cumprimentando todos os funcionários. Para ele não existia distinção, cumprimentava faxineiros, gerentes, ascensoristas e diretores. Os funcionários sabiam que ele era assim e, a cada dia que passava, mais o admiravam. No seu andar, atravessou o salão, dando uma palavrinha a um e a outro e, já na ante-sala de seu escritório, viu que Sara, sua secretária, ainda não estava lá, devia ter ido buscar o café...

Entrou em sua sala e sentou-se na cadeira de espaldar alto atrás da mesa de onde dirigia a empresa. Não tinha querido comentar com o Waldir, mas estava *preocupado com...* Ouviu, então, uma batida na porta e ela se abriu.

— Bom-dia, doutor!

— Bom-dia, Sara! — E brincou:

— Como sempre consegui chegar antes da senhora! Está tudo bem?

— O doutor Fernando passou por aqui, ontem, logo depois que o senhor saiu.

— Disse o que queria?

— Não. Deixou este envelope e disse que precisava comparecer a um jantar, mas pediu que o senhor lhe telefonasse assim que chegasse na empresa.

— Obrigada e... acho que é só, pode se retirar!

Sara saiu, fechando a porta, e ele pegou o envelope que Fernando tinha deixado e o abriu, tirando dele alguns papéis. Ficou olhando com atenção. Depois, tornou a colocar no envelope e, com uma chave, abriu uma das gavetas de sua escrivaninha e o guardou. Colocou a mão na cabeça, apoiando a testa, e não pôde deixar de pensar... *Bem que eu desconfiava! Mas preciso usar de cautela para poder ter certeza absoluta. Não consigo acreditar que seja verdade!*

Depois disso, Mário voltou ao trabalho, tinha muitos assuntos para resolver.

O dia passava. Nilda estava ansiosa para que ele terminasse e ela pudesse ir para casa contar a Ari tudo que havia acontecido. Já Carolina contava as horas, esperando para ir ao encontro de Murilo.

Já à tarde, faltavam uns vinte minutos para as três horas quando Carolina chegou a um apartamento no centro da cidade. Entrou, sentou-se na cama e ficou esperando por Murilo que, ela sabia, nunca chegaria na hora marcada. Mas, para sua surpresa, antes das três, ele chegou. Entrou e abraçou-a, dando-lhe um longo beijo. Em seguida falou:

— Não te disse que estaria aqui às três horas? Estava morrendo de saudade...

— Ainda bem, tenho muito que conversar com você.

— Está bem, meu amor, mas, antes, vem querida, vamos...

— Não, primeiro vamos conversar. Como você me disse, fui até aquele restaurante e encontrei o Mário almoçando com a tal moça. Descobriu quem é ela?

— Ela mora na periferia. É órfã e mora com a avó. Está se encontrando com Mário quase todos os dias.

— Aonde eles vão?

— Costumam almoçar, depois caminham pela praça. Já os vi em uma loja de roupas, ficaram lá por muito tempo, e ela saiu carregando vários pacotes. Conversam muito, mas não consegui descobrir se existe algo mais entre eles. Só sei que ele a matriculou em uma Faculdade.

— Não é difícil imaginar o que estão fazendo! Nenhum homem cuida assim de uma mulher se não tiver outros interesses. Ela é muito jovem! Será que ele não tem vergonha?

— Por que teria? Para o amor não existe idade. Você não gosta de mim? E você sabe que eu sou só um pouco mais velho que o teu filho.

— Mas você é diferente! Sei que gosta de mim e não fico dando bandeira, desfilando com você por aí, só nos encontramos aqui! Além do mais, o único que sabe que venho a este edifício é o José, e sei que nunca comentará nada com ninguém. Sabe que, se falar, ficará sem o emprego e, na idade dele, vai ser muito difícil encontrar outro...

— Tem razão e claro que gosto, e muito, de você! Por que está tão preocupada? Não me disse que sempre soube que ele tinha amantes?

— Sempre desconfiei, nunca vi nada nem tive certeza, mas, agora, com essa parece ser diferente.

— Diferente, por quê?

— Já faz muito tempo que eles estão se encontrando. Não é uma coisa passageira. Estou muito preocupada mesmo.

— Preocupada com o quê?

— Você não percebe? Se ele se interessar por outra mulher, pode me abandonar e isso eu não posso aceitar!

— Não vejo problema algum. Se ele te abandonar, você pode pedir a separação e ele vai ter que te dar metade de tudo que tem! E olhe que é muito! Ficará muito bem!

— Nunca vou dividir com ninguém o que tenho! Por isso não quero me separar. Estamos casados até que a morte nos separe! Só que estou achando que a morte dele está demorando muito!

— Nossa! Que é que você está querendo dizer?

— Não estou querendo, estou é dizendo. Já está passando da hora de ele morrer! Você poderia pensar a respeito, meu amor...

— Espere aí! Investigar o que ele faz, tudo bem, mas pensar em cometer um assassinato? Não, isso não! Isso eu não faço!

— Não estou pedindo que o mate, só estou pedindo para que pense em uma maneira de nos livrarmos dele que não nos comprometa. Sabe que, assim que ele morrer, podemos nos casar e viver felizes para sempre.

— Sabe que nunca poderemos nos casar. Seus filhos não permitirão! E, além deles, existe Lia.

— O que tem ela?

— Sabe que não posso abandoná-la...

— Por que não? Disse que não é casado, que apenas vive com ela!

— Sim, mas você sabe que ela é muito doente. Se eu a abandonar, ela não vai suportar, pode até morrer. E não vou suportar a minha vida com esse sentimento de culpa.

— Está bem, então vamos deixar a morte do Mário para depois que ela morrer. Tenho coisas mais urgentes para te pedir. Não se preocupe... Por enquanto não é para matar ninguém, meu querido...

— O que é?

—Tem outra coisa que preciso que você descubra. André abandonou Paula. Ela está desesperada. Ouviu dizer que ele está saindo com uma moça. Preciso saber quem é ela, onde vive e com quem. Saber também se tem fortuna e se é de família conhecida. Quero tudo nos mínimos detalhes! Faça isso o mais rápido possível. Outra coisa. Waldir disse que está apaixonado por uma balconista que trabalha em uma loja no centro da cidade. Não sei ainda o nome da loja, nem o nome dela, mas, assim que descobrir, quero que a investigue também. Entendeu tudo o que eu te disse?

— Entendi, sim senhora... — e deu uma risadinha com segundas intenções... — Agora, vamos para aqueles lençóis macios? Estou morrendo de saudade de...

Carolina sorriu e se abraçou a ele. Sabia que a diferença de idade entre os dois era grande, mas não se importava. Queria era estar nos braços de um jovem e sentir-se amada, mesmo que fosse, e sabia que era, uma mentira.

Após se amarem, enquanto vestia sua roupa, ele disse:

— Agora está na hora de irmos embora, Carolina. Vou fazer tudo que me pediu, só tem um problema.

— Qual?

— Para poder dar conta de tudo que você quer, preciso alugar um táxi, comer em restaurantes e ter algum para levar para casa...

— Entendi... De quanto acha que vai precisar?

— Não sei, você mesma pode fazer as contas e me dar o que achar necessário.

— Está bem, pegue este. E se precisar de mais, me telefone. — disse tirando um maço de dinheiro da bolsa.

— Este parece que está bom. — E pegou o dinheiro com ar malicioso.

Despediram-se.

Já passava das cinco horas da tarde quando Carolina chegou em casa. Nilda, após terminar seu serviço, estava saindo. O carro de Carolina estacionou e, como sempre, José desceu e abriu a porta. Carolina saiu do carro e passou por Nilda sem sequer olhar para ela, como se ela não estivesse ali.

— Já está indo embora, Nilda? — Era José que perguntava, voltando-se para ela.

— É, José. Preciso ir até a creche e pegar meus filhos. Sabe que não posso me atrasar.

— Que Deus te acompanhe.

— Obrigada, José. Hoje percebi que ele sempre me acompanha.

Nilda se afastou e José a acompanhou com os olhos.

Carolina, ao entrar, tinha ido direto para seu quarto. Apesar de tudo estava bem. *Sei que Murilo está ao meu lado somente pelo dinheiro que dou para ele, mas isso não me incomoda, é o preço que tenho de pagar. Isso até me agrada... E ainda bem que posso pagar, se não, seria uma mulher abandonada e triste. Ele é jovem e a companhia dele me faz muito bem. Pensa que está me enganando, mas não sou tonta... Sou eu que o tenho sob controle, ele e todos os desta casa. O importante é que ele me serve e vai me ajudar na descoberta de tudo...*

Já na rua, Nilda apressou o passo. Precisava pegar um ônibus para chegar na creche, pegar seus filhos e ir depressa para casa. Tinha muito o que contar para Ari... e, enquanto o ônibus seguia, ela ia se lembrando... *Pela manhã eu estava tão desesperada, não encontrava um caminho para seguir, mas, como Ari sempre diz, nunca estamos sós. Obrigada meu Deus! Por que será que o Doutor fez tudo isso? Sempre soube que ele era um homem bom, mas nunca pensei que fosse tanto assim.*

O ônibus andava lentamente e ela foi olhando a paisagem, tão sua conhecida. Chegou na creche, as crianças já estavam à sua espera. Nilda as beijou e seguiram o caminho que era longo, mas que, naquele dia, parecia ser mais longo ainda, pois ela tinha muita pressa e não podia ir mais rápido com Sérgio e Dalva agarrados em sua saia, *tão pequenos.*

Entrou, sorrindo, em casa. Ari estava preparando alguma coisa para jantar: um punhado de arroz e algumas verduras que ele tinha conseguido com um vizinho. E ele estranhou aquele sorriso:

— O, Nilda! Que foi que aconteceu?! Você está sorrindo?

— Estou e você também vai não só sorrir... Ari, você vai gargalhar...!

— Que aconteceu? diga logo! — repetiu ele, curioso.

Ela o abraçou e emocionada contou tudo. Desde o que a diretora da creche e, depois, José tinham lhe dito naquela manhã. E da revolta que sentiu por ter aquela vida tão sofrida e concluiu dizendo:

— Ah! E o doutor Mário me deu este cartão, e esse dinheiro, e quer que você vá lá na empresa, na segunda-feira de manhã.

Ari pegou as notas e o cartão e, com dificuldade, leu as instruções. Quando entendeu o que estava acontecendo, exclamou:

— Não te disse que Deus sempre está do nosso lado!!

— Tenho que admitir que você tinha razão, Ari. Agora vamos jantar e colocar essas crianças para dormir. Espero que essa seja a última vez que temos de pedir comida para os vizinhos.

Waldir também chegou em casa e foi direto para seu quarto. Não via a hora de se encontrar com Deise, mas sabia que a mãe nunca o deixaria sair antes do jantar. Ele precisava se preparar para aquele encontro. Não tinha pressa, pois Deise só sairia mais tarde, quando a loja fechava. Ficou pensando onde a levaria. *Talvez a um restaurante, onde a gente possa conversar com tranqüilidade. Não vou jantar, sei que será um problema, mas tentarei convencer mamãe de que estou sem fome. Ela não vai acreditar. Aí, como um lanche, assim ela não fica muito chateada.*

Tomou um banho e desceu. A mesa do jantar estava posta. Nilda fazia isso, todos os dias, antes de sair. Mas nem sempre eles faziam as refeições juntos. Mário quase nunca estava em casa na hora do jantar. Paula também saía quase todas as noites, para se encontrar com André. Somente Carolina jantava, todos os dias, sozinha ou acompanhada. Se saísse sozinha, seria sempre após o jantar, pois, morando com Lia, Murilo quase nunca tinha as noites livres para que pudessem se encontrar.

E Murilo chegou em casa bastante atrasado. Havia passado o resto da tarde procurando descobrir mais sobre a moça com quem Mário estava saindo. Ao entrar, foi recebido por Lia:

— Demorou muito para chegar, meu amor...— disse abraçando-o

Ele a beijou demoradamente e disse baixinho:

— Você sabe que procuro chegar sempre cedo, mas hoje fiquei um pouco mais, preso no trabalho. Como vendedor, tenho que fazer meus relatórios. Em compensação, olha o que eu te trouxe!

Do bolso, tirou uma pequena caixa e deu à Lia, que a abriu imediatamente.

— Que anel lindo, Murilo!

— Não tanto como você... te amo...

— Também te amo. Parece ser muito caro...

— É sim, mas não tem importância. Você merece tudo, ele e muito mais. Sinto que, de agora em diante, poderei comprar muitas jóias, que, depois de mim, é claro, é o que você mais ama. Sabe que o meu maior desejo nesta vida é te ver feliz!

— Não exagere! Mas gosto mesmo de jóias! Que aconteceu, ganhou na loteria?

— Não, mas quase isso. Arrumei um emprego para ganhar muito mais do que no outro. Só que vou precisar trabalhar na rua o dia inteiro.

— Não vai ficar mais no escritório?

— Não, mas o salário será melhor.

— Está bem, se acha que vai ser melhor, não tenho o que dizer. Agora vamos jantar, preparei aquela carne assada com molho ferrugem, que você gosta tanto.

Ele a beijou e, abraçados, foram para a cozinha.

Em casa, Waldir se arrumou de um modo bem simples para sair e olhou-se no espelho.

— Está tudo em ordem. Vou me encontrar com ela e conhecê-la melhor. Não quero que saiba quem sou. Marcelo diz que isso não tem importância, mas para mim tem muita. Já fui muito enganado.

Desceu, Carolina estava sentada num sofá da sala. Ao vê-lo chegando, disse:

— Estilo novo, Waldir? Acho que até sei para o que é... Vai mesmo se encontrar com aquela balconista?

— Vou sim, mamãe, mas o nome dela não é balconista, ela se chama Deise.

— Deise, ah, sim... e em que loja ela trabalha? Pelo menos é uma loja de classe?

— Pra que você quer saber, mamãe?

— Está bem! Isso não tem importância. Você é meu filho, por isso sei que não seria louco de levar adiante um namoro com uma moça como essa...

— Como essa, mamãe? O que a senhora quer dizer com isso? — perguntou muito nervoso.

— Uma balconista! Uma moça sem berço, que só pode estar interessada no nosso dinheiro... — respondeu com ironia.

— A senhora acha que só posso agradar a uma moça pelo que tenho? E não pelo que sou? Além do mais, ela nem sabe que tenho dinheiro! Só a vi uma vez...

— Ah! Entendi o porquê da roupa... Mas alguém já deve ter dito a ela...

— Pára, Mamãe! Eu não quero brigar com a senhora. Mas não entendo por que só pensa em dinheiro e condição social! Eu não sou assim. Sou como meu pai, dou pouca importância ao dinheiro. O que me importa realmente é a pessoa. Não conheço a Deise, mas acho que é uma moça muito boa.

— Então para que o disfarce... E, por melhor que seja, ela nunca estará à tua altura. Claro que ligo para dinheiro! Já imaginou como seria sua vida se a gente não o tivesse?

— Não, mas com certeza nunca vou ser como a senhora! Meu pai é tão diferente!

— Seu pai não liga por que sempre teve muito! Nunca passou necessidade na vida!

— A senhora também não! Seus pais também tinham muito dinheiro! Também foi criada na riqueza!

— Fui sim, mesmo assim, só de pensar que um dia poderei ficar sem dinheiro, fico quase louca! Não consigo me imaginar ficar sem poder comprar tudo aquilo que quero e gosto! Por isso não fico fazendo caridade! Azar de quem é pobre! Não tenho nada a ver com isso!

— Está bem, mamãe. Deixe essa sua filosofia para outra hora. Agora preciso sair.

— Sair? Sem jantar?

— Não estou com fome. Até mais.

Saiu rápido, pois sentiu que, se ficasse mais tempo ao lado da mãe, brigariam feio e, isso, ele não queria. *Ela, às vezes, é insuportável! Não entendo por que é tão apegada ao dinheiro e à condição social! Mas não quero me irritar. Hoje será uma noite muito especial.*

Carolina, ainda irritada com a discussão, continuou sentada no sofá, mexendo-se a todo instante, os pensamentos como uma cascata em sua cabeça... *Se ele pensa que vai se casar com qualquer uma! Pode ir tirando o cavalinho da chuva! Nunca vou permitir! Vou descobrir tudo sobre ela e mostrar que não se pode confiar em pobre! Fiz isso com a Neide e com todas as outras que namorou! Só vai se casar com aquela que eu aprovar e, pode ter certeza, não será uma balconista qualquer!*

Ela estava tão concentrada em seus pensamentos que não viu Mário se aproximando:

— Em que está pensando, Carolina?

Ela levou um susto, e voltou-se para ele.

— Em nada... mas você chegou cedo? Que aconteceu, não houve reunião?

— Não precisa falar com essa ironia. Sabe muito bem que só chego tarde quando tenho um bom motivo.

— Conheço os seus "bons" motivos.

— De novo, não, Carolina. Não estou com vontade de discutir. Cheguei cedo e estou com muita fome. As crianças, já chegaram?

— Paula deve estar no seu quarto e Waldir saiu, foi disfarçado de pobrinho se encontrar com uma balconista.

Mário começou a rir:

— Do que está rindo?

— Da cara que você está fazendo! Do jeito de você falar! — disse tentando controlar o riso. Não sei por que está tão preocupada...

— Você já está sabendo dessa moça?

— Claro que sim, Waldir não me esconde nada.

— E o que vai fazer a respeito?

— Nada! O que quer que eu faça? Ele está entusiasmado e feliz, só isso me importa.

— Você é mesmo um irresponsável! Se não fosse eu, não sei o que seria dessas crianças!

— Irresponsável, eu?! Acho que a palavra não é essa... Não sou irresponsável, só acho que não tenho o direito de interferir na vida e nas escolhas dos meus filhos. Quero que sejam felizes com quem escolherem.

— E eles lá têm condições de fazer qualquer escolha? São crianças, não sabem nada da vida! Nós temos a obrigação de zelar pelo futuro deles!

— Não são crianças! São adultos e, por isso, têm, sim, condições de saber o que é melhor para eles. Não precisamos mais zelar como cães de guarda pelo futuro deles. A nossa parte já fizemos, eles nasceram, demos a eles toda a educação familiar, boas escolas, estão preparados para a vida. Daqui em diante, eles precisam seguir os seus caminhos da maneira que acharem melhor. Ir em frente sem a nossa interferência, Carolina...

— Ela é uma balconista!

— Que importância tem isso? Ele é quem deve decidir. Ele é quem vai viver com ela, ou com quem ele escolher, para o resto da vida, Carolina! Nós fizemos as nossas escolhas, nossos filhos têm o direito de fazer as deles. Não devemos e nem podemos interferir... é a vida deles...

— Ela não tem dinheiro, boa família ou tradição!

— Isso, para mim, não quer dizer nada. Temos o suficiente para dividir e, te garanto, que não nos fará falta. Deus nos deu tanto, Carolina!

— Deus?! Que Deus?! Sua família e a minha trabalharam muito para conseguir a fortuna que temos hoje! Seu avô, quando chegou de Portugal, veio sem nada! Trabalhou muito! E com os meus avós, que vieram da Itália, aconteceu a mesma coisa! Foram eles que trabalharam, não foi Deus!

— Tem razão, mas se eles não tivessem tido oportunidade e, principalmente, saúde, não teriam conseguido. Muitos vieram na mesma época e não tiveram a mesma sorte ou, se preferir, o mesmo destino. A sua família, conseguiu muito dinheiro e resolveu voltar para a Itália. A propósito, você nunca me contou o que realmente aconteceu e nunca mais falou sobre eles. O que aconteceu realmente, Carolina?

— Você bem sabe que meus pais e avós foram embora quando eu estava estudando aqui e havia acabado de te conhecer... Por estar apaixonada, não quis acompanhá-los. Eles se zangaram e não quiseram mais saber de mim nem da minha vida. Mesmo assim, embora não tenham me deixado nada, sei muito bem o quanto a minha família e a sua trabalharam... Por isso, não é justo deixarmos que o que conseguiram vá parar nas mãos de qualquer uma.

— Está bem, sei que pensa assim e nunca vai mudar de idéia, mas estou cansado e com fome. Vou para o meu quarto.

— Cansado, do quê?

— Ora, Carolina! Estou só cansado...

— Waldir me disse que você está com problemas na empresa. Posso saber do que se trata?

— Nada em que possa ajudar. Não se preocupe, está tudo sob controle. Agora vou me preparar para o jantar.

Dizendo isso, levantou-se e foi se afastando... *Não estou mais suportando sua presença. É tão fútil.* Era o que Mário pensava, enquanto subia a escada que o levaria até seu quarto.

Paula encontrou com o pai na escada. Ao vê-lo, disse admirada:

— Já em casa, papai?

— Sim, não sei qual é o espanto. Esta casa também é minha! — disse nervoso.

— Sei disso, mas quase nunca chega cedo...

— Você parece que esquece que tenho de trabalhar!

E seguiu nervoso para seu quarto. *Até parece que nunca estou em casa. Será que elas não sabem de onde vem o dinheiro que gastam? Na realidade não sinto nenhuma vontade de vir para casa, mesmo. Aqui não encontro nada que me cause prazer. Ainda bem que Waldir é diferente delas. Tomara que ele, desta vez, se acerte com essa moça e possa sair daqui.*

Entrou no quarto e fechou a porta. Precisava pensar sozinho. *Ainda não consigo acreditar que Oscar tenha feito isso. Durante tantos anos trabalhamos juntos, como ele pôde me enganar dessa maneira? Por que fez isso? Tem muito dinheiro, não precisa de mais... Sempre lhe paguei um bom salário e, por isso, confiei plenamente nele. Agora sou obrigado a tomar uma decisão que nunca gostaria de ter que tomar. Mas antes, vou investigar melhor para não cometer nenhuma injustiça. Agora vou tomar meu banho e descer para o jantar. Tomara que aquelas duas me deixem comer em paz...*

Paula entrou na sala. Carolina ainda permanecia sentada. Aproximou-se, dizendo:

— Por que o papai chegou cedo, mamãe?

— Não sei, ele só chega cedo quando tem algum problema.

— Ele comentou alguma coisa?

— Não, ele nunca comenta. Sempre resolveu os problemas sozinho. Você está melhor? Vai jantar?

— Estou sim, melhorei depois que conversamos, sei que a senhora vai encontrar uma solução. Estou com muita fome!

— Ainda bem. Pode ficar sossegada, já está tudo encaminhado. Daqui a alguns dias, André voltará para você, cheio de amor.

— Sei que a senhora vai conseguir.

— Claro que vou conseguir! Assim que seu pai descer, vamos jantar.

Diferenças

Faltavam cinco minutos para Deise terminar o trabalho quando Waldir chegou em frente à loja onde ela trabalhava. Passou pela frente da porta e pode vê-la atrás do balcão. Ela não o viu. Conversava com Luzia, sua companheira de trabalho.

— Será que ele vem mesmo, Luzia?

— Não sei, mas acho que sim. Percebi que ficou muito entusiasmado.

— Espero que sim, é muito bonito.

— É mesmo. Você já o tinha visto antes?

— Não, o dia que eles vieram aqui na loja foi a primeira vez. Ele me pareceu tão educado! Tomara que venha, mesmo.

— Estou torcendo por você, Deise. Bom, chega de papo, que já está na hora de irmos embora. Vamos fechar a loja?

Juntas fecharam a loja e saíram. Assim que saiu, Deise viu Waldir sorrindo para ela e se aproximando.

— Como prometi, aqui estou.

Os olhos dela brilharam, e seu coração começou a bater forte.

— Que bom que veio.

— E você pensou que eu não viria?

— Não sei, tive medo. Você me pareceu tão educado. Achei que poderia me ter feito o convite só por educação.

Luzia segurou com força o braço de Deise, que se voltou para ela.

— Desculpe, esta aqui é a Luzia, minha colega. Luzia este é... como é seu nome mesmo? Acho que você não disse...

— Meu nome é Waldir e já te conheço, Luzia. Não me viu, na loja, no outro dia?

— Sim, mas pensei que não havia me notado. Percebi que seus olhos eram só para Deise. Acho que vocês têm muito para conversar. Até amanhã.

— Até amanhã, Luzia.

Luzia se afastou. Waldir perguntou:

— Para onde você quer ir?

— Preciso tomar meu ônibus, se quiser pode me acompanhar até o ponto.

— Pensei que pudéssemos ir a uma lanchonete, comer alguma coisa e conversar.

— Sinto muito, mas não posso. Moro distante e, se não chegar na hora, minha mãe fica preocupada.

Waldir lembrou do carro que estava estacionado, mas, ao mesmo tempo, sabia que, se ela o visse, um carro como aquele, ia perceber que ele tinha dinheiro e isso ele não queria, não naquele momento.

— Se quiser posso ir de ônibus com você. Quero muito conversar com você.

— Faria isso?

— Claro que sim, qual é o problema?

— Problema algum, mas moro bem longe.

— Não tem importância. Assim que chegar ao seu ponto, descemos juntos e eu pego o ônibus de volta.

— Está bem, se quiser, fico feliz.

— Então, vamos?

Começaram a andar. Quando estavam chegando perto do ponto de ônibus, Deise pegou a mão de Waldir e disse, enquanto o puxava para que corresse:

— Aquele que está chegando é o meu ônibus! Vamos correr, se a gente não pegar esse ônibus, outro só daqui a quarenta minutos!

Waldir, um pouco assustado por aquela situação pela qual nunca havia passado, acompanhou-a. Entraram no ônibus e sentaram-se em um dos bancos. O ônibus começou a andar aos solavancos e ele ficou pensando: *Nunca em minha vida pensei que ia estar em uma situação como essa! Sempre andei de carro. Primeiro junto com meus pais e, agora, no meu.*

Pensou, mas ficou calado. Havia prometido a si mesmo que esconderia sua origem o máximo de tempo que pudesse. Precisava conhecer Deise melhor. Não queria correr o risco de, com ela, acontecer o que tinha acontecido com tantas outras que sabiam quem ele era.

— Onde você mora, Deise? — perguntou de supetão.

— Por este ônibus já pode perceber que é na periferia...

— Sim, mas em que bairro?

— Vila Santa Helena. Você conhece?

— Não.

— Fica na Zona Norte. É um bairro novo.

— Por isso que não conheço, moro na Zona Sul.

— Zona Sul? É uma zona muito rica.

Ele se deu conta e respondeu rápido.

— Nem toda ela, também moro em um bairro novo que, só agora está se formando. Você mora com quem?

— Com minha mãe e dois irmãos.

— Não tem pai?

— Não, ele ficou doente e morreu faz cinco anos.

— Sinto muito...

— Também senti, ele era um bom pai, mas, ao mesmo tempo, estou tranqüila, pois sei que está em um bom lugar...

— Como sabe?! Ninguém sabe o que acontece depois da morte.

— Tem razão, mas eu sigo uma Doutrina que nos ensina muito sobre isso.

— Entendo. Se você acredita nisso, tudo bem.

— Você não tem religião, Waldir? — perguntou admirada.

— Nunca me ensinaram, por isso também nunca me preocupei. Minha mãe sempre diz que precisamos conquistar é dinheiro, pois com ele tudo se resolve. Meu pai talvez não concorde com isso, mas nunca soube que tivesse religião, fica sempre calado a esse respeito.

— Entendo. Meus pais sempre foram espíritas e ensinaram para mim e meus irmãos essa Doutrina, o que foi muito bom, porque quando ele estava doente e sabia que ia morrer, um dia reuniu a gente e disse:

"— Vocês sabem que estou muito doente e que a qualquer momento vou morrer."

— Começamos a chorar. Com um sorriso tranqüilo, ele continuou:

"— Sabem que vou morrer, mas só nesta vida. Aprenderam comigo que a vida continua e que eu vou para um lugar, onde vou aprender muito e, sempre que puder, virei visitar vocês e não quero encontrar ninguém triste, pois, se um de vocês estiver triste, eu também vou ficar. Vocês sabem que foi Deus quem deu essa vida pra gente e, por ele, temos que ir até o fim. Se encontrarem algum problema pelo caminho, sabem que tudo faz parte do aprendizado. O importante é que continuem sendo da maneira que são e nunca façam mal a ninguém, pois também lhes ensinei que, se fizerem isso, o retorno vai vir. Quando um de vocês ficar triste, pense em mim e saiba que, de onde eu estiver, enviarei uma luz de coragem e amor."

Deise, com um sorriso, calou-se. Waldir ouviu o que ela disse e se emocionou:

— Bonito isso que seu pai disse, mas você acredita mesmo em tudo?

— Claro que acredito! Sempre que estou com algum problema, sinto a presença dele ao meu lado.

— Sente como?

— De várias maneiras. Às vezes como uma suave brisa que passa por meu rosto, como se ele estivesse me beijando. Outras, através de um sonho ou até de uma palavra que alguém me diz. Da maneira como ele costumava dizer.

— Tudo isso é muito louco! — Waldir disse, achando que não deveria estar naquele ônibus, indo para um lugar desconhecido e ao lado de uma moça como aquela, que dizia coisas que pareciam loucuras.

— Está com medo? — ela perguntou rindo, ao ver a transformação em seu rosto.

— Bem, com medo não estou, só um pouco assustado...

— Não precisa se assustar nem ficar com medo. É tudo muito simples. Mas acho que hoje não é dia pra gente falar nisso, não acha também?

— Acho, acho... — disse Waldir. E ela mudou de assunto:

— E você, com quem mora?

— Com meus pais e uma irmã. — Ele demorou um pouco para responder.

— A sua família não é grande...

— Não é não. — embora respondesse firme, por dentro não estava se sentindo muito bem com aquela situação.

— Bem, já que você nunca esteve por estes lados, dê uma olhada na paisagem. Vai ver que o meu bairro é muito pobre, mas gosto de viver aqui. Foi o único lugar em que meu pai conseguiu comprar um terreno e construir a nossa casa. Isso foi muito bom, que, com a sua morte, se a gente não tivesse essa casa pra morar, nem sei o que ia acontecer.

— Ele não deixou pensão?

— Deixou, mas é muito pouco. Ele era ajudante geral em uma empresa. Nunca estudou e, por isso, não ganhava muito. Quando estava vivo, fazia muita hora extra e conseguia trazer um pouco mais de dinheiro pra casa, mas o salário era pouco e a pensão também é. Por isso, eu trabalho na loja e minha mãe de empregada doméstica. Enquanto ela trabalha, meus irmãos, que são pequenos, ficam com uma vizinha, que também tem dois filhos e não tem saúde para trabalhar fora. Minha mãe dá algum dinheiro pra ela, e isso a ajuda muito.

Waldir ouvia ela contar aquelas histórias sobre sua vida, o que, para ele, parecia um outro universo! A vida dela era completamente diferente da sua. Sentia que aquele ônibus o levaria para um mundo diferente, um mundo que ele nunca soube que existia ou nunca o interessou. Mesmo sem entender a razão, ele, agora, não sentia mais medo. O ônibus continuou andando devagar, parou em vários lugares, onde as pessoas entraram e saíram. Ele notou que eram simples no modo de falar e de se vestir.

Deise, parecendo adivinhar seus pensamentos, disse:

— Quando te conheci lá na loja com seu amigo, pensei que você fosse um daqueles meninos ricos, que só gostam é de brincar com moças pobres. Achei que tinha conversado comigo e combinado um encontro só nosso para se divertir, e que não ia nem mesmo aparecer.

— Por que pensou isso? — Perguntou admirado.

— Você e seu amigo estavam muito bem vestidos.

Waldir sentiu que ela estava desconfiada. Não queria isso. Pensou rápido e mentiu:

— Na realidade, o meu amigo Marcelo é de família muito rica. Estudo com ele na faculdade. Ganhei uma bolsa de estudos. Quando a gente sai, ele às vezes me empresta suas roupas.

— Mas, e essas que está vestindo, são deles também?

— Não. Ele bem que quis me emprestar quando eu disse que ia te encontrar, e ele não queria que eu viesse com as minhas. Disse que eu precisava causar boa impressão.

Ela começou a rir.

— Ainda bem que você não aceitou! Não precisava fazer isso. Não foi a sua roupa que me impressionou. Foi você, o seu sorriso e os seus olhos que parecem tão sinceros. Acredito em você, sei que está dizendo a verdade.

Ele sentiu um ligeiro mal-estar. Estava mentindo e achava que ela não merecia.

— Vamos descer no próximo ponto. — ela disse, levantando-se.

Ele a acompanhou e, assim que o ônibus parou, desceram.

— Bem, moro aqui perto, acho bom você atravessar a rua e pegar o ônibus de volta.

— Não podemos conversar mais um pouco?

— Hoje não, já está tarde e você tem um longo caminho de volta. Que tal amanhã?

— Amanhã é sábado, não poderei vir. Preciso visitar minha família, mas no domingo estarei livre e gostaria muito de te rever.

— Também gostaria muito de te rever. Se quiser pode voltar às três horas da tarde e aí a gente vai poder conversar e tomar um sorvete. Você quer?

— Está bem. Às três horas estarei aqui.

— Que bom. Vou te esperar. Agora, corra, que o ônibus está chegando.

Ele deu um beijo rápido em seus lábios e atravessou a rua correndo. O ônibus parou e ele, acenando com a mão, entrou.

Ela ficou olhando e sorrindo, também deu adeus com a mão.

Depois que o ônibus sumiu na esquina, Deise começou a andar em direção à sua casa. Seguia atrás de outras pessoas que, assim como ela, também trabalhavam até tarde e chegavam naquela hora. Precisava andar dois quarteirões, mas estava acostumada. Fazia aquele caminho já há muito tempo. Conhecia todas as casas e quase todos os moradores que, como seu pai, tinham comprado seus terrenos e construído suas casas na mesma época. Chegou em casa. Os irmãos dormiam, mas sua mãe estava acordada, esperando que ela chegasse. Assim que entrou, sua mãe levantou-se da cama em que estava deitada e disse:

— Ainda bem que chegou, minha filha.

— A senhora sabe que chego sempre na mesma hora, mamãe, não sei por que ainda se preocupa. Sabe que, no ônibus que tomo, sempre vem gente conhecida.

— Sei disso e é o que me ajuda a esperar a tua volta, mas vamos jantar e depois dormir? Estou com sono.

— Eu também, mamãe, estou com sono e cansada. Parece que todo mundo resolveu fazer compras hoje. A loja teve muito movimento.

— Não deve reclamar, pois enquanto a loja tiver movimento, seu emprego estará garantido. Como foi o seu dia?

— Não estou reclamando, mamãe. Só estou cansada, mas meu dia foi ótimo! Vendi bem e, este mês, a minha comissão vai ser boa.

— Isso é bom, sabe que a conta da farmácia está alta.

— Sei, sim, mas não se preocupe, no fim do mês, quando eu receber, a primeira conta que vou pagar vai ser ela. E o Decinho, como está?

— Hoje passou bem, mas sabe que a qualquer momento pode ter outra crise e precisamos correr com ele até o hospital para fazer inalação.

— Será que essa bronquite, nunca vai passar, mamãe?

— Vai sim, com a graça de Deus, um dia vai passar. Agora, vamos jantar?

— Vamos sim, mamãe.

Deise sorriu, jantou e foi deitar-se. E não demorou muito para adormecer.

Durante a viagem de volta, Waldir foi pensando em tudo o que havia acontecido na vinda.

Ela é linda, inteligente e surpreendente. Tem um sorriso lindo. Preciso voltar a vê-la. Tive que mentir que ia visitar minha família para não encontrá-la amanhã. Não podia dizer que combinei com papai que iríamos jogar tênis no clube. Ela desconfiaria de que não sou pobre. Ainda bem que me vesti assim, ela já estava ficando desconfiada... ainda bem que consegui despistar. Conversamos pouco, mas sei que ainda vou me surpreender muito com ela. Só fiquei preocupado foi com aquela história de mortos e espíritos, que coisa mais louca!

Quando chegou em casa, já era muito tarde, todos estavam dormindo. Waldir foi direto para seu quarto. Deitou-se, mas não conseguia dormir. *Foi tudo tão estranho. Em toda a minha vida nunca havia passado pessoalmente em um lugar como aquele. Ver de relance pela televisão já bastava. Claro que sempre soube que existia diferença social, mas nunca tive a curiosidade em saber como era, como as pessoas viviam... Meu pai, hoje de manhã, falou em desigualdade, em como a vida da Nilda era difícil. Eu até escutei o que ele disse, mas não queria ouvir, por isso logo mudei de assunto. Foi mais fácil eu dizer que a desigualdade existe desde o começo dos tempos e voltar para o meu saboroso e farto café. Nem por um minuto me preocupei em pensar que nem todas as pessoas tinham um café igual àquele para tomar quando acordassem pela manhã... nem nas muitas vezes que, enfastiado, mandei jogarem os restos no lixo....*

Sentiu sede, levantou-se, saiu do quarto e foi em direção à cozinha. Enquanto descia a escada, ficou olhando para toda a riqueza que havia em sua casa. A arquitetura, os móveis, as tapeçarias e cortinas. Os objetos de arte... Tudo aquilo tinha custado muito caro. *Hoje passei por ruas que nada têm a ver com esta casa. Casas pobres e pequenas, algumas feitas de madeira, parecendo caixas de fósforos. Lá dentro as pessoas devem dormir umas sobre as outras. Pessoas que entraram e saíram daquele ônibus apertado, com rostos cansados e mal vestidas. Agora estou me fazendo a mesma pergunta que meu pai fez hoje pela manhã: Por que existe tanta desigualdade no mundo?*

No dia seguinte, sábado, como o combinado, Waldir passou quase todo dia ao lado do pai. Foram ao clube, jogaram tênis e conversaram muito. Embora estivesse contente por passar um dia tão feliz ao lado dele, não via a hora que o dia passasse, para chegar o domingo e ele poder reencontrar Deise.

Nilda, embora fosse domingo, acordou no mesmo horário. Olhou para Ari e viu que ele também estava acordado.

— Bom-dia, Ari. Já está acordado?

— Bom-dia, estou... quase não consegui dormir.

— Por que não?

— Estive pensando em tudo o que aconteceu, e por que o doutor está fazendo tudo isso pra gente.

— Você não devia se preocupar com isso. Ele quer ajudar a gente e essa ajuda é bem-vinda.

— Sei disso, mas por que ele está fazendo isso? Não entendo.

— Quem não está entendendo sou eu! Foi você quem sempre disse que a gente nunca está sozinho, que sempre tem um espírito amigo do nosso lado, ajudando. Você sempre disse que Deus, quando quer, usa de alguma coisa ou alguma pessoa para ajudar Seus filhos. Não foi o que sempre disse? O doutor é um homem muito bom. Todos sabem que ele é bom pra todos os seus empregados na empresa. Ele gosta de pagar um bom salário. Ele até me disse que, se eles não tiverem problemas em casa, renderão mais no trabalho. Acho que a gente não tem que perguntar nada, a gente só tem que agradecer a Deus, por Ele estar ajudando a gente através do doutor. Você não acha, Ari?

Ari ficou olhando para ela sem saber o que falar. Depois de pensar durante algum tempo, respondeu:

— Tem razão, Nilda. Não sei por que fiquei a noite toda me fazendo tantas perguntas. Está vendo que, apesar de freqüentar a casa espírita esse tempo todo, de ler muitos livros, não aprendi nada? Está vendo como tenho pouca fé? Não acredito que estou ouvindo essas coisas de você, que nunca acreditou muito em nada do que se fala lá... ou do que está escrito nos livros.

— Sabe que você está certo? Eu não acreditava, muito menos depois que os problemas começaram a surgir todos de uma vez só e eu achando que a gente não merecia. Ainda acredito e acho que tenho razão nisso, mas, depois que Deus colocou o doutor no nosso caminho pra ajudar, só pra isso, Ari... Agora acredito que realmente a gente nunca está sozinho. Por isso é que falo! Não adianta você ficar indo todo dia na casa espírita se não aprende nada! — ela disse furiosa.

— Tem razão, Nilda. Estou sempre lá, fico ouvindo os ensinamentos, mas acho que não aprendo nada.Sempre acreditei no que aprendi, mas, quando a ajuda chegou, fiquei preocupado... Nunca ouvi falar de alguém que ajudasse outra pessoa sem querer nada em troca... nem por um minuto pensei que Deus tinha usado o doutor pra ajudar a gente. Acho que a fé que eu pensava ter, não era verdadeira era só da boca pra fora.. Será que o doutor é espírita, Nilda?

— Não sei, mas acho que nem o doutor ou ninguém daquela família segue alguma religião. Cuido da limpeza e da arrumação e nunca vi livro ou qualquer coisa sobre religião. Agora preciso me levantar. Vou preparar o café das crianças. Ainda bem que o doutor deu aquele dinheiro, deu para pagar o armazém e ainda fazer uma boa compra.

— Tem razão, Deus está mesmo do lado da gente...

Nilda se levantou, foi para o quintal e, para ela, parecia que aquele dia seria maravilhoso. Sentia que realmente sua vida ia mudar. Foi até a padaria, comprou pão e manteiga. Sabia que as crianças ficariam felizes com aquele café da manhã maravilhoso, pois, pão com manteiga era algo que não viam há muito tempo.

Realmente ela estava certa. Quando as crianças acordaram e viram a pequena mesa com tantos pães, correram para ela, mesmo antes de lavar o rosto e escovar os dentes. Nilda não permitiu que sentassem:

— Nada disso, primeiro todos vocês vão escovar os dentes, lavar as mãos e o rosto. — Disse isso com a voz áspera, mas por dentro estava feliz em ver a felicidade dos filhos. A entidade que sempre os acompanhava, sorriu.

Waldir também acordou na hora de costume, lembrou que era domingo e por isso poderia ficar um pouco mais na cama. A imagem de Deise não saia de seu pensamento... *Ela é realmente linda! Aqueles olhos! E o sorriso! Não vejo a hora de encontrar novamente com ela. Preciso usar a mesma roupa que usei ontem. Por enquanto não quero que ela descubra a verdade, embora sinta que ela é diferente das outras.*

Ainda estava deitado e pensando em Deise quando o telefone do seu quarto tocou. Sabia quem era àquela hora da manhã. Atendeu sorrindo:

— Bom-dia, Marcelo. Sabia que era você e que está morrendo de curiosidade para saber o que aconteceu. Nem no domingo você dorme até mais tarde?

Do outro lado da linha, Marcelo deu uma gargalhada:

— Eu, curioso?! Imagine, não tenho culpa se meu organismo não sabe que hoje é domingo e me acordou cedo. Você está se referindo a quê? Tem alguma coisa para me contar?

— Está bem, sei que você não é curioso, mas tenho, sim, novidades para te contar.

— Então conte logo! Não estou me agüentando mais. Como foi? Conseguiu conversar com ela? Beijou, abraçou, agarrou? Contou quem você é realmente?

— Calma, calma, seu curioso, vou te contar tudo em detalhes.

Waldir começou a contar, falou inclusive a história das roupas. Quando terminou, Marcelo estava desiludido:

— Não beijou, nem abraçou?

— Não, somente um beijinho leve, de despedida. Ela é diferente das outras... é maravilhosa...

— Não sei, não. Essa história de mortos e espíritos... parece que não é coisa de gente que tem a cabeça no lugar...

— Ao contrário, apesar de eu também não ter acreditado, a cabeça dela não tem nada de errado... ela é maravilhosa...

— O que sentiu quando andou de ônibus?

— Uma sensação muito estranha. Mas o que mais me impressionou foi ver como as pessoas vivem.

— Vivem como?

— Em um estado de pobreza que jamais imaginei que existisse.

— Waldir... o que está dizendo? Todos nós sabemos que a pobreza existe!

— Claro, a gente sabe por que vê por uns segundos, na televisão, ouve falar... Sabemos, mas nunca vimos de perto. Aquelas pessoas que tomaram aquele ônibus, deviam ter trabalhado até àquela hora. São pessoas cansadas e envelhecidas. Algumas com sapatos gastos, roupas puídas, remendadas. Sabe, meu amigo, sempre ouvi dizer... mas só vendo no local é que se pode ter a dimensão da imensa desigualdade que existe neste mundo.

— Pára com isso, Waldir! Ao invés de se preocupar com a moça, ficou olhando a pobreza? Tenha dó...

— Tem razão, mas realmente me impressionei, aquelas casa pequenas e pobres, ruas mal iluminadas...

— Pára, Waldir! Pode parar! Se a pobreza existe, nós não temos culpa! Nem pode nos atingir! Como você disse, é um outro mundo, e eu não faço a mínima questão de conhecer. Nascemos ricos, Waldir! Viva!

— Será que isso está certo, Marcelo?

— Sei lá! Acho que está perguntando para a pessoa errada! Deveria perguntar a Deus!

— A Deus?! Por quê?

— Não dizem que ele é o criador de tudo? Se for verdade, foi Ele que criou o pobre e o rico, e nós, pobres mortais, não temos absolutamente nada a ver com isso! Se Ele fez isso, lá algum motivo deve ter!

Waldir ouviu o amigo falando, tentava entender a ironia que Marcelo colocava no que dizia, mas estava difícil.

— Não sei, Marcelo, tá bom... você tem razão... se Deus realmente existe e foi o criador de tudo deve ter algum motivo. Mas qual?

— Sei lá, Waldir! Vamos parar com essa conversa, que já está me cansando! Quero que me fale sobre a Deisinha, a lindinha! Isso é o que me interessa, o resto pode ficar para quando a gente ficar velho gagá e não tiver mais nada para fazer, só pensar na vida! — disse isso soltando uma gargalhada.

— Está bem, tem razão. Vamos deixar de filosofar e viver o real. E o real é que estou apaixonado, ga-ma-do! E que hoje vou me encontrar com ela e tomar um sorvete.

— Sorvete?! Não estou acreditando! Tomar sorvete... uma gata daquelas... Onde já se viu isso!

Waldir não podia ver o amigo, mas pelos ruídos que ouvia podia imaginar que ele estava na cama, rolando de rir. Sem conseguir se controlar, começou a rir também, mas falou com a voz normal...

— Sei que você está rindo, Marcelo, só não sei do quê!

— Eu, rindo? Quem te disse isso?

— Eu não sou surdo! Além disso, te conheço há muito tempo, por isso sei que está rindo. Mas acho que você não devia fazer isso, pois não imagina como essas pessoas vivem. É muito triste...

— Lá vem você de novo com esse assunto! Tudo bem que você esteja preocupado porque a sua querida mora em lugar como esse e é pobre, coitadinha, mas tomar sorvete? Não dá para imaginar! Não dá mesmo!

— Não sei o que tem isso! Como você pode criticar uma coisa que nunca fez? Talvez seja bom sair com uma moça e ir só tomar sorvete em uma sorveteria! Vou experimentar e tentar saber.

— Está bem, seu certinho, depois você me conta como foi. Ahn? Vai me contar? Não está nervoso por que eu ri, está?

— Claro que não. Você tem o direito de rir do que quiser. Estou impressionado, você pode perceber, mas não posso te obrigar a sentir o mesmo. Mas chega de rir da minha cara! Agora vou me levantar e tomar café.

— Eu acordei cedo e com fome, já tomei o meu faz tempo. Vai se encontrar com ela hoje à tarde, Waldir?

— Vou, sim, e quer saber de uma coisa? Estou ansioso!

— Depois me conta como foi. Até mais!

— Até mais, vou te contar sim.

Waldir desligou o telefone. Continuou imaginado o rosto de Marcelo, rindo dele... *Ele é meu amigo, mas como é diferente de mim! Não leva nada a sério! Gosta de exibir o seu dinheiro, faz questão que todos saibam, principalmente as moças. Eu acho que isso não é bom, mas cada um tem o direito de fazer o que quiser. Vou me levantar...*

Levantou-se e foi direto para a sala de refeições. Mário estava sentado em uma cadeira muito confortável, perto da janela, lendo o jornal. Ao ver o filho, sorriu.

— Bom-dia, meu filho. Acordou cedo? Hoje é domingo!

— Acordei à mesma hora de sempre. Acho que meu corpo já está acostumado. Tentei ficar mais um pouco, mas não consegui. Precisei me levantar. Além do mais, acordei com uma fome! Parece que aconteceu o mesmo com o senhor...

— Aconteceu mesmo. Meu corpo também está acostumado com o horário. Mas, me conta, foi se encontrar com a moça?

— A Deise? Fui, sim, papai. Ela é maravilhosa...

— É, meu filho... acho que você está mesmo apaixonado!

— Não sei se é paixão, mas não consigo parar de pensar nela. — disse Waldir, com o olhar distante.

— Você está na idade de isso acontecer. Fico feliz, mas ela já sabe quem você é?

— Não, eu não contei. Foi bom eu ter ido vestido bem simples. Ela já tinha estranhado as minhas roupas, as que eu estava quando fui na loja como o Marcelo, mas eu disse que aquelas roupas eram dele e que ele, sim, tem muito dinheiro. Você nem imagina, Pai, ela mora em um bairro distante, lá na periferia da Zona Norte. Fui até lá e me impressionei com a pobreza que existe naquele lugar. Começou pelas pessoas que entravam e saíam do ônibus...

— Do ônibus? Você andou de ônibus? A primeira vez, a gente nunca esquece?! — Mário perguntou admirado, e com um ar de riso.

— Andei, mas o que tem isso, Pai? Milhares de pessoas fazem isso todos os dias! Não é brincadeira...

— Sei disso, meu filho, mas nunca pensei que um dia, você, justo você andaria de ônibus. Eu, mesmo, nunca andei, não tenho a menor idéia de como seja...

— Não é de todo desagradável. Só a pobreza me incomodou.

— Não tem que te incomodar. Você não tem culpa de ter nascido rico, muito menos eu. Nossos antepassados trabalharam muito... e lutaram para que hoje fôssemos assim!

— Sei disso, mas só não entendo essa diferença que existe no mundo. Não é justo, termos tanto e outras pessoas não terem nada. Por que isso, papai?

— Não sei, meu filho. Mas nunca me preocupei em questionar. Também, isso nunca me incomodou! Aliás, atrapalha sim, mas apenas os meus negócios! Pobre tem pouco poder aquisitivo. Só quando Nilda me contou a sua situação, foi que fiquei pensando... Mas, por mais que pense, não tenho uma resposta. E, faça-me o favor, meu filho, você é jovem demais para se preocupar com isso! Procure viver a sua vida, os outros que vivam as deles...

— Acho que o senhor tem razão. Hoje à tarde vou me encontrar com a Deise. Vamos tomar sorvete em uma sorveteria. Mas, por favor, não faça como o Marcelo, que ficou rindo da minha cara quando eu lhe contei isso! — Waldir disse isso com a voz manhosa.

— Jamais eu faria isso, meu filho, mas, vindo de você, que é estranho e engraçado, isso é... — disse Mário, tentando conter o riso.

— Não ria, papai, por favor... já não disse que ela é uma moça diferente? Ela pensa que sou pobre, não poderia convidá-la para um passeio mais sofisticado. Só fiquei preocupado quando ela começou a falar sobre espíritos, vida depois da morte...

— Que conversa é essa, Waldir? — Mário perguntou arregalando os olhos, assustado.

Waldir lhe contou a conversa que teve com Deise. Mário ouvia e a cada palavra demonstrava a preocupação em seu rosto. Quando Waldir terminou de falar, ele olhou bem em seus olhos e disse:

— Cuidado, meu filho. Esse negócio de espíritos é para pessoas que não batem bem da cabeça. Onde já se viu? Cuidado com essa moça. Preste bem atenção em tudo que ela disser, mas não se deixe envolver. Já ouvi falar sobre isso, mas nunca ninguém voltou para me dizer se é verdade.

— Sei, papai. Nunca me interessei por religião nenhuma, mas confesso que aquilo que ela me disse tem um pouco de fundamento.

Mário ia dizer alguma coisa, quando ouviram uma voz:

— Posso saber sobre o que estão falando?

— Bom-dia, Carolina! Estamos conversando sobre a vida e suas diferenças.

— Sobre a vida? Ah! Já sei! Estão planejando onde vão esquiar no fim do ano! Europa? Estados Unidos? Vocês me fazem rir! O que podem ter para conversar sobre a vida? Vocês não têm problema algum...

— Tem razão, não temos problema algum, mas existem muitas pessoas que tem, e muitos!

— E o que temos a ver com as outras pessoas? Cada um tem a vida que merece. Eu é que não vou me incomodar com isso. O que está me preocupando mais é esse namoro com essa balconista, Waldir. Não adianta insistir, sabe que nunca vou aprovar um namoro como esse!

— Não estou namorando, mamãe! Só estou tentando...

— Você foi se encontrar com ela?

Antes de responder, Waldir olhou para o pai que, com um leve sinal com a cabeça, disse não.

— Não, mamãe, não fui me encontrar com ela.

— Ainda bem, parece que recuperou o juízo. Agora vou tomar café. Já tomaram?

— Ainda não, mamãe, mas tomo mais tarde. Agora não estou com fome.

— E você, Mário?

— Levantei muito cedo e já faz um bom tempo que tomei.

— Sendo assim, só me resta tomar sozinha, porque a Paula, com certeza, só acordará tarde, quase na hora do almoço.

— Está enganada, mamãe! — era a voz de Paula, entrando — Já acordei e vou acompanhá-la no café.

— Nossa! Que aconteceu hoje nesta casa? Todos resolveram acordar cedo! Caíram da cama? Venha, Paula, vamos tomar café.

E sentaram-se à mesa. Mário se voltou para Waldir, conversando baixinho.

— Ainda bem que você entendeu meu sinal e não contou para sua mãe que saiu com aquela moça. Se tivesse contado, ela não ia te deixar em paz. Sabe que, se insistir nesse namoro, vai ter muitos problemas, meu filho...

— Sei, sim, papai, mas não vou desistir antes de conhecer melhor a Deise. Se ela me convencer que é da maneira que penso que ela é, vou continuar com esse namoro, mesmo que a mamãe não queira.

— Espero que essa moça corresponda à sua expectativa e que você consiga convencer sua mãe. Mas agora vou até o clube, não quer me acompanhar?

— Não, papai. Vou para o meu quarto, tentar ler, estudar um pouco... embora saiba que isso vai ser difícil, não consigo me esquecer do rosto da Deise, do olhar dela!

— Está bem, tente fazer isso, estude, filho! — Mário se levantou, sorriu e saiu da sala.

Waldir foi para seu quarto.

Na mesa, enquanto tomavam café, Carolina conversava com Paula:

— Então, Paula, acordou bem? Resolveu ir à luta?

— Estou bem, mamãe. Depois que lhe contei o que está acontecendo com André, sei que a senhora vai resolver tudo e que não preciso mais me preocupar.

— Não precisa mesmo. Deixe tudo por minha conta. Em breve ele voltará para você, com muito amor.

O telefone tocou. Eliete ia atender, mas Carolina se adiantou;

— Pode deixar, Eliete. Eu mesma vou atender. Estou esperando um telefonema.

— Está bem, senhora.

Carolina pegou o telefone e se afastou da mesa a uma distância em que Paula não poderia ouvir. Do outro lado da linha ouviu uma voz sua conhecida:

— Bom-dia, meu amor... dormiu bem?

— Bom-dia, dormi, sim. Que deu em você! Sabe que não pode ligar para cá, muito menos nesta hora!

— Sei, mas arrisquei. Se outra pessoa atendesse, eu diria que era um engano. Estou ansioso para te contar o que aconteceu.

— Que aconteceu? Seguiu Waldir? — Perguntou baixinho.

— Segui os dois desde a loja, e você não vai acreditar! Ele acompanhou a balconista até em casa! E de ônibus...

— De ônibus? Não pode ser! Tem certeza? Meu filho ficou louco?

— Tenho certeza, sim, se ele ficou louco, não sei, mas que andou de ônibus, andou. Foi e voltou...

— Não pode ser. Custo a acreditar. Você conseguiu saber alguma coisa a respeito dela?

— É uma moça pobre, trabalha para ajudar a mãe, que é doméstica e tem dois irmãos menores.

— Mãe doméstica? Waldir está mesmo louco! Bem, agora vou desligar, não posso ficar conversando. Amanhã nos encontramos e você me conta tudo com detalhes.

— Vou ficar te esperando. Hoje, depois do almoço, vou até onde ela mora para saber mais alguma coisa, um beijo.

— Faça isso. Até amanhã.

Desligou o telefone e voltou para a mesa, onde Paula continuava tomando seu café.

— Então, mamãe, quem era no telefone?

— A Clara, queria que eu fosse hoje à tarde na sua casa. Vai fazer um chá beneficente.

— A senhora vai?

— Não, hoje é domingo e não gosto de sair de casa. É dia para se descansar com a família. Vou até a sala conversar com seu pai.

— Nem adianta. Enquanto a senhora falava ao telefone, ele passou por aqui e disse que ia ao clube...

— Ao clube? Por que não me convidou? Poderíamos almoçar lá. Bem, não tem importância. Há muito tempo seu pai não me convida para irmos a lugar algum.

Terminou de dizer isso, levantou-se e foi para o seu quarto. Pegou um livro e deitou. Tentou ler, mas não conseguiu. Estava muito irritada: *Como Waldir pode fazer uma coisa dessas? Namorar com uma balconista, e ainda por cima filha de doméstica! Não posso aceitar. Ele tem um nome para zelar!*

Quando Mário voltou do clube, faltava pouco para a uma da tarde. Carolina estava na sala e, assim que ele entrou, disse com ironia:

— Já chegou, meu amor? Pensei que fosse almoçar no clube. Se é que foi mesmo lá...

— Claro que fui! Aonde mais poderia ter ido?

— Não sei... você tem chegado tarde há várias noites...

— Será que você nunca se perguntou por que eu não gosto de ficar em casa?

— Não, e também não entendo. Esta casa é linda e tem todo conforto. Ela foi construída da maneira como sonhamos. Não entendo por que não gosta de ficar aqui...

— Não se trata da casa, mas de você! Não suporto ficar muito tempo ao seu lado! Você me sufoca e sufoca os nossos filhos!

— Que está dizendo? Será que todos desta casa estão ficando loucos? Primeiro, o seu filho, que está namorando uma balconista! E agora, você, com essa história... Eu não sufoco ninguém, meu querido, você está redondamente enganado! Apenas protejo a minha família de aproveitadores como essa moça! Eu? Sufocar você? Claro que não te sufoco! Você nem consegue ficar em casa tempo suficiente para eu poder te sufocar! E se você não está ficando em casa, é porque deve ter outros interesses fora daqui...

— Que outros interesses?

— Não sei ainda, mas vou descobrir.

Nesse exato momento, enquanto Waldir descia a escada, o pai passou por ele sem nada dizer. Estranhando a atitude do pai, já na sala, perto de Carolina, Waldir perguntou:

— O que aconteceu com o papai, mamãe?

— Não sei, saiu e voltou irritado dessa maneira.

— Onde ele estava?

— Disse que no clube, mas não sei se é verdade. Se foi até lá, alguma coisa aconteceu para que voltasse tão nervoso.

— Ele não costuma ser assim. É sempre tão calmo. Tem certeza que não falou algo que o deixou assim?

— Claro que tenho, eu não disse nada!

— Depois vou falar com ele e tentar descobrir o que está acontecendo.

— Faça isso, talvez com você ele fale.

Mas, durante o almoço, ninguém falou sobre o que estava acontecendo. Tentaram comer tranqüilamente. Waldir estava ansioso, pois faltava pouco tempo para ir encontrar-se com Deise que, também em sua casa, almoçava e conversava com a mãe.

— Mamãe, vou me encontrar com ele e tentar descobrir quem é e se tem boas intenções.

— Você está gostando mesmo dele, não está, Deise?

— É, me pareceu sincero.

— Já sabe como tem que fazer, minha filha, seu pai sempre ensinou que a gente deve deixar nas mãos de Deus, pois Ele é quem sabe o que é melhor pra gente.

— Sei disso, mas mesmo assim não consigo ficar calma. Falar em entregar nas mãos de Deus é fácil, mas na hora dessa entrega é muito difícil. Estou gostando dele e, se ele não me quiser, vou sofrer muito, mamãe.

— Talvez tenha razão, mas se ele não te quiser, não adianta insistir. Você é jovem e bonita e a sua outra metade está em algum lugar! Na hora certa, você vai encontrar...

— Tem razão, mas agora vamos terminar de comer. E, depois de ajudar a senhora a ajeitar a cozinha, vou me arrumar bem bonita.. E seja tudo como Deus quiser.

— Não precisa me ajudar com a cozinha. Arrumo tudo num instante.

— Tem certeza?

— Tenho, pode ir se arrumar. Está quase na hora...

Deise sorriu e foi para o quarto se arrumar. Abriu a porta do guarda-roupa e olhou, pensando: *Eu queria ficar bem bonita, mas não tenho muita roupa, as que tenho já usei várias vezes. Ah! Como eu queria ter um vestido novo agora!*

Tirou do guarda-roupa um vestido verde-claro. Não era novo, mas gostava dele porque combinava com seus cabelos claros. *Tomara que ele não perceba que é um vestido velho. Também, se perceber e ligar, é sinal que não gosta realmente de mim. Ele também não deve ter muitas roupas, pois usa as que amigo empresta... E eu estou me sentindo muito bonita, mesmo antes de me vestir! Tomara que ele goste!*

Ia se vestir quando ouviu a mãe chamando. Quando chegou na cozinha, ficou apavorada. Ela estava com Decinho no colo. O menino fazia um esforço enorme para respirar. Deise já conhecia aquelas crises e sabia que a única maneira de ajudar o irmão seria levá-lo ao pronto-socorro. Disse desesperada:

— Vamos levar Decinho ao pronto-socorro, mãe!

— Você não pode, tem um encontro. Deixe que eu levo.

— Nada disso! Ele está muito grande e pesado, a senhora não consegue carregá-lo sozinha por muito tempo. Vou com a senhora até o pronto-socorro e depois volto para a praça. Se Waldir estiver lá e se quiser, volto com ele para o pronto-socorro. Se não estiver, volto sozinha. Mas vamos logo! Quanto mais tempo passar, pior o Decinho fica...

Saíram rapidamente. Assim que chegaram, Deise esperou que o menino fosse atendido. Ele teria que ficar um bom tempo na inalação. Era tempo suficiente para ir até o ponto de ônibus onde havia marcado com Waldir. Já eram mais de três horas quando ela chegou. Com a correria, acabara não trocando de roupa, estava com um vestido simples, que costumava usar em casa. Mas só se lembrou disso quando chegou perto do ponto de ônibus. Pensou até em voltar para casa e se trocar, mas não conseguiu. Waldir estava andando de um lado para outro e, assim que ela apareceu na esquina, ele a viu e, sorrindo, caminhou na sua direção.

— Ainda bem que chegou. Estou aqui há mais de meia hora. Pensei que não viesse mais. — disse, dando-lhe um beijo na testa.

— Desculpe, mas tive um problema em casa.

— Problema?

Ela contou que o irmão estava no pronto-socorro:

— Sinto muito! Mas vamos até lá? Sua mãe deve estar precisando de você!

— Você vai mesmo?

— Claro que sim! Achou que eu te deixaria sozinha?

— Mas, mal me conhece...

— Por isso mesmo, quero te conhecer melhor. Nada como um hospital para que isso aconteça... — disse rindo.

— Se quiser, vamos. Estou muito preocupada com meu irmão e... tem razão, minha mãe deve estar me querendo lá.

— Sei disso, por isso acho que devemos ir logo.

Imediatamente começaram a caminhar em direção ao pronto-socorro. Deise estava impressionada por ele ter querido acompanhá-la e também por não ter notado que ela estava com aquele vestido tão pobre. Chegaram ao pronto-socorro. A mãe estava em uma das salas onde Decinho tomava uma inalação. Ao vê-los, sorriu.

— Ainda bem que você chegou, Deise.

— Como ele está, mamãe?

— Está bem, assim que terminar a inalação poderemos ir embora. Mas quem é esse moço?

— É o Waldir, mãe, insistiu em vir comigo.

— Obrigada, moço, não precisava... o meu filho vai melhorar logo. Filha, se quiser pode ficar lá fora conversando com o moço...

— A senhora vai ficar bem?

— Vou sim. Não está vendo como o Decinho está bem? Ele está quase dormindo.

— Está bem, mamãe, vou ficar lá fora. Se precisar, é só chamar que venho logo.

A mãe sorriu sem nada dizer. Sabia que aquele encontro era muito importante para a filha.

Deise e Waldir saíram para o pátio. Waldir não quis dizer, mas estava impressionado com a aparência do pronto-socorro. Tudo parecia muito pobre e malcuidado. Na sala onde Decinho estava, muitas outras pessoas também faziam inalação. Ele, que desde pequeno sempre tinha sido atendido pelos melhores médicos e hospitais, ficou pensativo e distante, como tinha acontecido quando conheceu a Vila onde Deise morava.

Ela percebeu que ele estava pensativo:

— Em que está pensando? Está arrependido de ter vindo?

— Não, não estou arrependido, ao contrário, estou feliz por ter conhecido você. Só que nunca tinha visto uma criança ou qualquer pessoa com falta de ar, e o cheiro de hospital me fez mal. Foi sempre assim.

— Eu também não gosto de hospitais, mas já estou acostumada. A falta de ar do Decinho está vindo mais de uma vez por semana, e temos que vir até aqui. É uma pena, mas acho que não vamos poder tomar sorvete...

—Não faz mal. Fica para outro dia, mas não vou te deixar sozinha. Acompanho vocês até a hora de irem embora.

Ela sorriu e sentiu que gostava cada vez mais dele. Havia ficado o tempo todo ali, ao seu lado, só indo embora depois de deixar Deise, a mãe e o irmão na porta de casa. Já estava escuro, por isso ele não pôde ver as condições da casa, que ficava nos fundos do quintal. Ela o convidou para entrar, mas ele respondeu:

— Já está tarde, você e sua mãe tiveram um dia difícil. Além do mais, já está escuro e não conheço este bairro. Como trabalho e estudo à noite, não vou poder te encontrar durante a semana, mas no sábado é possível. Vamos nos encontrar?

Sabia que estava mentindo. Mas não queria que ela descobrisse que ele estudava pela manhã e que tinha o resto do dia livre..*Não quero, ao menos por enquanto...*

— Está bem. Vou ficar ansiosa te esperando. Desculpe por não poder ir com você na sorveteria.

Waldir, com um sorriso, se despediu. Enquanto caminhava até o ponto do ônibus, um só pensamento martelava em sua mente *Por que existe tanta diferença assim entre as pessoas?*

Na casa, em seu quarto, Carolina estava preocupada desde a hora em que Waldir saiu. Sabia que ele ia se encontrar com aquela balconista. Mário, que havia dormido a tarde toda, saiu logo que acordou. Paula telefonou para uma amiga e também saiu. Só Carolina estava sozinha naquela casa imensa. Não conseguia parar de pensar em como tinha sido a sua vida. *Não importa o que aconteceu com a minha família. O que importa é que hoje sou Dona Carolina Mendes Cordeiro, esposa de Mário Mendes Cordeiro, possuidora de uma grande fortuna, e, com ela, posso comprar tudo e todos que quiser. Posso decidir minha vida e a da família inteira. Waldir tentou disfarçar, mas sei que foi se encontrar com aquela balconista que, ainda por cima, é pobre! Muito pobre! Deve estar louco mesmo! Mas não vai ficar assim... Murilo, agora, deve estar seguindo seus passos. Logo, logo descubro tudo, dele e daquela zinha balconista... E Mário? Outra vez saiu sem me dizer para onde ia. Ele também... deve estar com aquela moça com quem estava almoçando. É mesmo um velho idiota! Não vê que aquela menina não pode querer nada com ele, a não ser levar uma boa vida? Não vou mais me preocupar com isso. Tenho tudo que sempre sonhei e isso vale qualquer sacrifício. Assim que descobrir quem é, dou um jeito e ela some para sempre da minha vida...da vida... Preciso também pensar em uma maneira de fazer o André voltar para Paula. Desse casamento ele não escapa! Por nada deste mundo! Eu não vou permitir que ele não aconteça! Não vou mesmo!*

Levantou-se e desceu. Atravessou as salas às escuras e saiu para o jardim. A noite estava clara, com a lua alta e cheia. O céu muito estrelado... *desde criança sempre soube que moraria em uma casa como esta... consegui, tenho tudo... Mas o que Tereza quer comigo? Já faz muito tempo... A última vez que nos encontramos, deixei bem claro que nunca mais queria ouvir falar dela nem de ninguém daquela família. Por que ela insiste tanto em falar comigo? Que terá acontecido?*

Paula, ao voltar, estranhou ao ver o vulto da mãe no meio do jardim, iluminado pelo luar e pelas luzes da piscina, todas acesas. E foi até lá, perguntando:

— O que a senhora está fazendo aí, sozinha ?

— Olá, filha. A noite está linda e, para apreciar toda essa beleza, não existe um lugar melhor que aqui, à beira da piscina.

— Tem razão, a noite está linda mesmo...

— Onde você esteve?

— Fui ao cinema com a Leninha.

— Gostou do filme?

— Para dizer a verdade, não prestei muita atenção. Fiquei nervosa quando vi o André...

— Nervosa?

— Sim, ele estava na fila para entrar no cinema.

— E o que tem isso de ruim?

— Mãe! Ele estava com outra e parecia apaixonado!

— Quem era ela? — Carolina perguntou, agitando-se toda e começando a vir em direção à casa..

— Não sei, mamãe! Ele nem me olhou! Ficou o tempo todo abraçado e fazendo carinho nela — disse Paula, acompanhando a mãe e começando a chorar.

— Pára Paula! Não vai começar a chorar agora! Isso não vai te ajudar em nada! — Carolina, agora, estava possessa e apressava o passo, já quase entrando em casa.

— A senhora sempre fala isso, mas é difícil, mamãe! Eu gosto muito dele...

— Homem algum gosta de mulher fraca! Todos gostam de mulheres decididas. Que têm força de vontade... Por isso, a última coisa que você pode fazer é ficar chorando. Tem que tomar uma atitude. Não pode e não vai perder André! Isso eu te garanto!

— Não sou tão forte e decidida como a senhora... — falou Paula, quase atropelada pela mãe, que entrava em casa, passando à frente da filha.

— Isso é o que não entendo! Como pode ser tão diferente? Desde criança te ensinei a conquistar tudo o que queria! É igual a mim em quase tudo! Sabe se impor às pessoas e principalmente aos empregados. Mas, quando se trata do André, fica assim, parecendo uma barata tonta! Você não é fraca! Será que não sabe que pode conquistar tudo que quiser? Quem tem dinheiro, tem tudo o que quer... e você tem muito! Levante a cabeça e pare de chorar!

— Não sei, mamãe... não sei como fazer para ser diferente... quero ser como a senhora, mas não consigo...

— Para começar, vai tratando de parar de chorar! Uma mulher nunca deve chorar! Ela tem que decidir rápido, senão, perde tudo!

Paula levantou a cabeça, enxugou as lágrimas com as mãos e disse com voz firme e decidida:

— A senhora está certa, mamãe! Eu quero ter o André de volta e vou conseguir! Sei que já tem um plano... Só tenho que saber qual é, e como eu posso ajudar!

— Pode deixar, Paula. Estou amadurecendo o meu plano e, assim que estiver claro, te conto qual é. Por enquanto pare mesmo de chorar e se concentre no desejo que tem de casar com ele, e, principalmente, em toda a fortuna e o prestígio que vêm, de brinde, com este casamento.... já jantou?

— Comi um lanche assim que saímos do cinema.

— Eu não. E agora estou com fome. Vamos até à copa?

Foram até lá e avisaram à cozinheira que só Carolina queria jantar, que mandasse servi-lo.

Paula, durante o jantar, ficou com ela, para lhe fazer companhia.

Estavam ainda à mesa quando Waldir chegou e, ao ver as duas conversando, percebeu que boa coisa não estava saindo daquela conversa. Aproximou-se e disse, sorrindo:

— Boa-noite! Posso saber da vida de quem as duas estão falando?

— O que é isso, meu filho? Eu e sua irmã estamos tratando de assuntos nossos. Não temos tempo de ficarmos nos preocupando com a vida de ninguém, além da nossa!

— Desculpe, mamãe, mas sabe que não pude evitar o comentário, ao ver vocês duas conversando. Sabe que gosto de provocar... — disse rindo.

— Sei disso, e sabe muito bem que não gosto quando fala assim comigo! A propósito, onde esteve até agora?

— Estive com Marcelo. Fomos ao cinema.

— Esteve mesmo com ele? Não está mentindo?

— Claro que não estou mentindo. Por que faria isso?

— Não sei, pode muito bem ter estado com aquela balconista... e não quer que eu saiba...

— Se eu estivesse com ela, qual seria o problema?

— Problema algum. Pensei muito a respeito e cheguei à conclusão que, se gosta dela, não existe motivo para que não continue. O que me importa, na realidade, é a tua felicidade. Se quiser, pode ficar com ela, que darei a minha benção... e pode, também, trazê-la aqui em casa.

— Está falando sério, mamãe?

— Estou, sim. Você é um filho muito bom, nunca me deu problema algum. Pensei bem e vi que não tenho o direito de interferir na sua vida. Se acha que a sua felicidade está ao lado dela, que seja. Não importa a origem dela. Com o dinheiro que temos, logo ela vai estar transformada em uma dama da sociedade.

— Obrigado, mamãe, mas não estou namorando com ela, só conhecendo. Se resolver ficar com ela, farei questão que venha aqui. Mas, por favor, não queira transformá-la. Gosto dela da maneira como é. Não suportaria ter, ao meu lado, uma mulher vazia como as suas amigas.

— Está dizendo que também sou vazia?

— Não, mamãe! Não torça o que eu digo! A senhora sabe muito bem o que quer e como conseguir. Agora vou me deitar, amanhã preciso acordar bem cedo. Boa-noite pra vocês que ficam...

Enquanto ele se afastava, Paula olhou, incrédula, para a mãe e perguntou:

— A senhora está bem, mamãe?

— Por que está perguntando?

— Disse para ele que quer conhecer aquela moça? Como pôde fazer isso? Ela é uma balconista! Uma ninguém!

— Acalme-se, Paula! Estou sabendo que ele está se encontrando com ela e, se eu proibir, fica pior. O melhor vai ser trazer a balconista para perto de mim. Assim posso pensar em uma maneira de separá-los sem parecer que fui culpada.

— Ah, agora estou entendendo...

— Bem, vamos nos deitar, filha. Seu pai ainda não chegou. Não consigo imaginar onde passou o dia todo... Amanhã vai ser um dia cheio. Tenho muito o que fazer.

— Também estou com sono. Boa-noite, mamãe.

— Boa-noite, minha filha.

Paula se afastou, mas Carolina continuou ainda sentada, pensando em como faria para resolver todos aqueles problemas. Estava assim quando Mário entrou e, ao vê-la, perguntou admirado:

— O que está fazendo, sozinha aí, Carolina?

— Estou pensando no meu marido que já não fica mais em casa, muito menos em minha companhia. Gostaria de saber o que está acontecendo. Será que ele encontrou outra?

— Você está delirando. Estou com um problema muito sério e preciso pensar em uma solução. Só isso...

— Que problema? Por que não me conta? Tem a ver com nosso patrimônio? Vamos ficar pobres?

— Por que você só pensa em dinheiro? Há problemas no mundo em que montes de dinheiro não servem de nada. Mas, sei que é inútil tentar conversar com você. Já está tarde, vou deitar. Boa-noite.

Nervoso se afastou. Carolina o acompanhou com os olhos. *Se está com problemas, por que não me conta? Claro! Não pode contar. O problema dele é aquela zinha!* — pensou enquanto se levantava e ia para o quarto.

Waldir, já deitado, lembrava mais uma vez de tudo que havia acontecido naquela tarde, quando o seu telefone tocou. Sabia que era Marcelo, para saber como havia sido o encontro, e atendeu:

— Alô, Marcelo. Sabia que você ia telefonar. Está morrendo de curiosidade, não está?

— Eu?! Não estou curioso, só preocupado com meu amigo... — disse rindo.

— Está bem, me engana que eu gosto... — e Waldir ria também. — Que quer saber?

— O sorvete... estava gelado ou ficou quente?

— Não teve sorvete.

— Como não teve?

Waldir então contou o que tinha acontecido. Quando terminou, Marcelo disse rindo:

— Que namoro difícil! De cara ir parar num hospital.... Será que vai ter de tomar injeção pra conseguir alguma coisa com a Deise?

— Não brinca, Marcelo! Não sei, mas vou insistir. Ela é maravilhosa.

— Não acha que ela tem problemas demais?

— Sim, isso até que é verdade, mas nada que não possa ser resolvido. O importante é ela ser sincera e gostar de mim, mesmo sem saber quem sou. Isso para mim é que é muito importante, você sabe.

— Sei sim e, mesmo não concordando com você, aceito.

— Bem, chega de papo, agora precisamos dormir. Amanhã a gente conversa mais, na Faculdade.

E desligaram. Waldir ajeitou a cabeça no travesseiro e, pensando em Deise, adormeceu.

Hora de Decidir

Começava a amanhecer quando Nilda abriu os olhos. Mais um dia para enfrentar, só que, para ela, este dia seria diferente. Levantou-se, foi para a cozinha, abriu o armário e, como não acontecia há muito tempo, ele estava cheio de mantimentos. Pegou a lata onde guardava o café, abriu e cheirou. *Obrigada, meu Deus, por ter colocado o doutor no nosso caminho. Hoje Ari vai na empresa e vai começar a trabalhar... e de agora em diante as minhas crianças vão poder tomar um café reforçado. Sei que a nossa vida vai mudar e, graças a Deus, vai ser pra melhor.*

Colocou água no fogo e voltou para o quarto. Ari, ainda dormindo, estava de lado, por causa do colete de gesso. Mas aquilo não ia mais ser um problema. *O doutor Mário sabe da dificuldade e vai conseguir um trabalho em que ele não precisasse mais usar a força.* As crianças também dormiam. O uniforme delas, que Nilda já havia separado na noite anterior, estava limpo e dobrado em cima do banquinho. Acordou Ari:

— Acorda, Ari, está na hora.

Ari ainda demorou para abrir os olhos e, com dificuldade, virou-se na cama, olhando para ela.

— Bom-dia, Nilda, ainda bem que chegou a segunda-feira. Vou até a empresa do seu patrão e acertar as coisas com ele. E, se o doutor disser que posso ficar lá, assim que tirar este colete vou começar a trabalhar e tudo vai ser diferente. A gente vai ter tudo que precisa, nossa desgraça vai acabar de vez.

— Isso mesmo, Ari. Tudo vai mudar. A gente só tem que agradecer ao doutor Mário... E a Deus... Mas levanta. Vou acabar de fazer o café. Enquanto isso, vai acordando as crianças. Hoje elas vão ter café com leite e pão com manteiga.

Ari sorriu e saiu da cama. Nilda voltou para o fogão. A água já estava fervendo. Ela colocou o café no coador e jogou a água fervendo sobre ele. O cheiro de café novo tomou conta da casinha.

As crianças foram acordando e, com a ajuda do pai, se vestindo para ir à creche. Depois de tomarem o café, saíram acompanhados por Nilda. O caminho era o mesmo, mas Nilda desta vez caminhava com passos firmes. Deixou as crianças na creche e foi para a casa de Carolina. Chegou na hora de sempre e José, como sempre, estava limpando o carro do doutor Mário:

— Bom-dia, José.

— Bom-dia, Nilda. Parece que hoje vai ser um dia muito bonito.

— Vai ser sim, José. Tenho certeza...

Nilda entrou na casa e foi direto trocar sua roupa, pôr o uniforme. Precisava preparar a mesa. Sabia que o doutor, logo mais, como costumava acontecer todos os dias, seria o primeiro a se levantar.

Estava terminando de preparar a mesa, quando ele chegou. Se apressou em dizer:

— Bom-dia, Nilda. Meu café está pronto?

— Está sim, doutor. Já vou pegar para servir pro senhor.

Saiu apressada em direção à cozinha e voltou logo depois, trazendo uma bandeja com duas jarras de suco, café, leite e água quente, para o chá. Colocou sobre a mesa já posta, onde havia frutas, bolos, pães, geléias, manteiga, mel e doces.

Mário sentou-se, olhou para ela, dizendo:

— Seu marido não esqueceu que vai à empresa hoje?

— Não, senhor. Ele vai sim, doutor. Ele está ansioso. O senhor não vai se arrepender de dar o emprego pra ele. Vai ver como ele é esforçado e aprende tudo rapidinho.

— Sei que não vou me arrepender. E você poder ir se preparando. Minha secretária já viu uma casa para vocês, e creche e escola para as suas crianças. Se quiser, já podem se mudar amanhã. Eu mando um caminhão para fazer a mudança.

— Posso mesmo, doutor?

— Claro que pode!

— Ah, doutor, mas amanhã não vai dar... Vai ter que deixar pro fim de semana. Não posso perder dia de serviço, dona Carolina não ia deixar.

— Está bem, é melhor não deixar Carolina nervosa. Vá preparando tudo e vocês se mudam no sábado.

— Obrigada, doutor. A gente não tem muita coisa. E de coisa grande só tem o armário, o sofá e duas camas. Um caminhão pequeno já dá. E obrigada de novo, Doutor, não sei como agradecer por sua bondade...

— Não tem o que agradecer, Nilda. Deus me deu muito mais do que eu preciso. Tenho o suficiente para te ajudar e às tuas crianças. Fique tranqüila, está tudo bem.

Mário começou a tomar o café. Nilda se retirou. Em seguida chegou Waldir, atrasado. Passou pela mesa, pegou uma maçã e, sem mordê-la, saiu dizendo:

— Bom-dia, papai. Não vou poder tomar café, estou atrasado, dormi muito. Preciso ir.

— Bom-dia, Waldir. Só uma maçã? Isso não está certo, precisa se alimentar. Sabe que a primeira refeição é a mais importante do dia.

— Sei disso, papai, mas hoje não dá. Tchau.

Dando uma dentada na maçã, saiu apressado. Mário o acompanhou com os olhos. Com calma, terminou de tomar o seu café e também saiu. Precisava chegar calmo na empresa, pois tinha de resolver aquilo que o estava afligindo. Sabia que a conversa que ia ter com Oscar seria difícil, mas inadiável. Estava sofrendo... *um amigo de tantos anos.*

Naquele dia, embora para ela fosse cedo, Carolina também acordou antes das nove horas e, ainda deitada, pegou o telefone e discou um número. Do outro lado da linha, a voz de Murilo se fez ouvir:

— Bom-dia, minha querida, dormiu bem?

— Dormi muito bem, Murilo, mas o que tem para me contar? Estou ansiosa para saber o que meu filho fez ontem.

Murilo contou toda a trajetória de Waldir. Carolina ouvia e indignava-se:

— Como ele pôde ir a um pronto-socorro da periferia? Está mesmo louco! Podia ter pegado um vírus qualquer! Se é que já não pegou. É demais! Quero que você se aproxime dessa moça e a envolva, como fez das outras vezes. Use o dinheiro que precisar para que ela pense que você é rico. Sei que não resistirá. Depois é só fazer com que Waldir descubra que ela está envolvida com outro homem e, como das outras vezes, ele se afastará. E quanto à moça que está saindo com o André, já descobriu alguma coisa?

— Ela pertence a uma família tradicional e muito rica. Parece que estão apaixonados. Acho que vai ser difícil fazer com que os dois se separem.

— Faça o mesmo com ela, Murilo, aproxime-se e envolva a fulana com seu charme. Você é bonito e essa sua beleza deve servir para alguma coisa.

— Obrigado pelo elogio, mas sabe que o meu charme e o meu amor pertencem só à você. Mas vou usar o meu charme, sim, mas não com a garota do Waldir e, sim, com sua amiga.

— Amiga? Que amiga? E de que vai servir isso?

— Uma que trabalha na mesma loja. É feia, coitada. Tão sem graça... vou me aproximar dela, pressinto que com ela vou conseguir todas as informações que eu precisar e, assim, poderei chegar à outra, à do Waldir.

— Você é quem sabe como vai agir. O que me importa é que consiga o que quero: afastar o Waldir para sempre dessa moça!

— Fique tranqüila, meu amor. Tudo dará certo... sabe que te amo e que sempre farei tudo para te ver feliz...

Carolina sorriu e respondeu com desdém:

— Sei disso, sei disso... mas agora preciso desligar. Mário ainda deve estar lá em baixo, tomando café. Vou descer e falar com ele. Está acontecendo alguma coisa que está me preocupando e preciso saber do que se trata. Bom-dia, meu amor. Beijos... Espero notícias suas.

Desligou o telefone e levantou-se. Ainda de robe, desceu, mas Mário já havia ido embora. Ficou mais preocupada ainda... *Para ele ter saído tão cedo, deve estar com problemas, mesmo... que será que está acontecendo? Bem, se ele não quer me contar, o problema é dele. Hoje é segunda-feira, dia de eu ir ao cabeleireiro. Os problemas do Mário, que fiquem por conta dele. Ele que resolva!*

Tomou café e voltou para o seu quarto. Tomou um longo banho, ficou no *closet* uma meia-hora, vendo que roupa ia pôr para as outras morrerem de inveja no cabeleireiro. Enfim, viu um conjunto, ainda com a etiqueta da boutique, que tinha trazido de sua última viagem. Vestiu-se, desceu e foi direto para a garagem. Com o tempo que levou escolhendo a roupa, já estava atrasada. José, como em todas as segundas e quartas feiras, já a esperava para levá-la ao cabeleireiro e depois, ele sabia, ela se encontraria com Murilo.

Aquela hora, Mário já tinha chegado na empresa. Em sua sala, ele pedia a Sara que chamasse Oscar, no que ela obedeceu prontamente. Oscar entrou em seguida, sorridente, dizendo:

— Bom-dia, Mário? Passou bem o fim de semana?

— Não, não passei bem, estou muito preocupado.

— Preocupado com quê?

— Com isto aqui, Oscar. — Entregou a ele alguns papéis, sem tirar os olhos de seu rosto. Ao vê-los, Oscar empalideceu e Mário percebeu que ele começou a tremer. Com os documentos na mão, Oscar disse gaguejando:

— Onde con... conseguiu? Quem te deu esses papéis, Mário?

— Onde consegui e quem me deu, não importa. O que importa é o que está escrito neles. Por que fez isso, Oscar? Sempre te considerei um amigo! Nunca te tratei como empregado! Sempre confiei em você, não só no trabalho como na minha vida particular! Por que, Oscar? Por quê? — Mário estava furioso.

Oscar não sabia o que dizer, ficou mudo olhando para o amigo. Estava envergonhado e com medo por ter sido descoberto. Disse ainda gaguejando:

— Desculpe, Mário, mas foi preciso...

— Precisou me roubar? Por quê? Se tivesse algum problema era só me contar, sabe que sempre te ajudei e continuaria te ajudando!

— Eu não queria te roubar, era só um empréstimo, eu ia devolver tudo, juro...

— Empréstimo? Por que não me pediu? Sabe que eu não te negaria uma ajuda ou um empréstimo! Além do mais, foi uma quantia enorme! Para que precisava de tanto dinheiro, se você tem dinheiro e o seu salário é muito bom! Mais do que receberia em qualquer outra empresa!

— Desculpe, Mário, vou te devolver tudo... prometo...

— Será que não entendeu que não se trata de dinheiro, mas de amizade, confiança e lealdade?! Tudo que sempre tive por você e achei que tivesse por mim!

— Desculpe, Mário...

— Como te desculpar? Você falsificou papéis, minha assinatura, escondeu, mentiu e roubou! Como posso te perdoar?

— Em nome da nossa amizade... prometo que vou devolver tudo... só preciso de um prazo...

— Que prazo? Mesmo que trabalhe por dez anos sem receber o seu salário não conseguirá me devolver a quantia que roubou! Por mais que eu olhe estes papéis, não consigo acreditar que tenha feito isso! Não você! Para que precisou de tanto dinheiro? Pode me contar?

— Não posso, tenho vergonha...

— Vergonha!? Vergonha? Não teve vergonha para me roubar e diz que tem vergonha de me contar o motivo! Se não me contar, sinto muito, mas vou ter de chamar a polícia e te entregar como ladrão!

— Você não pode fazer isso... — Oscar gaguejava e chorava. — sabe que Laura nunca me perdoará...

— Claro que posso, tenho em minhas mãos todas as provas que preciso! Você me roubou! Quanto à Laura, se a conheço bem, não te perdoará com certeza, assim como eu não posso te perdoar! — Mário gritou, sacudindo os papéis.

— Sei que tem razão, mas fui obrigado. Minha intenção era devolver, mas não consegui...

— Por que você precisou pegar o dinheiro, Oscar? Que fez com ele? Tem de me dizer!

— Você vai me odiar, assim como eu mesmo me odeio...estou morrendo de vergonha, mas não pude evitar...

— Já não agüento mais essa conversa. Infelizmente vou ter que chamar a polícia!

— Não faça isso, por favor... eu me envolvi com jogo, perdi muito dinheiro e não tinha como pagar. Por isso peguei da empresa, mas juro que ia devolver, só que não consegui.

— Jogou?! Você está louco! Como foi jogar um dinheiro que não era seu?

— Sei que errei, mas vou devolver tudo, por favor, Mário, me dê outra chance...

Mário colocou as mãos sobre a cabeça. Estava aturdido com que Oscar lhe disse. Conhecia-o há muito tempo, e nunca havia imaginado que ele era viciado em jogo. Conhecia a esposa e os filhos dele, sabia que, para eles, seria difícil entender aquilo, como estava sendo para ele próprio. Era preciso tomar uma decisão, mas sabia, também, que era muito difícil. Nervoso, olhou para Oscar e disse:

— Estou muito nervoso e sei que, da maneira como estou, não vou conseguir tomar a decisão certa. Vamos fazer o seguinte: você vai para sua casa... fique lá até eu chamar. Assim tenho tempo para pensar e vou saber o que fazer. Não pense que estou fazendo isso por sua causa, mas sim, por causa da Laura e das crianças, que eu amo como se fossem minhas. Elas não têm culpa de ter um pai irresponsável como você.

— Por favor, Mário, me deixe continuar aqui trabalhando. Prometo que nunca mais vai se repetir e que eu te pago tudo.

— Você, em sã consciência, acha que eu posso fazer isso? Acha que eu posso voltar a confiar em você como antes? Por favor, saia agora e só volte quando eu mandar te chamar.

Oscar, que o tempo todo esteve em pé, virou-se em direção à porta e, com a cabeça baixa, saiu. Mário, que continuava sentado, voltou a colocar as mãos sobre a cabeça e fez um esforço enorme para não chorar. Não havia perdido só dinheiro, mas, o que para ele era mais importante, perdera um amigo.

Na hora marcada, Ari chegou na empresa e foi recebido por Mário. Embora continuasse com o colete, se esforçou para andar firme. Suas roupas eram simples, mas limpas e bem passadas, que Nilda fazia questão de manter assim. Assim que entrou na sala de Mário, a convite dele, Ari sentou-se. Estava nervoso. Nunca tinha estado na presença de um homem importante como aquele. Seu coração tremia e, intimamente, agradeceu por poder sentar, pois suas pernas também tremiam muito. Mário, acostumado a conversar com pessoas de todos os níveis sociais, percebendo o nervosismo dele e tentando deixá-lo à vontade, disse sorrindo:

— Fique a vontade e não se preocupe comigo. Nilda me falou dos problemas de vocês. Gosto muito da Nilda, ela é uma ótima empregada.

— Ela também gosta muito do senhor e de todos da sua casa.

— De todos? — Mário perguntou, tentando segurar o riso.

Ari percebeu, mas fez de conta que não entendeu e respondeu sério:

— Ela sempre fala muito bem de todos.

Mário sabia que ele não estava dizendo a verdade, mas sabia também que ele estava certo, por isso, disse:

— Está bem, ela me contou a situação que vocês estão passando, e resolvi que posso amenizar um pouco. Já trabalhou em uma empresa?

Ari não entendeu o que era "a menizar", mas, pelo que Mário já tinha dito, devia ser coisa boa, e respondeu:

— Não, doutor, antes de vir para cá eu era lavrador. Quando cheguei comecei a trabalhar como pedreiro. O dinheiro não era muito, mas dava pra sustentar minhas crianças, mas agora...

— Eu sei — interrompeu Mário — e , pelo que dá para ver, você ainda está usando o colete de gesso...

— Sim, senhor, preciso ficar mais alguns dias. O pior de tudo é que o médico disse que, se eu continuar fazendo serviço pesado, posso ficar aleijado pra sempre.

— Isso não vai acontecer. Sabe ler e escrever?

— Sei, sim, senhor.

— Está bem, vou chamar o Cardoso. Ele trabalha no almoxarifado. Está quase se aposentando e vai descansar em casa. Eu precisava contratar uma pessoa para ficar no seu lugar. Vou pedir que te ensine todo o trabalho. Sei que você vai se esforçar e aprender.

— Vou sim, doutor! O senhor pode ter certeza disso!

Mário sorriu. Ele não sabia o motivo, mas estava ainda mais feliz do que Ari por poder ajudá-lo. Mandou chamar Cardoso, que chegou em seguida:

— Cardoso, mostre ao Ari o almoxarifado. Ensine tudo a ele, pois ficará no seu lugar quando a sua merecida aposentadoria chegar.

— Sim senhor, doutor.

— Ari, vá com o Cardoso. Depois que ele te mostrar tudo, volte aqui. Precisamos conversar mais um pouco.

— Está bem, doutor. Eu volto sim e obrigado por tudo.

— Não tem o que agradecer. Só tem que trabalhar.

Ari e Cardoso saíram. Embora Mário conversasse normalmente, seu coração estava triste pelo que Oscar tinha feito...*Por que ele foi se envolver com jogo? Já faz tanto tempo que o conheço, sei que é um homem bom. Mas não posso perdoá-lo. O que vai acontecer com Laura e as crianças? Não sei o que fazer. Às vezes sinto vontade de chamar a polícia e mandar prendê-lo, mas ao mesmo tempo, penso nas crianças. Se eu pudesse conversar com Carolina, conseguiria uma ajuda, mas não posso. Conheço-a o suficiente para saber que assim que eu terminar de falar ela chama a polícia. Talvez Waldir... sim, ele é mais consciente das coisas. Isso mesmo, vou conversar com ele...*

Sara entrou na sala com alguns papéis para ele assinar, o que fez com que parasse de pensar naquele assunto. Uma hora depois, Ari voltou. Assim que foi anunciado por Sara, entrou. Estava entusiasmado com o trabalho;

— Então Ari, que achou?

— Nossa, doutor, nunca vi uma empresa tão grande. Fiquei um pouco assustado com o tamanho do almoxarifado, mas o Cardoso me tranqüilizou, disse pra eu não me preocupar porque vai me ensinar tudo!

— Vai mesmo. Acha que vai dar conta do trabalho?

— Vou sim, doutor. Tenho certeza!

— Está bem. O salário que vou te pagar vai dar para você dar uma vida decente para seus filhos. Quando sair daqui, fale com a Sara, minha secretária, ela vai te dar um endereço e as chaves, para você ir ver a casa que reservei para vocês poderem se mudar. Também já arranjei uma creche e a escola para as crianças. Como vê, Ari, você está tendo uma chance de acabar com seus problemas.

— Estou vendo, doutor e não sei como agradecer!

— Não quero que agradeça. Quero que trabalhe e seja leal a mim. Nunca minta para mim e, se algum dia estiver em dificuldades, antes de fazer alguma coisa errada, me procure que farei o possível para te ajudar. — disse isso, pensando em Oscar. E continuou — O dinheiro é muito importante, mas, para mim, não tem tanto valor como a lealdade.

— Pode ter certeza, doutor, que nunca vou decepcionar o senhor. Vou fazer o possível para ser sempre melhor.

— Assim espero. Agora pode ir.

Ari saiu. Estava muito feliz. Falou com Sara, que lhe deu um molho de chaves, um papel onde estava anotado um endereço e lhe ensinou, mais ou menos, onde ficava a rua. Pegando o papel ele agradeceu e saiu apressado. Queria ver logo a casa, para poder contar a Nilda como ela era.

Carolina foi ao cabeleireiro e não via a hora de ir encontrar-se com Murilo depois do almoço. Waldir e Paula chegaram da Faculdade. Paula continuava preocupada com André. Enquanto almoçavam, pensava... *Não posso perder o André para ninguém! E faço qualquer coisa! Mamãe, como sempre, tem razão. Preciso ficar calma e não chorar nunca mais. Mas enquanto mamãe não resolve, não vou ficar parada esperando... eu mesma vou descobrir com quem é que ele está saindo. Que ela é muito bonita, é. Só preciso descobrir se é páreo para mim. Se for uma pobre coitada, tá perdida! Vou fazer isso logo depois do almoço... Já sei, vou até a empresa do pai dele, como quem não quer nada. Sei que o André está lá à tarde. Só quero ver qual vai ser a reação dele...*

Waldir, por sua vez, andava como se o chão fosse uma nuvem de plumas... *Deise...estou tão feliz por ter conhecido Deise... pena que só vou poder vê-la no fim de semana... com a história que inventei, tenho de esconder dela que estudo pela manhã, senão ela vai desconfiar que sou rico... Mesmo assim, depois do almoço vou passar pela loja só para vê-la. Faço isso sem que me veja, só para matar a saudade... Se ela me vir, digo que estou em horário de almoço...*

Planejando

Na hora marcada, Carolina se encontrou com Murilo. Como sempre ele a recebeu com um beijo:

— Boa-tarde, meu amor! Estava morrendo de saudades. Essa história de conversar só por telefone é muito chato. Gosto de ter você assim, aconchegada em meus braços.

— Ora Murilo, eu também gosto, mas sei também que nada se pode fazer quanto a isso. Sabe que sou casada e que não posso, nunca, um segundinho que seja, pensar em me separar do meu marido. Só quando ele morrer vou ficar livre. O mesmo acontece com você e aquela mulherzinha que você diz que é doente...

—Ela é mesmo, muito doente! Além de ser frígida e nunca estar disposta a me amar, assim como você faz! Por isso te amo tanto. Quanto ao seu marido, ele não vai morrer tão cedo. É um homem forte e saudável.

— As pessoas não morrem só de doença...

— O que está querendo dizer, Carolina? — perguntou assustado com o tom de voz dela.

— Muitas pessoas morrem de acidente ou são assassinadas...

— Pare com essa conversa, Carolina! Não quero fazer parte dessas besteiras que você está pensando! Faço tudo o que você quiser, menos cometer um crime! Posso ser preso! E eu gosto muito da minha liberdade!

— Não estou dizendo para você cometer um crime! Está louco! Só estou dizendo que isso acontece todos os dias...

— Isso, o quê?

— Acidentes e assassinatos...

— É melhor mudarmos de assunto! Você está me deixando nervoso!

— Não precisa ficar nervoso! Mário, por enquanto, não vai morrer, o que é uma pena, porque estive mexendo em sua escrivaninha para ver se descobria alguma coisa. Ele anda muito nervoso e diz que é por causa de problemas na empresa. Fiquei preocupada e tentei descobrir o que estava acontecendo.

— Descobriu?

— Não, mas, em compensação, encontrei sabe o quê? Uma apólice de seguro de vida! No valor de dois milhões, isso se ele morrer de morte natural, porque, se for por acidente, passa para quatro! E sabe quem é a beneficiária? Eu, eu-zi-nha...

— Dois milhões?! — perguntou arregalando os olhos.

— Dois, não, meu amor... quatro, ele não vai morrer de morte natural, você mesmo disse que ele é um homem saudável, não disse?

— Não estou gostando dessa conversa, não estou mesmo... você está louca e tentando me enlouquecer também...

— Não estou louca e nem tentando te enlouquecer. Estou só pensando em uma maneira de ficarmos livres e com muito dinheiro...

— Não sei... é muito perigoso...

— Está bem, vamos deixar esse assunto para depois. Agora estou mais interessada em afastar o meu filho daquela balconista. Conte mais sobre o que pretende fazer com a amiga dela.

— Estou pensando em namorar a amiga, para saber mais sobre a moça.

— Não seria mais fácil tentar namorar a balconista?

— Não, acho que não. Ela parece que está apaixonada pelo seu filho e, se isso for verdade, não vai permitir que eu me aproxime.

— Tem razão, mas como vai se aproximar da amiga? Ela não tem namorado?

— Não sei, mas vou tentar e vou fazer isso hoje mesmo. Vou até a loja comprar um presente para você e, assim, me aproximar dela e tentar envolvê-la. Ela precisa pensar que sou rico e para isso preciso de dinheiro para comprar um presente caro. Só não sei o que comprar. A loja é de roupas e acessórios femininos. O que acha que devo comprar?

Compre uma bolsa bem cara, mas não me dê. Volte no dia seguinte e diga que não gostei e troque por outra coisa. Assim terá uma desculpa para poder voltar.

— Sabe que, para isso, preciso de dinheiro...

— Entendi o que está dizendo. De quanto acha que vai precisar? Sabe que para mim dinheiro não é problema. Gastarei tudo que for preciso para salvar meu filho daquela aproveitadora.

— Você é quem está acostumada a comprar coisas boas. De quanto acha que vou precisar?

— É mesmo, tem razão, eu sei quanto custa uma boa bolsa. A loja é de alto nível? Vou te dar o dinheiro, compre a que mais gostar, ou melhor, compre a mais cara que houver lá. Só para impressionar as duas.

— Pode deixar por minha conta. Logo, logo terei em minhas mãos a amiga e ela também. Há mais um problema: se é para impressioná-las, não posso sair com ela no meu carro, ele é um modelo básico, e assim que ela olhar para ele, vai perceber que não sou rico coisa nenhuma. Preciso de um carro novo ou, ao menos, de um alugado.

Carolina sorriu, já estava acostumada com a maneira sutil que ele usava para pedir as coisas. Sabia também que aquele era o preço para ter ao seu lado um jovem bonito como ele.

— Está bem. Vamos comprar um carro novo. Já disse que gasto tudo que precisar para me ver livre daquela mulher.

— Você é maravilhosa, por isso te amo tanto, mas agora, não acha que já falamos demais? — e, com um beijo, impediu-a de continuar a falar enquanto, agarrados, iam em direção à cama

Amaram-se. Depois saíram. Murilo foi em seu carro e José levou-a até a concessionária, onde ela pagou o carro que ele escolheu. Um carro de luxo zero quilômetro, que até emplacado já estava, mas o cliente tinha desistido da compra. Mais tarde mandariam os dados para a transferência de documentos. Tinham de decidir em nome de quem o carro ia ficar. Em seguida, ela deu mais dinheiro para Murilo, despediu-se e foi embora. Ele pediu que deixassem seu antigo carro no estacionamento da loja e que providenciassem a passagem da documentação para o nome de Lia. Enquanto não conseguisse arrancar mais dinheiro de Carolina para dar um carro novo a Lia, ela ia gostar de ter aquele. Vivia reclamando da falta de um.

Já de carro novo e com o dinheiro na mão, Murilo foi para a loja onde Deise e Luzia trabalhavam. Assim que entrou, elas se aproximaram. Ele ignorou Deise e se voltou para Luzia:

— Por favor, preciso comprar um presente para minha irmã, poderia me ajudar?

— Claro, o senhor me acompanhe, por favor.

Ela andou na frente, ele a seguiu. Ao passar por Deise, Luzia sorriu e piscou um olho. Deise sorriu, pois aquele cliente parecia ser daqueles que não se importavam em gastar. Sabia que a comissão da amiga seria muito boa e sabia também o quanto ela precisava disso.

Murilo falava olhando bem dentro dos olhos de Luzia, o que a deixava um tanto sem jeito. O olhar dele era penetrante e, por mais que ela quisesse, não podia negar, ele era realmente muito bonito.

Fingiu interessar-se pelas bolsas e, "aceitando" a sugestão dela, Murilo comprou a bolsa mais cara da loja. Luzia não cabia em si de felicidade. Além de receber uma boa comissão, sentia que ele queria algo mais com ela. Embrulhou a bolsa para presente e fez o pacote mais bonito que sabia. Ele pagou e, quando ela estava entregando o pacote, olhando em seus olhos, ele disse:

— Desculpe meu atrevimento, mas posso fazer uma pergunta?

— Claro que sim, o que é?

— Você tem namorado?

Ela corou, e perguntou com a voz trêmula:

— Não, mas por que está perguntando isso?

— Desculpe, mas desde que a vi, fiquei muito impressionado. Você é linda... eu gostaria de conhecer você melhor...

As pernas dela começaram a tremer. Ele percebeu, mas mantendo um sorriso, continuou:

— Gostaria de sair comigo, só para conversarmos? Estou curioso para saber tudo a seu respeito. Estou mesmo impressionado com a sua beleza.

Ela ficou muda sem saber o que responder. Nunca imaginou que um dia, alguém como ele, rico e bonito, se interessasse por ela, uma moça comum, que sabia que não era bonita. *Bonita mesmo era Deise.* Ela sempre soube disso e também, por esse mesmo motivo, sempre teve um pouco de inveja. Olhando para ele, Luzia pensou: *Será que isso está acontecendo realmente? Será que, um homem como este, está de verdade interessado em mim? Não pode ser, sou tão comum...*

Percebendo a indecisão dela, ele, sorrindo e sempre com aquele olhar malicioso, disse:

— Por que está demorando tanto para responder? Não diga que vai recusar, pois, se fizer isso, me tornará o homem mais infeliz deste mundo...

Ela continuava muda. Olhou para Deise, que percebeu estar acontecendo algo de estranho, mas, por estar do outro lado da loja, não pôde ouvir o que conversavam. Ele tornou a perguntar:

— Estou ansioso pela sua resposta. Não se preocupe, minhas intenções são as melhores possíveis. Quero somente te conhecer melhor, nada além disso. Podemos ir hoje mesmo jantar em um ótimo restaurante que eu conheço... — e citou o nome de um restaurante caro —... ou, se preferir, a uma boa lanchonete. Você escolhe!

Ela sentiu que aquela era a oportunidade de sua vida e, sorrindo, respondeu:

— Aceito, mas só a uma lanchonete... — ela sabia que suas roupas não eram próprias para aquele restaurante – É que eu não posso me demorar muito. Moro longe e, se atraso, meus pais ficam preocupados.

— Está bem, estarei te esperando na saída da loja, a que horas você sai?

— Às dezoito horas.

— Vou estar aqui... até mais.

Ele pegou o pacote e saiu, passou por Deise, mas fingiu que não a viu.

Assim que o viu fora da loja, vindo para perto da amiga, que tremia muito e estava pálida, Deise, preocupada, perguntou:

— Que aconteceu, Luzia? Por que está tremendo assim? Esse homem te faltou com o respeito?

Luzia ao mesmo tempo em que tremia, sorria e, depois de alguns segundos, respondeu abraçando Deise:

— Nada disso! Ele é maravilhoso! Me convidou para sair, disse que desde que me viu ficou impressionado e quer me conhecer melhor! Não estou acreditando, mas aconteceu mesmo! Você acredita que isso possa ser verdade? Ele é rico e é lindo!

Deise começou a rir e respondeu:

— Claro que sim, Luzia. Você é uma pessoa maravilhosa! Deus sabe disso, amiga!

Murilo saiu dali sorrindo. Sabia que seu primeiro passo havia sido um sucesso. No primeiro telefone que encontrou, discou o número particular de Carolina, que atendeu prontamente.

—Alô!

— Sou eu, meu amor. Está feito. Ela caiu direitinho.

— É mesmo? Como foi?

Ele contou tudo como aconteceu. Do outro lado da linha, Carolina ria sem parar:

— Ela acreditou mesmo que um homem como você se interessaria por uma balconista?

Ele, também rindo muito, respondeu:

— Além de balconista é muito feia! Mas quero dar a ela a bolsa que comprei. Você se incomoda? É uma bolsa muito cara...

—Faça o que quiser. Já te disse que só quero resultados, não me importa o preço que terei de pagar por eles!

Ele sorriu, sabia que Carolina sempre faria o que ele quisesse. Desligou o telefone. Olhou no relógio. *Ainda é cedo, dá tempo de eu ir até em casa e mostrar o carro para Lia... Ela vai adorar...*

E foi o que fez. Entrou no carro e saiu dirigindo para casa. Considerava-se um homem de sorte, por ter conhecido Carolina. No caminho foi relembrando o dia que a conheceu.

Eu trabalhava na empresa do marido dela. Era auxiliar de escritório. Não tinha perspectiva alguma da vida. Filho de família pobre, havia me casado há pouco tempo. Nunca pude estudar, o máximo que consegui foi fazer aulas de digitação e nem concluí o curso, porque o dinheiro não deu. Doutor Mário me contratou e` aos poucos fui ganhando sua confiança. Um dia Carolina foi até a empresa. Já estava quase no fim do expediente. Quando a vi, me encantei com sua beleza e altivez. Ela passou por mim e sorriu, eu correspondi. Entrou na sala do doutor, ficou ali por um bom tempo e quando saiu, acompanhada por ele, lembro que disseram:

"— Então Mário, hoje vai chegar tarde?

"— Vou sim, tenho um jantar de negócios.

"— Está bem. Estou indo para casa ver como está a preparação do jantar. Outra vez eu e as crianças jantaremos sozinhos.

"— Você já devia ter se acostumado. Sabe que de vez em quando tenho que jantar com clientes ou fornecedores.

"— Sei, mas não consigo."

E lembro muito bem quando ele a beijou no rosto e se afastou. Ela passou por mim e deu um sorriso. Quando terminou o expediente saí apressado. O ônibus ia passar no ponto dali uns cinco minutos... se o perdesse, o outro demoraria muito para chegar. Eu estava passando correndo pelo estacionamento, quando ela me chamou:

"— Rapaz, venha até aqui, por favor!" — *e eu me aproximei, enquanto ela me falava, sorrindo:*

"— Pensei em ir com Mário para casa e dispensei meu motorista. Não gosto de andar sozinha de táxi. Você me acompanharia até minha casa?" — *eu não podia e, pensando bem, não queria negar. Ela era a esposa do patrão, isso melhoraria a minha situação na firma.. e ela então me fez uma oferta...*

"— Pois bem, lá casa te darei um bom dinheiro, afinal das contas você vai estar me fazendo um favor... e algum mais para você poder ir para casa de táxi. O que acha?"

Eu sabia que não poderia me demorar, pois a Lia ficaria preocupado, mas diante daquela oferta, daquele dinheiro que viria em boa hora, respondi que aceitava, que só precisava telefonar para casa:

— ... e se a senhora puder esperar, vou até aquele telefone do outro lado da rua e volto em seguida. — *lembro ter dito.*

E fui correndo até lá, e menti para Lia dizendo que precisava fazer hora extra. Foi a primeira mentira rendosa da minha vida. Carolina me fez sentar junto a ela e, no caminho, fez o táxi parar num café de encontros, e lembro que, a princípio, eu não entendi, pois não estava esperando. Olhei espantado para ela quando pegou a minha mão e sorriu, me puxando para fora do carro:

"— Não está acontecendo nada, bobinho, só estou te convidando para tomarmos um lanche. Estou com fome, você não está?"

Eu disse que sim e desde então nunca mais paramos de nos encontrar. Como eu tenho sorte! pois além de ela ser uma mulher muito bonita e me dá tudo que preciso. Agora estou eu, aqui, com esse carro potente, cheirando a novo! Se eu tivesse continuado na firma do marido dela, as coisas podiam se complicar.... mas ela me fez sair da empresa e começou a me pagar um salário que era o dobro daquele que eu recebia, além de me dar muito mais.... Alugou o apartamento onde nos encontramos. Eu sei que precisei mentir para Lia, dizer que havia mudado de emprego que tinha aparecido uma boa oferta como vendedor. A idéia foi de Carolina, que assim eu não teria um lugar certo para estar durante o dia, e Lia não teria como telefonar para mim. Ela não desconfiou de nada e ficou feliz, pois o meu salário havia dobrado. Nossa, Lia vai adorar o carro novo! Amanhã peço para ela ir comigo, para ela pegar aquele carro mixuruca lá no estacionamento...Com o tempo, Carolina se cansou de andar de táxi e as pessoas estavam desconfiadas, pois ela não saía mais com o motorista. Por isso ela conversou com o velho José e disse que precisava sair com ele várias vezes por semana e que ia a um lugar encontrar com alguém e que, se ele gostava do emprego, teria que ficar quieto e não contar para ninguém. Ele, um senhor com certa idade, sabia que dificilmente encontraria outro emprego, aceitou e tudo ficou bem. Até hoje, nunca comentou com ninguém e nem vai comentar. Nossa, já faz três anos! Naquele tempo eu só tinha vinte e dois... Eu gosto muito dela e faço tudo que me pede, mas essas idéias que ela está tendo em relação ao marido, nossa...

Parou o carro em um semáforo e continuou pensando na sua vida com Carolina. O semáforo abriu, ele seguiu e, logo, chegou em casa. Abriu o portão e entrou em casa, correndo e gritando:

— Lia! Lia! Venha comigo até lá fora!

Lia, que estava sentada vendo televisão, se assustou ao ouvir os gritos e se levantou num pulo:

— Que aconteceu, Murilo? Por que está gritando assim?

— Venha comigo, Lia! Venha até lá fora!

Lia, sem saber o que estava acontecendo, o seguiu. Assim que chegou no portão da casa ficou parada sem saber o que falar. Murilo corria em volta do carro, parecia uma criança com um brinquedo novo.

— Murilo, que carro é esse?

— É nosso, meu amor, eu comprei!

— Comprou como?

— Fiz uma venda muito boa e com a comissão comprei! E tem mais, venha até aqui.

Ela, surpresa, foi até o carro. Ele abriu a porta e fez com que ela entrasse. Deu a volta sentou na direção, ligou o carro e, felizes, foram dar uma volta pelo bairro. Lia estava contente, não só pelo carro, mas pelo marido ter arrumado um emprego bom como aquele. E porque ela finalmente ia ter um carro só seu. Depois que andaram bastante, voltaram para casa. Assim que estacionou o carro, desceram. E Murilo disse:

— Agora vou ter que voltar ao trabalho. Tenho um encontro com um cliente e, se conseguir fechar o negócio, vou ganhar um dinheiro muito bom. Mas antes, olhe o que te comprei — e abriu o porta-malas, tirando lá de dentro o pacote com a bolsa. Ela, ansiosa, nem esperou entrar em casa para abrir o pacote:

— Ela é linda, mas deve ter sido muito cara!

— Já disse que a venda que fiz foi muito boa. Agora preciso ir.

— Vai voltar tarde?

— Não sei, mas não se preocupe, pois esse cliente é muito importante, provavelmente vou ter de levá-lo para jantar...

— Está bem, meu amor. Vá com Deus.

Ele sorriu, beijou-a e voltou a entrar no carro. Precisava ir rápido, estava quase na hora de Luzia sair da loja.

Luzia, por sua vez, a todo instante olhava no relógio. Para ela, parecia que o tempo havia parado. Até agora não entendia como ela, uma moça tão comum, havia despertado a atenção de um homem como aquele. Deise, percebendo a ansiedade da amiga, pensava... *ela está mesmo muito feliz. Deus queira que tudo dê certo. Ela é tão boa e minha amiga. Também estou feliz com o Waldir. Será que ele está pensando em mim, assim como não consigo parar de pensar nele?*

Luzia, assim que terminou de atender a uma cliente, olhou para o relógio, aproximou-se de Deise, e falou como se estivesse contando um segredo:

— Ai, Deise, está quase na hora... Será que ele vai vir, mesmo? Não estou mais me agüentando de ansiedade...

— Calma, Luzia, claro que ele vem! Não fique assim. Está quase na hora de sairmos, logo ele está aí, você vai ver...

O que ela não sabia, era que Waldir, do outro lado da rua, escondido atrás de uma árvore, a observava. *Deise, Deise! Como você é linda! Estou mesmo apaixonado. Vou ficar aqui olhando para você até que saia, depois vou ter de ir embora, não posso te seguir no ônibus...*

Ficou ali por mais alguns minutos, até ela sair acompanhada por Luzia. Estranhou ao ver um rapaz se aproximando delas, mas, para sua tranqüilidade, eles se cumprimentaram e só Luzia o acompanhou. Deise continuou sozinha a caminho do ponto de ônibus.

Seguiu Deise à distância e só foi embora quando viu que ela tomou o ônibus. *Bem agora posso ir para casa. Que pena que só posso chegar perto e conversar com ela nos fins de semana! Mas é necessário. Preciso conhecê-la bem, para poder lhe contar a minha real situação. Nossa! Já é tarde, está quase na hora do jantar... se eu não chego, dona Carolina vai me encher os ouvidos com reclamações...mamãe não gosta de pobre...*

Sorriu e tomou o caminho de casa.

Paula chegou muito nervosa. Carolina percebeu e perguntou preocupada:

— Que aconteceu, Paula? Por que está tão nervosa?

Paula tremia de ódio. Quase não conseguia falar, mas depois, com muito esforço, disse:

— Fui até a empresa do pai do André. Sabia que o encontraria lá.

— Mas para quê? O que você foi fazer lá? Se humilhar? Correr atrás dele como uma idiota?— Carolina perguntou furiosa.

— Eu precisava conversar com ele, mamãe....

— Mas não é assim! Tem de fazer ele querer procurar você.... Vê como estou certa? Pelo visto essa sua visita não teve bom resultado!

— Não teve mesmo, ele me ignorou e, quando tentei conversar, disse que ali era um local de trabalho e que não dava para ficar falando de assuntos pessoais. Falou que eu esperasse seu telefonema. Mas sei que estava mentindo. Ele não me quer mais, mamãe!

— Não te disse que deixasse tudo por minha conta! Por que você não me ouve, Paula?

— Sinto muito, mamãe, sei que a senhora sempre tem razão e sabe o que faz. Mas estava demorando tanto e não quis me contar qual era o seu plano. Tentei resolver logo.

— Conseguiu o quê? Nada! Já te disse mil vezes que a pressa é inimiga da perfeição! Como acha que consegui tudo na vida? Sempre pensei muito bem no que ia fazer! Precisa aprender a ter paciência e, quando planejar fazer algo, tem de ser muito bem pensado para que não haja chance alguma de não dar certo! Já disse que estou pensando em uma maneira de trazer André de volta, mesmo porque não vou permitir que ele, toda a sua fortuna e todo o seu prestígio escapem das nossas mãos. Mas para isso tudo tem que ser muito bem planejado e já estou fazendo isso. Quando estiver tudo esquematizado, te conto, mas por enquanto, por favor, não faça mais nada! Não estrague a última chance que você tem para reconquistá-lo! Entendeu bem? Espero que sim! — disse quase gritando.

— Sei que a senhora, como sempre, tem razão, mas se André não me quiser mais, não vai adiantar insistir.

— Nunca mais fale uma coisa como essa! Nunca mais em sua vida pense em desistir de algo que deseja! Quando se quer alguma coisa, não pode haver empecilho! Não esqueça que temos muito dinheiro e que ele compra tudo e a todos. Logo encontrarei uma maneira de trazê-lo de volta! Disso você pode ter certeza! Agora vá se preparar para o jantar.

Paula sabia que Carolina estava certa. Sabia que ela era uma mulher forte e que sempre conseguia tudo que queria. Mas sabia também que nunca seria igual a mãe. Em silêncio, foi para o seu quarto se preparar para o jantar.

Mário também chegou. Encontrou Carolina na sala lendo um livro e aparentando estar calma. Ao passar por ela, disse com a voz cansada:

— Boa-noite, Carolina. O jantar está pronto?

— Deve estar quase pronto... mas, que ar cansado é esse, Mário, por que você não me conta o que está acontecendo? Você está abatido...

— Nada de grave está acontecendo, só alguns problemas na empresa, mas já está tudo sob controle. Não se preocupe.

— Perdeu dinheiro? Estamos em perigo de uma falência? Estou preocupada por você....— mentiu ela, tentando não parecer assustada — *tenho de cuidar para não ser ríspida, ou nunca vou descobrir o que ele está me escondendo....*

— Não, Carolina com isso você não precisa se preocupar... pode continuar gastando todo o dinheiro que quiser... nem todos os problemas podem ser resolvidos com dinheiro. Existem coisas mais importantes que ele... — respondeu com desdém.

— Pode me dar um exemplo?!

— A amizade e a lealdade. Isso, para mim, não tem preço... agora vou me preparar para o jantar.

Ele saiu da sala, ela o acompanhou com um ar preocupado nos olhos... *Amizade, lealdade... será que ele descobriu sobre mim e Murilo? Se isso acontecer será muito ruim... bem, também se isso acontecer, terei de dar um jeito de me livrar dele, mesmo que seja antes do tempo planejado. Murilo está em minhas mãos e ele vai fazer tudo o que eu quiser...*

Sorriu e se encaminhou para a cozinha. Foi ver como estava o preparo do jantar.

Assédio

Luzia saiu da loja de braços dados com Deise. O que foi sua sorte, pois assim que viu Murilo, do outro lado da rua, olhando para ela e com um ramalhete de rosas na mão, começou a tremer, suas pernas amoleceram e precisou se segurar no braço de Deise, que sorrindo disse, baixinho:

— Não te disse que ele viria, Luzia? Fique firme e vá até ele. Vou para o outro lado, preciso tomar meu ônibus.

Luzia respirou fundo, deu um beijo no rosto da amiga e caminhou em direção a Murilo. Assim que ela chegou perto, ele, com voz mansa e carinhosa, disse:

— Você demorou muito... estava louco para poder conversar com você. Aliás, temos muito para conversar. Estas rosas são para você...

— Para mim? São lindas! Obrigada, mas acho que não mereço!

— Por que não? Você é a mulher mais linda que conheci em toda a minha vida! Assim que te vi não consegui mais te esquecer! Estas rosas são as primeiras que te darei, mas todos os dias, enquanto eu viver, você receberá rosas como estas...

Luzia não conseguia acreditar no que estava acontecendo. Ela, que sempre se julgou sem importância, que, por muitas vezes, chegou mesmo a pensar que nunca encontraria alguém que gostasse dela, e, muito menos, que se casaria. Foi obrigada a acreditar, pois ele estava ali, diante dela e as rosas também. Ficou sem saber o que dizer. Ele percebeu que ela estava atônita, mas, acostumado e conhecedor das mulheres, continuou:

— Sei o que está pensando, mas não precisa. Sou muito solitário. Tenho tido várias namoradas, mas nunca encontrei alguém como você. Assim que vi você, senti que havia encontrado a mulher da minha vida. Ainda não sei o seu nome nem nada, mas o meu é Leandro, muito prazer! — disse Murilo levando a mão aberta em direção a Luzia, e dando detalhes da vida de Waldir e de como ele vivia.

Luzia, que a cada momento mais se encantava com aquele rapaz que parecia ser tão sincero, dando a mão ao cumprimento, respondeu:

— Prazer, meu nome é Luzia! e, como você sabe, trabalho na loja. De resto, moro com meus pais, mais três irmãos menores e tenho vinte e quatro anos. Como vê, já quase passou da hora de me casar.

— Passou nada! Agora é que a hora chegou. Você estava me esperando! Agora vamos até aquela outra rua. Foi lá que deixei o meu carro estacionado. — disse sorrindo e pegando em seu braço e levando-a em direção ao carro.

Ela estava aturdida, mas acreditou que ele estava dizendo a verdade e o acompanhou sem nada dizer.

Enquanto caminhavam, Murilo ria por dentro, pensando *Ela é muito ingênua... e isso é muito bom, logo vai estar totalmente em minhas mãos e vai ser fácil ela fazer o que eu quiser.*

Chegaram ao carro. Murilo, com um gesto que deveria parecer gentil, abriu a porta da frente para que ela entrasse. Ela entrou extasiada. Claro que já tinha visto um carro como aquele, mas nunca imaginou que um dia estaria dentro de um. Murilo sabia o que ela estava pensando, exatamente o mesmo que ele pensou quando entrou pela primeira vez no carro de Carolina. Perguntou com a voz macia:

— Está gostando do carro?

— Muito, Leandro! Nunca entrei em um igual!

— Pois daqui para frente entrará todos os dias e quando a gente se casar terá o seu... — enquanto pensava *...não posso esquecer que meu nome é Leandro...*

— Casar?! — perguntou arregalando os olhos.

— Sim, casar. Pensa que estou brincando? Gostei mesmo de você. Já disse que, assim que a vi, sabia que era a mulher da minha vida?

Ela novamente ficou sem saber o que dizer. Tudo aquilo parecia um sonho. Sem que ele visse, beliscou o braço para ver se não era mesmo.

Ele sorria por dentro. Sentia que, a cada minuto, mais a tinha em suas mãos.

— Se você quiser, podemos ir jantar em um restaurante. Você quer? — perguntou com os olhos fixos no dela.

Ela ficou sem saber o que responder. Ele insistiu:

— Vamos? Vamos jantar em um restaurante? Você escolhe!

— Bem que eu gostaria, mas eu não avisei em casa. Na verdade, já está tarde, não tenho tempo nem de ir tomar um lanche com você. Não posso deixar meus pais preocupados. — Disse isso por que achava que, se saísse logo com ele, ele a julgaria fácil.

Ele percebeu que era melhor não forçar muito, e respondeu:

— Tem razão. Isso não é bom. Eles não vão gostar de mim se eu fizer isso, e vão me negar sua mão quando eu for pedi-la em casamento... — falava como se aquilo fosse a mais pura verdade — Que tal sexta-feira? Assim você pode avisar em casa e não preocupar seus pais. Posso te pegar na loja, quando sair ou, se preferir, mais tarde. Você é quem decide.

Ela estava atônita. Tudo estava indo muito rápido. Ainda não se convencera de que tudo estivesse acontecendo de verdade. Tinha que responder, tomar uma decisão, e disse num impulso:

— Que tal em frente à loja?

— Esta ótimo! Vou ficar ansioso te esperando! Agora vou te levar para casa.

— Não precisa! Moro muito longe!

— Qual é o problema? Esse carro vai para qualquer lugar. Vamos, te deixo em casa. Basta me dar o endereço.

Ela deu o endereço. Queria ver como ele se comportava sozinho no carro com ela. E ele dirigiu por mais de meia hora pelo caminho que ela foi lhe indicando, enquanto falavam de assuntos sem nenhuma importância. Quando estavam chegando perto da rua em que ela morava, Luzia pediu:

— Pode parar aqui?

— Você mora nesta rua?

— Não, mas está perto.

— Por que não posso ir até a sua casa? Fico mais tranqüilo se te deixar lá...

— Não, por favor. Meus pais e os vizinhos não entenderiam se me vissem chegar num carro como este.

— Por que não? É um carro tão comum!

— Comum para você, mas para o pessoal daqui não é não. E eu teria que dar muitas explicações...

— Seja como você quiser. Mas será por pouco tempo. Assim que eu falar com seus pais, eles entenderão que eu gosto realmente de você e que minhas intenções são sérias.

— Espero mesmo que sejam. Meus pais sempre me alertaram sobre rapazes ricos, que se aproximam de moças pobres como eu só para se divertirem.

— Como está vendo, estavam errados. Eu sou sério. Sou muito rico sim, mas isso nunca me impressionou. Gosto das pessoas por aquilo que são e não pelo dinheiro que possam ter, nem pela sua beleza ou projeção social. Vou te provar isso. Eu respeito as pessoas! — disse isso rindo por dentro. Não tinha nem tentado tocar nela dentro do carro porque não estava com a mínima vontade. *Que mulher mais sem graça!* — Vou te provar isso... você vai ver...

— Espero sinceramente que sim. Que não esteja me enganando nem brincando com meus sentimentos.

— Nem pensar! O que mais preciso fazer para que acredite em mim? — agora fingiu estar nervoso.

Ela, sem saber o que dizer, ficou alguns segundos olhando para ele, que parecia triste, e respondeu:

— Não precisa fazer mais nada. Acredito em você. Até sexta-feira.

— Até sexta-feira, por quê?!

— Não me convidou para jantar na sexta-feira?

— Eu disse que, na sexta-feira, vamos jantar, mas virei todos os dias para te levar em casa. Achou mesmo que eu conseguiria ficar até sexta-feira sem te ver?

— Pensei que tinha dito isso...

— Não, estou mesmo apaixonado por você! Precisa acreditar!

— Está bem, acredito. — disse, sorrindo encabulada.

— Agora preciso ir. Já está entregue. Por favor, não se esqueça de mim, porque não esquecerei de você um só minuto. Amanhã, quando sair da loja, estarei te esperando.

— Mesmo que quisesse, acho que não conseguiria te esquecer. Até amanhã, Leandro.

Ele sorriu e a beijou de leve nos lábios. Depois entrou no carro, acenou com a mão e foi embora. Ela ficou ali, parada, vendo o carro dobrar na esquina. Estava feliz, mas ao mesmo tempo preocupada... *O que um homem como ele pode querer comigo? Ele se quiser, poderá ter a moça que escolher... Leandro é bonito e parece ser muito rico, mas me pareceu tão sincero. De qualquer maneira eu, sim, estou completamente apaixonada por ele.*

E seguiu em direção à sua casa. Enquanto caminhava, continuava... *Tenho vontade de contar ao mundo a minha felicidade, mas sei que não posso contar para meus pais. Eles são antiquados e não entenderiam, assim como eu não entendo. Só vou contar quando tiver absoluta certeza de que ele está falando sério e não está só querendo brincar...*

Murilo se afastou radiante, rindo sozinho com os pensamentos que passavam pela sua cabeça... *Oba! Consegui muito mais do que pretendia, precisava contar agora mesmo para Carolina, pena que não dá... ela vai me recompensar... tenho de esperar até amanhã cedo. Tenho certeza que a primeira coisa que vai fazer quando acordar vai ser ligar para mim... Em casa tenho de lembrar de dizer que o jantar de negócios falhou... Tomara que Lia tenha preparado uma comidinha gostosa... tô morto de fome! Também, essa Luzia precisava morar tão longe?*

Murilo, antes de ir para casa, ainda passou numa floricultura e comprou um arranjo com pequenas orquídeas amarelas e os lírios cor-de-rosa, importados, muito perfumados, de que Lia gostava tanto. Estava feliz de poder dar à mulher que amava presentes, conforto e muito amor. Ao entrar em casa, ela veio ao seu encontro, sorrindo, abraçou-o e disse:

— As flores são para mim? Você não esquece que são as minhas preferidas, amor! Estão lindas!

— Claro que são para a minha querida! São lindas sim, mas não chegam a seus pés. Você é muito mais linda, e seu perfume, para mim, é mais inebriante que o dessas flores. Você é a mulher que eu amo de paixão!

Ela, sorrindo, pegou as flores com uma das mãos e, com a outra, enlaçou-se ao pescoço de Murilo e beijou-o carinhosamente. E ele retribui, beijando-a com paixão.

— Te amo, meu amor! Nunca se esqueça disso, Aconteça o que acontecer.

Ela se afastou, olhou bem dentro de seus olhos, perguntando:

— Por que está dizendo isso? O que pode acontecer?

— Nada, meu amor. Nada está acontecendo, é só uma maneira de falar. O importante é que te amo e faço qualquer coisa para te ver feliz.

— E eu sou feliz com isso, por que também te amo muito. Você sabe qual é a única coisa que falta para a nossa felicidade ser completa...

— Ah! querida, você foi ao médico?

— Sim, voltei lá... mais um mês se passou e ...nada. Por que será que não consigo engravidar? Queria tanto ter um filho nosso! A felicidade seria completa...

— Não se preocupe, querida, quando menos esperar, vai ficar grávida, só precisa continuar o tratamento.

— O médico diz que dará certo, mas no fundo sinto que as chances são poucas. E isso só me faz pensar como Deus é injusto... *Tantas fazem de tudo para não ter filhos, e eu, que quero...*

— Por quê?

— Temos uma vida tranqüila, estamos cada vez melhor, vamos poder dar tudo para os nossos filhos, e acima de tudo nos amamos muito... Qualquer criança seria feliz nesta casa. Por que ele não nos dá um filho e permite que mulheres pobres, que não têm nem comida para dar para as crianças, tenham filhos aos montes? Isso não é justo e me dá muita raiva! — já estava em prantos, quase gritando — Tantas fazem de tudo para não ter filhos, e eu, que quero...

— Não fique assim, meu amor, ainda teremos... não só um filho, mas muitos — e abraçou-se a ela, enxugando-lhe as lágrimas — Que tal começarmos agora?

— Acho uma ótima idéia! — disse ela já sorrindo, ainda abraçada a ele — Mas antes tenho outra coisa para te pedir, ia falar quando você chegou com as flores...

— O que é? Sabe que faço tudo para te ver feliz.

— Na sexta-feira vai estrear uma peça de teatro que estou com uma vontade enorme de assistir. Posso comprar os ingressos?

— Na sexta-feira? Se vai ser a estréia, poderemos ir outro dia... — tinha marcado jantar com Luzia, não ia dar para mudar a data.

— Há algum problema? Você sabe que eu gosto de ir na estréia porque sempre aparecem atores e convidados que são famosos, e eu gosto de vê-los, e das roupas...

— Eu dou um jeito. Pode comprar os ingressos.

— Obrigada, amor! Por isso a cada dia que passa te amo mais... depois do teatro podemos ir jantar... Falar nisso, você já jantou?

— Não, querida, o cliente desmarcou o encontro. E estou louco de fomes...

Lia deu uma risada marota:

— Ótimo, que eu preparei uma comidinha especial para você, meu amor!

Jantaram, amaram-se e Murilo adormeceu depois de Lia, feliz por ver a felicidade no rosto dela.

Naquela noite, Luzia quase não dormiu. Não conseguia esquecer-se do rosto, dos olhos e, principalmente, do sorriso de "Leandro". Olhava o relógio a todo instante, queria que amanhecesse para poder ir para a loja e contar a Deise tudo que havia acontecido. E outra preocupação misturava-se à sua ansiedade...*como posso ir a um restaurante de luxo, como é o que ele disse que vai me levar, se não tenho um vestido sequer, nem sapatos ou bolsa adequados... Se eu pudesse comprar aquele vestido lá da loja e os acessórios combinando... Mas, mesmo com algum desconto, não posso, são muito caros... ia gastar adiantado pelo menos uns quatro meses de salário... Preciso achar uma maneira de me vestir bem. As poucas roupas que tenho são adequadas para o meu trabalho, mas não para um lugar como aquele... Talvez Deise encontre uma solução, que ela é bem mais esperta do que eu. Como eu queria ser rica! Poder comprar tudo o que eu quisesse! Amanhã, quando eu contar para ela, não vai acreditar... eu também quase não acredito, mesmo sabendo que tudo é verdade e que está mesmo acontecendo, ainda acho que estou sonhando.*

Finalmente amanheceu. Luzia levantou-se, rapidamente tomou seu banho, vestiu-se, serviu-se, bebeu às pressas um copo do café que estava na garrafa térmica e correu para o ponto do ônibus. No caminho para o trabalho, de pé no ônibus cheio, ia pensando... *acho que só vou passar por este aperto e fazer esse caminho por um pouco mais de tempo. Assim que eu casar com Leandro minha vida vai mudar, vou parar de trabalhar e vou ter um carro igual ao dele... ao menos, foi o que ele disse, e não parecia estar mentindo... quando eu poderia imaginar que um homem como aquele se interessaria por uma moça como eu, que não sou bonita e sei que também não sou muito inteligente!... Mas se essa é a chance da vinha vida, vou aproveitar...*

Chegou na loja e ficou esperando Deise, que veio logo em seguida. Estava ansiosa para conversar com a amiga e saber o que havia acontecido. Ao se avistarem, uma correu ao encontro da outra:

— Ainda bem que chegou, Deise! Não vai acreditar em tudo que tenho para te contar!

—Também estou curiosa! Como foi o encontro?

— Vou te contar, mas primeiro vamos entrar na loja. Antes de chegar a patroa, te conto tudo! Estou muito feliz!

— Pelo jeito, parece que foi muito bom!

— Você não pode imaginar o quanto! Mas vamos abrir a loja e entrar.

Abriram a loja e entraram. Enquanto ajeitavam algumas coisas em seus lugares, Luzia foi contando tudo que havia acontecido, em como "Leandro" era maravilhoso e o quanto ele pareceu ser sincero. Quando terminou, Deise, também feliz, disse:

— Que bom, minha amiga! Você merece toda a felicidade do mundo! Da maneira como me contou, parece que ele é sincero mesmo! Agora você precisa se preparar para o jantar.

— Isso é o que está me preocupando.

— Preocupando, por quê?

— Não tenho uma roupa adequada. Não posso me apresentar com a roupa que uso para trabalhar e não tenho nenhum vestido novo...

— Acho que não tem com que se preocupar. Ele te conheceu aqui na loja, sabe que trabalha e que não é rica. Gostou de você com as roupas que você usa aqui, tenho certeza que vai entender, que não vai ligar para isso. O importante é que esteja com o vestido limpo e bem passado. E com os sapatos também limpos. Ele gosta de você, não das suas roupas. Se eu tivesse algum vestido novo, te emprestaria, mas também não tenho.

— Sei disso, mas você acha que ele não vai se importar, mesmo?

— Claro que não! Por tudo que me contou, ele não dá muito valor para o dinheiro. Continue sendo como é! Foi assim que ele te conheceu e se apaixonou.

— Tomara que você esteja certa...

Em casa, Carolina morria de curiosidade de saber se Murilo estava mesmo conseguindo enganar a moça. Não entendia bem o que ele pretendia ao aproximar-se da amiga dela, mas sabia que era um sedutor e conseguiria convencê-las do que quisesse. Nem por um minuto se preocupou com o mal que estava fazendo para quem sequer conhecia. Ligou para ele, eles conversaram, e ele lhe contou muito por cima o que havia feito, avisando que aquela semana pouco poderia encontrar-se com ela. Carolina não gostou muito, mas ele lhe assegurou que precisava ser assim para o plano dar certo. Depois de desligar, em seu quarto, ela pensava...*espero que ele não esteja se engraçando pela moça. Deixei bem claro para ele que pode fazer o que quiser, só não se deixar envolver por ela. Se souber que me desobedeceu e está me traindo, pagará bem caro! Eu pago muito bem para ele ser só meu! Ele diz que não tem nada com a esposa, ou mulher com quem vive, sei lá... que ela é doente e fria. Espero que seja verdade.*

Os dias foram passando. Luzia estava feliz. Murilo, em seu papel de Leandro, como havia prometido, durante todos eles chegava com um ramalhete de rosas, na frente da loja e na hora em que ela deveria sair. Na véspera da sexta-feira, enquanto dirigia para a casa dela, ele com a voz carinhosa, disse:

— Luzia, estive pensando. Não seria melhor se, ao invés de sair na sexta-feira, nós deixássemos para o sábado?

— Por que no sábado?

— Você trabalha só até a uma hora da tarde. Poderemos almoçar e passar o resto do dia juntos. Que acha da minha idéia?

— Para mim tudo bem. Para ser franca, acho melhor mesmo. Se sairmos para jantar, não teremos muito tempo para ficarmos juntos. Meus pais não permitem que eu chegue muito tarde.

— Então, fica combinado. Vamos almoçar no sábado.

Fazendo assim, ele poderia ir tranqüilo ao teatro com Lia. Sabia que ela ficaria imensamente feliz.

No sábado, Murilo acordou tarde. Na véspera, ele e Lia haviam ido ao teatro, jantaram fora, por isso chegaram tarde da noite. Lia estava feliz, havia adorado a peça a que assistiram e viu muitos artistas, que prestigiavam os companheiros na estréia daquela noite. Assim que acordou, levantou-se e, antes que Murilo acordasse, preparou um ótimo café. Quando terminaram de tomar o café, ela disse:

— Murilo, estou tão feliz. A noite de ontem foi maravilhosa e gostaria que o dia de hoje também fosse. Por isso queria sair com você. Podíamos ir de carro ao clube de campo. Faz muito tempo que não nadamos e olhe que você está precisando. Sua barriguinha já está aparecendo. — disse rindo e fazendo uma careta.

Murilo se lembrou que naquele dia não poderia sair com Lia. Tinha de comparecer ao encontro com Luzia. Levantou-se da cadeira onde estava sentado, deu a volta ao redor da mesa, fez com que Lia se levantasse e abraçou-a, dizendo:

— Também gostaria de fazer tudo isso, mas infelizmente não posso. O dia de hoje vai estar inteiramente tomado. Tenho um encontro marcado com aquele cliente, que não deu para ser durante a semana, e, se conseguir concretizar esse negócio, vou ganhar muito dinheiro. Quem sabe, com isso e assim que vendermos o meu velho carro que pus em seu nome, vá dar para comprar um carro maravilhoso para você... ou melhor, domingo poderemos começar a providenciar tudo que você quiser. Está bem assim?

— Precisa, mesmo, sair hoje?

— Claro que sim, se não fosse tão importante eu não sairia. Sabe como adoro ficar ao seu lado...

— Está bem. Então, vou aproveitar e dar uma arrumada nas nossas gavetas. Estão que é uma bagunça só, mas, amanhã, você prometeu...

— Prometi e vou cumprir. Agora está quase na hora de eu ir para o encontro. Vou tomar um banho para tirar essa cara de cansado.

Depois de tomar banho e aprontar-se com esmero, Murilo chegou na rua onde ficava a loja. Ia se aproximar, mas viu que Waldir estava ali parado. Não queria ser visto por ele. Ficou escondido atrás de uma árvore. Percebeu que Waldir estava ansioso, pois andava de um lado para outro e com os olhos presos na porta da loja. Em uma das vezes que passou pela vitrine, Deise o viu e sorriu. Ele também sorriu e ficou um pouco mais calmo.

Assim que elas saíram da loja, Waldir se aproximou de Deise. Cumprimentaram-se e Luzia ficou olhando impaciente por toda a rua, esperando ver "Leandro". Mas foi em vão, ele ainda não estava ali. Waldir e Deise se despediram e se encaminharam para o ponto de ônibus.

Assim que eles desapareceram, Murilo, que estava atrás da árvore saiu, e foi em direção de Luzia que, assim que o viu, sorriu feliz e respirou fundo para que ele não notasse sua preocupação. Ele se aproximou e, como sempre fazia, deu um beijo de leve em sua boca. Era o máximo que tinha feito naqueles últimos dias. Ao mesmo tempo em que ela estranhava aquela atitude, também achava maravilhoso e sempre pensava... *ele realmente gosta de mim, por isso me respeita...*

Após o beijo, ele entregou o ramalhete para ela, dizendo:

— Você está mais linda do que nunca.

— Estou da mesma maneira que nos outros dias. Eu queria poder usar, hoje, um vestido novo, mas não tenho,e preciso usar este, que você já viu várias vezes...

— O que tem isso a ver com você? Não me importo da maneira como está vestida! Gosto de você do jeito que é! Também isso não será por muito tempo, quando nos casarmos poderá ter o vestido que quiser e verá que isso não fará diferença alguma em sua vida. Mas, agora, já falamos demais. Estou com fome. Vamos para o restaurante?

Ela sorriu e, feliz, pegou no braço que ele lhe oferecia, acompanhou-o e entraram no carro. Ele dirigiu por alguns minutos e parou em frente a um restaurante que ela conhecia por sua fama de ser muito caro. Ele desceu do carro, deu a volta e abriu a porta para que ela descesse também. Ela desceu, colocou os pés no asfalto e ao sentir o chão, pensou, sorrindo... *não, não estou sonhando... tudo isso está acontecendo realmente...*

Murilo entregou o carro a um manobrista e, segurando o braço de Luzia, entraram. Assim que entraram, ela ficou extasiada. Com várias salas muito aconchegantes, com as mesas cobertas por toalhas muito brancas e, sobre elas, outras menores, de renda e também brancas, e ainda um vaso de flores miúdas brancas, muito perfumadas, que ela desconhecia, mas eram narcisos. As cadeiras eram estofadas em um tecido brilhante bege escuro, parecendo ouro velho. Nas paredes havia vários quadros com molduras douradas. Ela não sabia quem os tinha pintado, mas podia ver que eram lindos e provavelmente muito caros. O ambiente todo era de um extremo bom gosto. Um rapaz uniformizado se aproximou e encaminhou-os até à mesa que "Leandro" havia reservado. Quando chegaram, ele puxou uma cadeira para que ela se sentasse e mostrou a outra do lado para que colocasse sua bolsa. Ela estava encantada com tudo aquilo, pois nuca havia freqüentado um restaurante, muito menos um daqueles. O máximo que conhecia era o restaurante comercial da esquina, com suas toalhas de papel, onde às vezes, quando não trazia marmita, fazia suas refeições. Murilo não tirava os olhos dela para ver a sua reação. Sabia o que ela estava sentindo, deveria ser o que ele mesmo sentiu quando esteve ali pela primeira vez com

Carolina. Outro rapaz se aproximou e lhes deu um cardápio. Ela abriu e encontrou nomes de comida que não conhecia. Murilo, que até agora estava calado, disse:

— O que você quer comer?

Ela olhou para ele com o olhar suplicante:

— Não sei, você deve estar acostumado a um lugar como este e deve saber qual é a melhor comida. Deixo por sua conta.

— Está bem, sei que o que vou escolher, você vai adorar.

Ele sorriu e fez um sinal para o rapaz que havia dado o cardápio, ele se aproximou e Murilo fez o pedido.

Começaram, a comer. Ela se atrapalhou com os copos de cristal e os talheres de prata, mas ele, sorrindo, pegava primeiro e, com os olhos, fazia com que ela fizesse exatamente igual. A princípio, sentia-se um pouco envergonhada, mas ele disse:

— Não se preocupe. É complicado mesmo, mas com o tempo você se acostuma e tudo acontece automaticamente.

Ela também sorriu e continuaram comendo. Quando terminaram, após ele pagar a conta, levantaram-se e, enquanto saíam, perguntou:

— Gostou da comida?

— Claro! Estava deliciosa!

— Não te disse que eu sabia escolher?

Ela sorriu e segurou com força o braço dele.

Já na rua, enquanto esperava o manobrista com o carro, ele perguntou:

— O que quer fazer agora?

— Não sei, estou meio abobada, não consigo pensar. Farei tudo o que você quiser.

— Poderíamos passear em algum jardim, mas não ficaríamos a vontade. Que tal irmos para o meu apartamento. Lá poderemos conversar e descansar do almoço. Que acha?

Ela, a principio, ficou sem responder. Sentiu um pouco de medo:

— No seu apartamento?

— O que tem isso? Não se preocupe, não vou te atacar — disse, com um sorriso parecendo sincero, e continuou — Já te disse que vamos nos casar e posso esperar. Quero fazer tudo direito. Só vamos descansar, ouvir música e, quem sabe, até dormir um pouco. Não tenha medo, confie em mim.

— Está bem, você está sendo tão maravilhoso, que não tenho mesmo porque ter medo. Vamos ao seu apartamento.

Foram. Ele, mesmo sabendo que Carolina não queria, levou Luzia ao apartamento. O apartamento não era grande, mas bem decorado e acolhedor. Como estava acontecendo desde que Luzia conheceu Murilo, também ali ela se encantou. Tudo estava perfeito em sua vida e mudando a cada dia. Assim que entraram, ele apontou um sofá, para que ela sentasse. Em seguida foi até o aparelho de som e colocou uma música para tocar, a voz de Ângela Maria se fez ouvir com toda a sua força e romantismo. Luzia não resistiu, fechou os olhos e se deixou levar pelo som daquela música maravilhosa. Murilo acompanhava todos os seus movimentos e ria por dentro. Sabia que poderia fazer com ela o que quisesse, não encontraria resistência. Aproximando-se, curvou-se sobre ela e deu-lhe um beijo mais demorado na boca. Em seguida, falou:

— Não quer dançar, Luzia?

— Não sei dançar, Leandro – ela respondeu, abrindo os olhos e sorrindo.

— É fácil! Vem, vou te ensinar.

E ele estendeu a mão, levantando-a do sofá e enlaçando-a em seus braços. Começou a movimentar-se com passos curtos. Ela se deixou levar. Estava feliz demais para se preocupar com qualquer coisa que fosse. Aos poucos, ele começou a acariciar suas costas. Encostou seu rosto no dela, que começou a sentir uma espécie de calor intenso envolvendo todo o seu corpo. Ele aumentou as carícias e, com uma das mãos, levantou o rosto dela e a beijou novamente. Só que, desta vez, foi um beijo caloroso, demorado. Ela sabia que não teria mais como resistir e se entregou com paixão àquele beijo. E assim, enlaçados, ele foi conduzindo-a em direção cama onde ela, totalmente inebriada, entregou-se às investidas sedutoras de Murilo, e se amaram.

Ficaram ali quase toda a tarde. Amaram-se mais de uma vez. Ele era o primeiro homem da vida dela, mas o carinho e a paixão tinham sido tão intensos que esse detalhe não a preocupava mais. Olhando para um relógio que havia na parede, ele percebeu que já era tarde e resolveu que já bastava. Ainda abraçado a ela, “Leandro” falou com voz mansa:

— Não precisa ficar preocupada, meu amor, você foi maravilhosa e, mais que nunca, quero casar com você...

— Sei disso, confio em você...

— Pode confiar. Te amo...

Só então ela olhou para o relógio na parede e assustou-se:

— Nossa! Quase cinco horas! Preciso ir embora! Disse para minha mãe que ia na casa de uma amiga, mas chegaria cedo. Se demorar muito ela vai ficar preocupada!

— Está bem, não precisa ficar nervosa — lembrando que também Lia devia estar nervosa e zangada por ele ainda não ter voltado para casa — Vamos embora... mas desde já estou triste! Não vou poder encontrar com você amanhã. Sabe como é, te disse que minha família é cheia das tradições, uma delas é o almoço em família no domingo. Ninguém pode faltar. Eu não gosto muito, mas tenho de acatar.

— Não tem problema, eu também não posso sair. Meus pais também não gostam que eu saia no domingo, dizem que a gente não se encontra durante a semana por causa do trabalho e é o único dia que podemos ficar juntos. E, à tarde, tenho de dar um jeito de deixar em ordem as roupas que vou usar durante a semana.

— Está bem, então, na segunda-feira estarei na frente da loja te esperando, morrendo de saudade...

Saíram. Ele a acompanhou até aquela rua que ficava perto da sua casa. Despediram-se com um beijo.

Ele, que havia descido do carro para abrir-lhe a porta, voltou para o seu lugar e, assim que Luzia dobrou a esquina, acelerou para chegar logo em casa. Sabia que Lia não ia gostar da demora.

Waldir e Deise também haviam passado a tarde juntos. Antes que tomassem o ônibus que a levaria para casa, ele a levou a uma lanchonete, onde tomaram um lanche e conversaram muito. Depois foram até um parque que havia lá perto e ficaram caminhando de mãos dadas. De vez em quando ele a beijava no rosto, no que era correspondido. Sentaram-se, ainda de mãos dadas, em um dos bancos que havia no parque. Ela ia lhe contando como era sua vida e como era feliz por ter uma mãe tão maravilhosa e irmãos que adorava. Só ficou um pouco triste quando falou do pai:

— Eu gostava muito dele! Ainda gosto. Foi uma pena ter morrido tão cedo, mas Deus deve ter seus motivos. O importante é que sei que ele está bem e feliz por ver que continuamos a nossa jornada.

— Também gosto muito do meu pai. Ele é um homem bom e me ensinou muito sobre a vida. Desde que me conheço por gente, ele sempre esteve ao meu lado em todos os momentos. Não sei o que faria se ele me faltasse ou morresse. Acho que ficaria louco!

— Você diz isso, porque não acredita na vida depois da morte. Quando meu pai morreu, também fiquei muito triste, mas tinha o conforto de saber que algum dia, em algum lugar, eu vou me encontrar com ele.

— É muito fácil se pensar assim. Mas, na realidade, o que acontece é que a pessoa vai embora e não volta nunca mais. Só disso é que se tem certeza, o resto é conversa.

Pode ser que você tenha razão, mas acho melhor pensar da maneira que penso, pois assim não sofro. Sei que meu pai está vivo em algum lugar. Sinto a sua presença sempre ao meu lado e sei que, nos momentos de dificuldade, terei sempre a sua ajuda.

— Como pode ter tanta certeza disso?

— Por que era nisso que ele acreditava e assim me ensinou.

— Para dizer a verdade, nem sei se Deus existe mesmo...

— Claro que existe!

— Nunca foi cientificamente provado. Deus é usado para justificar muitas coisas e nem sempre essas coisas são boas...

— Por que está dizendo isso?

— Se procurarmos na história, veremos que em todos os tempos houve guerras e que, na maioria das vezes, elas foram causadas por uma religião qualquer, cada lado dizendo que o verdadeiro Deus estava com eles. Qual é o verdadeiro Deus?

— O verdadeiro Deus é aquele que só quer o verdadeiro bem. Ele não tem dono nem pertence a nenhuma religião. Ele pertence a todos nós, não interessa a nossa religião ou raça, se vivemos num casebre ou num palácio, e também não importa se acreditamos n'Ele ou não. Ama a nós todos da mesma maneira e sempre vai estar do nosso lado, para nos acolher em qualquer momento em que desejarmos Sua presença.

— Desculpe, mas não posso aceitar o que está dizendo. Se fosse verdade, não haveria tanta desigualdade neste mundo! Por que Deus escolheria alguns para terem tudo e destinaria outros à mais completa miséria?

— Nisso também Ele é maravilhoso! Ele nos dá o livre-arbítrio, para escolhermos o caminho que acharmos melhor. Mas, muitas vezes, o que achamos ser o melhor caminho não é o caminho certo e fazemos mal a uma ou a muitas pessoas. Ele nos dá a chance de recebermos de volta tudo o que fizermos de bem ou de mal. Essa é a lei da Ação e Reação e é através dela que Ele faz sua justiça.

— Está dizendo que ser pobre é um castigo e ser rico é um prêmio?

— Não, ser rico ou pobre faz parte de um aprendizado necessário. Dinheiro nem sempre quer dizer felicidade. O rico tem a oportunidade de ajudar e dar trabalho, dispor de sua riqueza para que outros possam viver. Não podemos esquecer que todos, ricos ou pobres, estão vivendo a vida que escolheram para o seu aperfeiçoamento.

— Como, escolheram!? Alguém pode ter escolhido ser pobre?

— Claro que sim, se sentisse que era necessário, pois, quem sabe, em outra vida, o valor que deu ao dinheiro não foi um valor justo, e aproveitou-se dele para magoar, mentir e prejudicar as pessoas? Então escolhem uma vida pobre e assim dão valor para tudo o que conseguirem. Quem sabe eu, em outra vida, não tenha sido rica, mas prepotente, ciumenta, má e invejosa? Quem sabe eu, usando para o mal o poder que o dinheiro dá, não pratiquei vários crimes? Não sei, mas ninguém sabe o que fez em outra vida.

— Não aceito esse tipo de coisa! Essa história de reencarnação, de outra vida! Se fiz algo errado em outra vida, não me lembro, portanto não posso ser responsável! Não pode negar que, quando seu irmão tem uma crise como aquela que vi, você ficaria bem mais feliz se pudesse levá-lo a um hospital em que houvesse mais recursos, para ter um tratamento melhor.

— Tem razão, muitas vezes me revoltei quando vi meu irmão naquelas condições, mas, também, foi ali que vi pessoas em situação ainda pior. E eles fazem o que é possível lá, para manter meu irmão vivo... já vi muitas outras crianças morrerem.

— Como pode acreditar nesse Deus que nunca te deu nada? Só pobreza e sofrimento?

— Ele me deu, sim! Deu um corpo saudável, para que eu possa trabalhar e conseguir o que preciso para viver com decência. E, de acordo com aquilo que acredito, estou exatamente no lugar onde deveria estar. Se passo por sofrimentos, alguma coisa fiz para que isso acontecesse. Sei que, para pessoas pobres assim como nós, é difícil de aceitar. Você deve ver muitos rapazes de sua idade, com carros, roupas boas e sabe que poderá nunca chegar a ter as mesmas coisas. Mas quem pode afirmar que não? Você é perfeito, pode continuar estudando à noite, embora tenha de trabalhar durante o dia. E, com um diploma, poderá melhorar de vida.

Enquanto ela falava, Waldir tinha vontade de interrompê-la e contar-lhe toda a verdade, mas não tinha coragem. E Deise continuava:

— Durante essa caminhada, vai aprender muito e saberá dar valor a cada centavo que conseguir. Você é um bom rapaz e, tenho certeza, terá toda a ajuda de que precisar. Não se esqueça que Ele nos deu o poder de decidir sobre a nossa vida presente e futura... E que a lei da Ação e Reação realmente existe. Todos nós conhecemos o que é certo ou errado, mas, mesmo assim, as pessoas continuam mentindo umas às outras, brigando por dinheiro, por poder... É só ver as guerras que já houve e que continuarão existindo por causa disso.

Waldir não podia deixar de perceber que aquele era o momento de contar a ela toda a verdade. Que era rico e por isso questionava a existência de Deus, mas se calou. Ficou com medo. Pelo que ela dissera, não ia entender o motivo de sua mentira, e só falou:

— Não entendo como pode aceitar tudo isso que está falando. Eu só vou acreditar em Deus quando houver provas científicas incontestáveis.

– Há coisas que a ciência não pode provar... você disse, há pouco, que ama seu pai, não disse?

—Sim, eu o amo com todo o meu coração.

Ela, então, olhou séria para ele e disse:

— Então prove...

Ele ficou parado, olhando para ela, que sorria tranqüila.

— Não tenho como provar, só sei que o amo...

— Isso é o que se chama de acreditar, ter fé, Waldir. Pela ciência, não há como se provar a existência de Deus, apenas a gente sabe que ele existe e aceita esse conhecimento como verdadeiro. E quantos conhecimentos considerados científicos já provaram ser falsos? Mas estamos falando muito sobre isso, que é muito particular de cada um. Acho que está na hora de falarmos sobre outras coisas.

Ele, ainda pensando em tudo que ela havia dito, falou:

— Está certa. Praticamente este é o nosso primeiro encontro e até agora pouco falamos sobre nós mesmos.

— É isso que estou dizendo. Vamos passear mais um pouco pelo parque?

— Vamos...

Levantaram-se do banco em que estavam sentados e saíram caminhando abraçados.

Quanto a Murilo, durante aquela semana e na seguinte, ele foi todos os dias esperar Luzia, sempre trazendo as rosas costumeiras. A cada dia ela ficava mais apaixonada, tanto que mentiu para os pais dizendo que precisava ficar mais tempo na loja, porque estavam fazendo contagem de estoque, mas na realidade ia com ele para o apartamento.

Todos os dias, pela manhã ou à tarde, ele se encontrava ou falava por telefone com Carolina, que se divertia em saber que tudo estava correndo bem. Ela ouvia e só colocava uma condição:

— Pode continuar levando-a a restaurantes, passeios e aonde quiser, só não quero que a leve ao apartamento. Sabe que te recompenso muito bem para ter exclusividade.

Ele sorria, beijava-a e omitia a parte do apartamento. Sabia que, à hora em que levava Luzia até lá, Carolina nunca estaria disponível, portanto nunca descobriria. Quando ele percebeu que tinha Luzia completamente em suas mãos, decidiu: *agora está na hora de finalizar o meu trabalho, ela está por demais apaixonada... isso pode ser perigoso e, além disso, já cansei de bancar esse Leandro... bom moço...*

Em uma sexta-feira, após se amarem no apartamento, ele, abraçando-a, disse:

— Luzia, conheço aquele rapaz que sai com a sua amiga.

— Não, não deve conhecer! Ele é um rapaz muito pobre, jamais freqüentaria os mesmos lugares que você.

— Pobre? Quem disse?

— Claro que é pobre! Ele mesmo disse para Deise. Estão namorando e parece que é sério.

— Pois posso te garantir que ele é muito rico!

— Não pode ser! Você deve estar enganado!

— Não estou enganado, Luzia! Não somos amigos, mas seu pai tem negócios com o meu e muitas vezes, com minha família, compareci à sua casa quando houve festas. Conheço seus pais e sua irmã. É ele mesmo! Seu nome é Waldir, não é mesmo? A não ser que tenha dado um nome errado.

— O nome dele é Waldir, sim. Será que ele é rico mesmo?

— Ele é rico, Luzia! Estou dizendo! Seu nome é Waldir Mendes Cordeiro e pertence a uma das famílias mais ricas, importantes e tradicionais desta cidade! Seu pai tem uma empresa muito grande, mas a fortuna deles já vem de muito tempo, desde os seus bisavós!

Também, não sei por que estou tão admirado. Estou cansado de saber que ele costuma fazer isso.

— Isso o quê?

— Ele se aproxima de moças pobres, abusa delas e depois as larga na rua da amargura. Ele faz exatamente aquilo contra o que teus pais te preveniram.

— Não pode ser... — ela disse indignada.

— Pode sim, e é verdade. Conte para sua amiga e diga que, se ela quiser, posso dar o telefone da casa ou melhor, levá-la até lá.

— Tem certeza mesmo disso, Leandro?

— Tenho toda certeza! Ele a está enganando e, se gosta mesmo dela, não pode permitir que ele consiga o que pretende! Precisa ajudar sua amiga!

— Não posso fazer isso, ela vai sofrer muito!

— Vai sofrer muito mais quando for abandonada, depois que ele conseguir o que quer e sumir da vida dela! Estou revoltado! Embora soubesse que ele agia assim, nunca conheci nenhuma das moças que foram suas vítimas. Mas sua amiga parece ser muito boa e não merecer que ele faça isso com ela, Luzia!

— Acho que você tem razão. Vou contar para Deise tudo que você me contou, Leandro, só não sei se ela vai acreditar. Amanhã é sábado, dia em que eles se encontram. Ele diz que não pode vir durante a semana porque trabalha e durante o dia e estuda à noite.

Mentira! — Murilo disse fingindo-se indignado — ele estuda pela manhã e fica o resto do dia sem fazer nada! Posso até dar o nome da Faculdade que ele freqüenta! Vou anotar aqui neste papel o número do telefone, o endereço da casa dele e o nome da faculdade que ele freqüenta. Pede para a sua amiga telefonar para a casa dele e perguntar se o Waldir mora lá. Quem atender, com certeza, vai dizer que sim. Aí a sua amiga vai ter certeza e poderá fazer com ele o que ele merece!

Anotou o número e o endereço em um papel e entregou para Luzia, que o guardou, dizendo que, no dia seguinte, entregaria para Deise. Murilo, com o rosto ainda sério, disse:

— Faça isso, sei que, quando sua amiga souber que tudo o que eu disse é verdade, vai te agradecer muito, pois se livrará de um canalha!

— Tem razão, vou fazer isso.

Ele beijou-a e, levantando-se, disse:

— Agora precisamos ir embora, senão vai ficar muito tarde para você chegar em casa.

— Está tarde mesmo, vamos embora.

Saíram, Murilo a acompanhou até a mesma rua em que a deixava todos os dias. Deu um beijo em seu rosto, abriu a porta do carro, ela desceu e ele foi embora.

Dentro do carro, enquanto dirigia, ele ria e pensava: *está feito, agora é só aguardar o resultado. Espero que aquela moça acredite em tudo o que a amiga vai contar e deixe aquele fedelho para sempre! Carolina vai adorar quando eu lhe contar. Pena que só pode ser amanhã. Agora preciso ir para casa. Lia deve estar me esperando com o jantar pronto. Eu amo aquela mulher! Ela não pode imaginar nem de longe o que estou fazendo. Se soubesse, sei que não me perdoaria nunca.*

Luzia entrou em casa, ainda ouvindo as palavras de Murilo, não conseguia acreditar, mas ele falou com tanta certeza e parecendo tão sincero, por isso, quando se deitou, antes de dormir, ainda pensava... *preciso contar tudo para Deise e depois ela vai decidir se investiga ou não. Ela é minha amiga, sempre esteve ao meu lado nos momentos difíceis, é muito boa, não merece ser enganada assim dessa maneira. Se o que o Leandro contou for verdade, ela vai sofrer muito. Será melhor que descubra antes. Ainda bem que o Leandro é diferente. Ele gosta mesmo de mim. Se ele fizesse uma coisa como essa, não sei o que faria da minha vida. Acho que me mataria... mas sei que ele me ama...*

Assim pensando, adormeceu.

Desilusão

No dia seguinte, Deise acordou feliz. Era sábado, o dia em que Waldir vinha buscá-la na saída da loja. Como acontecia há várias semanas. Tomariam um lanche e passeariam pelo parque e, depois, ele a acompanharia até sua casa. Vestiu-se rapidamente e, dando um beijo na mãe e nos irmãos, foi para o trabalho. Luzia também acordou, mas só quando sua mãe, estranhando por ela não acordar sozinha, chamou-a:

— Acorde Luzia! Está atrasada! Que aconteceu! Você sempre acorda sozinha!

Ela abriu os olhos e, num pulo, sentou-se na cama:

— Nossa, mãe, isso não acontece mesmo! Demorei muito para dormir. Fiquei pensando na maneira como vou contar para a Deise o que descobri. Se for verdade, ela vai sofrer muito.

— Pelo o que você me contou que seu amigo disse, parece ser verdade. Por isso é melhor que conte mesmo e, se for verdade, ela vai te agradecer. Sempre te disse para tomar cuidado com rapazes ricos que gostam de brincar com moças pobres. Desde que me conheço por gente, sempre soube que rico não divide, ao contrário, só soma. Por isso só casam entre eles mesmos.

— Nem sempre é assim, mãe. Conheço rapazes ricos que têm bom caráter. Deise deu azar, só isso. — disse isso lembrando de "Leandro" e na certeza do amor dele por ela.

— Não sei não, minha filha. Nunca vi rico algum casando com pobre, não vi mesmo.

— Está bem, mãe. Depois te conto o que fiz, preciso me trocar rápido, senão vou perder o ônibus e a senhora sabe como é. Se perder o do meu horário, o outro vai demorar muito para chegar.

— Está mesmo na hora, trata de te apressar, filha.

Luzia se levantou e rapidamente ficou pronta. Mal tomou um gole de café, beijou a mãe e saiu. Quando chegou na loja, Deise também havia acabado de chegar. Abriram a loja e entraram. Eram elas que abriam e fechavam a loja, porque a dona só aprecia um pouco, depois do almoço. Ela era uma mulher com muito dinheiro e aquela loja era desculpa para dizer que fazia alguma coisa, por isso não se preocupava muito com o lucro. Mas, ao mesmo tempo, sabia que tanto Deise como Luzia eram funcionárias de total confiança.

Depois de abrirem a loja, verem se tudo estava em ordem e antes que algum cliente entrasse, Luzia se aproximou de Deise e disse:

— Deise, tenho algo para te contar que vai te deixar preocupada. Espero que você entenda o porquê de eu estar te contando.

— Que foi que aconteceu, Luzia? Você parece muito preocupada.

— E estou mesmo. Vou te contar o que o Leandro me disse. Precisa acreditar que só estou fazendo isso pensando no seu bem. Gosto muito de você e não quero que seja enganada e venha a sofrer.

— Pelo amor de Deus, o que foi que o Leandro te contou? Estou ficando nervosa! Fale logo!

Luzia começou a falar e a contar tudo o que Murilo havia lhe dito. A cada palavra, Deise ia empalidecendo. Luzia terminou dizendo:

— Sinto muito, minha amiga, mas foi isso que ele me disse. Waldir só está brincando com você. Ele é muito rico. Murilo me deu este papel com o número do telefone, disse que é para você ligar e confirmar, aí também tem o endereço da mansão onde ele mora e da faculdade em que ele estuda.

— Não pode ser verdade, Luzia! Ele não faria isso, sempre me pareceu tão sincero! Eu gosto tanto dele, não pode ser verdade... — enquanto falava, lágrimas escorriam por seu rosto.

— Também custei a acreditar, mas o Leandro diz que é verdade. Vamos tirar a dúvida, vamos telefonar para a casa dele!

— Não posso fazer isso, porque, se for verdade, acho que vou morrer...

— Prefere continuar sendo enganada? Se quiser, eu mesmo telefono. Assim, se ele atender, não reconhece minha voz. Telefono?

— Não sei, não queria, mas, se não tirar essa dúvida, sinto que não vou ter paz. Eu não consigo mesmo telefonar, estou muito nervosa...

— Já te disse, se quiser, eu telefono. Estou com muita raiva, mas vou conversar direito e ninguém vai desconfiar.

— Está bem, Luzia, telefone. Sei que alguém vai te dizer que ele não mora lá...

Luzia pegou o telefone e com decisão discou o número. Do outro lado da linha, Nilda atendeu:

— Alô, residência do doutor Mendes Cordeiro.

— Bom-dia, preciso falar com Waldir, ele está?

— Não, ele saiu muito cedo com o pai.

— Ele vai demorar?

— Não sei, acho que na hora do almoço, mas quem está falando?

— Quando ele voltar, por favor, diga que Deise telefonou.

— Está bem, vou dizer.

Nilda, intrigada, desligou o telefone. Estava terminando de colocar no gancho, quando Carolina se aproximou, perguntando:

— Quem era ao telefone?

— Uma moça procurando pelo Waldir, disse que seu nome é Deise.

— E o que ela queria?

— Falar com ele, mas eu disse que ele só vai voltar na hora do almoço. Ela pediu que eu o avisasse que ela telefonou.

— Você vai esquecer esse telefonema! Se contar para Waldir, pode se considerar despedida! Não posso ter em minha casa, alguém em quem não confie!

— Não vou contar, senhora.

— Espero que cumpra sua palavra!

Carolina, em seguida, foi para perto da piscina. Sentou-se e ficou olhando aquela água muito azul.

Luzia também desligou o telefone, dizendo:

— Era tudo verdade, Deise. Ele mora lá naquela casa. O pai dele é mesmo o milionário Mendes Cordeiro.

— Não pode ser, Luzia, não pode ser... não posso acreditar que ele esteve mentindo esse tempo todo... — lágrimas corriam em abundância pelo rosto de Deise.

— Mas esteve te enganando, Deise. Como Leandro disse, ele está acostumado a enganar as moças pobres, se diverte com isso, ele e seus amigos que fazem a mesma coisa.

Embora não quisesse, Deise foi obrigada a acreditar que aquilo era verdade. Ele não tinha motivo algum para não dizer que era rico. Tentava fazer com que as lágrimas parassem, mas não conseguia.

Uma cliente entrou na loja, Luzia foi atender. Deise, rapidamente, foi até o banheiro, lavou o rosto e passou um pouco de pó no rosto e batom nos lábios. Vendo-se no espelho, não podia parar de pensar... *tenho que me manter calma. Os clientes vão chegar e não podem desconfiar que estou triste. Poderão reclamar com a dona e posso perder o meu emprego. Preciso muito dele. Quando Waldir vier me pegar na hora da saída, se é que vai vir, eu converso com ele e termino esse nosso namoro, que nunca deveria ter começado.*

Waldir, acompanhado por seu pai, estava chegando em casa. Nilda o viu e ficou com vontade de contar sobre o telefonema, mas ao mesmo tempo lembrou o que Carolina havia dito. Tinha estranhado aquela atitude, mas sabia que não poderia arriscar-se a ficar sem aquele emprego. Lembrou-se que já estava morando na casa que Mário havia providenciado para eles. Estava feliz, pois ali as crianças estavam dormindo com mais conforto, num quarto separado. Ari também estava feliz com o emprego. Tudo corria bem em sua vida, por isso tinha que obedecer Carolina e ficar calada.

Quando Waldir e o pai chegaram, Carolina olhou sério para Nilda e em seguida se voltou para ele, dizendo:

— Que bom que chegou, Waldir. Estive pensando, já que está mesmo namorando com aquela balconista...

— Não estou namorando mamãe!

— Está sim, posso ver em seu rosto, mas isso não me incomoda mais. Já que está apaixonado, quero que a traga aqui em casa. Tenho vontade de conhecê-la e, não se preocupe, vou tratá-la muito bem. Só quero que você seja feliz e, se sua felicidade está ao lado dela, faço o possível para aceitá-la de coração. — Mário, que estava ao lado de Waldir, admirou-se:

— Tem certeza que quer essa moça aqui em casa, Carolina?

— Claro que sim! Se Waldir acha que a felicidade dele está ao lado dela, não tenho o que fazer a não ser recebê-la muito bem. Por que está duvidando, Mário? — perguntou, parecendo nervosa.

— Não estou duvidando, só estranhando. Fico feliz que você tenha aceitado esse namoro. Agora vou me arrumar para o almoço.

— Também vou me arrumar, só que não vou almoçar, mamãe. A senhora tem razão, vou me encontrar com Deise e, se a senhora permitir, vou trazê-la até aqui para que possa conhecê-la. Sei que vai gostar muito dela, é uma moça simples, mas muito bonita e inteligente.

— Sei que vou gostar, Waldir. Mas não se preocupe, mesmo que não goste, vou tratá-la muito bem.

Waldir e o pai começaram a subir a escada que levava aos quartos. Cada um entrou em seu próprio quarto. Waldir estava animado, pois o sábado finalmente tinha chegado e, outra vez, ia se encontrar com Deise. Enquanto tomava banho, pensava: *foi muito bom ter ido ao clube com papai. Ele conversou muito e me convenceu de que chegou a hora de contar toda a verdade para Deise. Dizer que sou rico, mas que a amo e quero me casar. Ele disse, e tem razão, que talvez, se eu deixar passar muito tempo, fique tarde e vou correr o risco de ela não entender. Mas sei que, assim que lhe contar os meus motivos, ela entende. É uma moça maravilhosa, vai ficar feliz por poder ajudar a melhorar a vida da família, dar um tratamento melhor para o seu irmão. Agora vou terminar de me vestir e ir ao seu encontro. Hoje vou levá-la a um restaurante. Sei que ela vai adorar. Depois, vou trazê-la para cá, já que mamãe aceitou o nosso namoro. Nunca pensei que fosse tão fácil convencer mamãe a aceitá-la, mas, no final das contas, ela só quer a minha felicidade. Às vezes, por sua arrogância, ela me deixa com raiva, mas sei que, apesar disso, ama muito todos nós. Assim que contar tudo para Deise, poderei encontrar um meio de ajudar Decinho. Aquele menino é muito esperto, e não é certo uma criança sofrer daquela maneira. Tem direito a ter um tratamento melhor, com um médico especialista.*

Terminou de se vestir. Colocou uma camisa e uma calça novas. Qualquer pessoa poderia ver que eram caras. *A partir de hoje, não precisarei mais dizer que as roupas boas são do Marcelo. Poderei usar a roupa que quiser, sem ter de mentir. Estou feliz por isso.*

Assim pensando, saiu e foi ao encontro de Deise.

Ela, por sua vez, passou toda a manhã muito triste e fazendo força para evitar que as lágrimas escorressem por seu rosto. Quando algum cliente perguntava se estava chorando, ela forçava um sorriso e dizia:

— Não, acho que estou no princípio de uma gripe.

Assim que chegou a hora, ela e Luzia fecharam a loja e saíram. Olhou para o lugar onde Waldir costumava esperá-la. Ele não estava... *ele não vem nunca mais, já sabe que descobri tudo, vou para casa...*

Luzia também olhava para o lugar onde "Leandro" sempre a esperava com as rosas nas mãos. Ele também não estava. Sabendo que ele chegaria a qualquer momento, disse:

— Vou esperar por Leandro, sei que ele vai chegar, Deise. Deve ter acontecido alguma coisa.

— Pois eu não vou esperar, sei que Waldir não vai vir. Ele já sabe que descobri e que não pode mais continuar com seu plano.

— Sinto muito por você, Deise, mas foi melhor assim. Já pensou se tivesse se entregado a ele? O que faria agora?

— Sim, você tem razão. Agora preciso ir. Até segunda, Luzia.

— Até segunda, Deise, mas, olhe ali, quem está chegando apressado!

Deise olhou e viu Waldir se aproximando, que sorriu ao vê-la. Ela não acreditou que ele tivesse tido a coragem de vir, mesmo sabendo que ela havia descoberto tudo. Enquanto ele se aproximava, ela pensava: *a não ser que não tenham lhe avisado que eu telefonei. Vou ver até onde ele vai!*

Ele se aproximou e, como sempre fazia, beijou seu rosto. Ela, sem perceber, afastou o rosto, o que o deixou preocupado:

— Que aconteceu, Deise, por que afastou o rosto?

Ela olhou bem em seus olhos e perguntou, nervosa:

— Você conhece alguém que se chama Waldir Mendes Cordeiro?

Ele empalideceu e ela percebeu. O susto que levou foi tão grande, que ele não conseguia dizer uma palavra.

— Por sua reação, posso perceber que o conhece, por isso não temos mais nada para conversar.

Dizendo isso, ela se afastou e, tremendo e com muita raiva, saiu andando em direção ao ponto de ônibus...*é verdade, ele mentiu durante todo o tempo em que estivemos juntos. Nunca poderei perdoá-lo. Sei que, de acordo com o que aprendi, não devia, mas estou morrendo de raiva!*

Assim que ele se recuperou do susto, olhou e viu que ela se afastava. Correu para alcançá-la. Quando chegou perto, segurou-a pelo braço, dizendo:

— Espere aí, Deise! Hoje eu ia te contar toda a verdade! Juro! Tive meus motivos para agir assim e sei que, quando te contar, vai entender e aceitar!

— Vai me contar o quê? Que está acostumado a brincar com os sentimentos das moças pobres! Que as envolve e, quando consegue o que quer, abandona as bobas e vai se divertir contando para seus amigos a sua aventura! É isso que vai me contar?

— Isso não é verdade! Quem inventou essa mentira?

— Não interessa quem me contou! O que interessa é que você mentiu e me enganou! Isso eu nunca vou poder perdoar! Por favor, nunca mais apareça na minha frente! Neste momento estou te odiando! Até nunca mais!

Dizendo isso, ela saiu andando, sem se importar para os apelos dele. No ponto de ônibus, ela entrou sem olhar para ele, que, sem ação, ficou olhando o ônibus se afastar. Desanimado e muito nervoso, foi até onde tinha deixado o carro estacionado e, nervoso, pensava: *Não entendo como ela descobriu. Quem teria interesse em contar? Justamente hoje que eu ia lhe dizer toda verdade! Por quê? Por quê?*

Estava nervoso e não conseguia raciocinar. Por mais que pensasse, não conseguia entender por que aquilo estava acontecendo.

Chegou em casa, entrou correndo e, sem falar com ninguém, foi para seu quarto.

Carolina viu quando ele entrou. Sorrindo por dentro, sentindo-se vitoriosa, pensou: *O plano deu certo, ela deve tê-lo abandonado. Murilo trabalhou direito e Waldir, como aconteceu das outras vezes, vai ficar triste pelos cantos, mas logo se esquecerá e eu, mais uma vez, consegui afastar outra aproveitadora!*

Mário, que estava sentado em uma cadeira junto à piscina, viu quando Waldir colocou o carro na garagem. Tentou falar com ele, mas não conseguiu. Waldir parecia que chorava, e saiu correndo sem atender ao chamado do pai. Mário ficou preocupado e entrou em casa. Encontrou Carolina que olhava para a escada por onde Waldir havia subido.

— Carolina, que aconteceu com Waldir?

— Não sei, Mário, ele chegou passou por mim e subiu correndo a escada. Deve ter ido para o quarto.

— Vou até lá para saber o que aconteceu. Pareceu que estava chorando.

— Também achei isso, mas acho que, se aconteceu alguma coisa, você não deve ir agora. Deixe-o pensar, já conhece nosso filho, logo mais ele vai descer e contar tudo.

— Tem razão, mas sinto que aconteceu algo com aquela moça. Ele ia se encontrar com ela.

— Se for por causa dela que ele está assim, significa que ela o abandonou, o que acho muito bom. Pelo menos não terei que suportar uma balconista como nora. Logo hoje, que resolvi recebê-la aqui em casa.

Mário ficou calado, só olhando para ela. Depois saiu, pensando: *será que Carolina não tem nada a ver com isso? Não sei, conheço-a muito bem, sei que, quando quer, é capaz de fazer qualquer coisa, mas em uma coisa ela tem razão... vou deixar que ele fique sozinho e, assim que se acalmar, vai me contar tudo. Ele sabe que pode confiar, sabe que o escutarei sem fazer comentários, a não ser que me peça.*

Assim pensando, voltou para junto da piscina. Carolina, sorrindo, também foi para seu quarto. Sabia que Murilo estava em frente à loja para ver o que Deise faria e que dali a duas horas estaria no apartamento. Ela lhe telefonaria e ficaria sabendo o que Murilo viu.

Murilo, escondido atrás da árvore, viu quando Waldir chegou e quando Deise, nervosa e gesticulando, falou. Não podia ouvir, mas sabia do que se tratava. Viu quando ela foi embora e ele a seguiu. Viu quando ele voltou, pegou o carro e foi embora. Sorrindo, pensou: *o plano deu certo! Ela nunca mais vai querer saber dele! Carolina vai ficar contente. Agora, vou para o apartamento, logo mais ela vai telefonar, deve estar morrendo de curiosidade. Tomara que telefone logo, pois marquei de sair com a Lia. E sei que ela não gosta de ficar esperando.*

Voltou o olhar para onde Luzia estava: *você, sua tonta, pode ficar esperando... nunca mais vai me ver... tudo o que eu queria de você já consegui... até nunca mais...*

Saiu dali. Luzia continuou esperando. Estava nervosa, ele nunca havia se atrasado. Ela estava acostumada com a sua presença, com as rosas que ele trazia todos os dias, mas, muito mais das horas que passava ao lado dele no apartamento. Desorientada e andando de um lado para outro, depois de esperar por mais de uma hora, pensou: *Já é tarde, ele não veio e acho que não vem mais. Que será que aconteceu? Será que ele sofreu algum acidente? Não vai adiantar eu ficar esperando, vou embora. Na segunda-feira, ele deve aparecer e me explicar o que aconteceu. Meu Deus, tomara que ele não esteja em um hospital...*

Cansada, foi tomar o ônibus.

Deise, ainda no ônibus que a levava para casa, por mais que quisesse, continuava sem conseguir evitar as lágrimas que escorriam por seu rosto. Não conseguia explicar a dor que sentia... *Como ele pôde fazer isso comigo? Poderia ser um ator, pois nem por um minuto eu desconfiei que estivesse mentindo. Sempre me pareceu tão sincero. Como me odeio por ter acreditado.*

Chegou em casa. Sua mãe estranhou ela ter chegado cedo, pois sabia que ela ia passear com Waldir, de quem, apesar de ele ser pobre, ela gostava muito e sentia que ele gostava realmente de Deise. Ao vê-la entrar e notar que estava com os olhos vermelhos, perguntou assustada:

— Que aconteceu, Deise? Por que está chorando?

Deise, sem responder, abraçou-se a ela e chorou com mais força. Ali, em sua casa, abraçada à mãe, sentiu-se protegida e pôde deixar que os soluços saíssem com toda sua força. Sua mãe a abraçou e nada perguntou. Sabia que, por algum motivo, Deise precisava chorar e, assim que parasse, lhe contaria tudo. Foi o que aconteceu. Depois de chorar muito, Deise parou e contou tudo. A mãe custou a acreditar:

— Não pode ser, Deise. Ele me pareceu tão sincero... será que não inventaram tudo isso só para separar vocês?

— Não, mamãe! Ele confirmou que é verdade. Esteve esse tempo todo brincando e rindo de mim com os amigos!

— Ele te confirmou isso?

— Claro que não, mamãe! Como ele poderia confirmar uma coisa como essa? Tentou se defender, mas não permiti! Nunca mais quero vê-lo! Eu não sei se é a ele que odeio ou a mim, por ter acreditado!

— Calma, filha. Você sabe que o ódio não é bom companheiro, que tudo na vida sempre tem um motivo certo. Se tudo isso está acontecendo, algum deve ter. Deus não deixa que nada seja feito sem sua permissão.

Deise levantou os olhos, enxugou-os com as mãos e disse, revoltada:

— Mamãe, não posso mais aceitar, sem criticar, tudo que tanto o papai como a senhora me ensinaram! Não é justo o que está acontecendo comigo! Eu não mereço! Sempre procurei fazer tudo certo, porque sempre pensei na lei da Ação e Reação, mas estou chegando à conclusão de que tudo que aprendi não passa de bobagem!

— O que está dizendo, Deise?

— É isso mesmo, mamãe! Tudo isso é bobagem! Nunca mais vou a uma casa espírita ou ler esses livros cheios de mentiras! Não quero saber de mais nada!

A mãe ficou parada sem nada dizer. Seus olhos estavam presos no rosto de Deise, que parecia transtornado. Sabia que a revolta da filha só poderia lhe trazer mais sofrimento. Deise continuava chorando e, percebendo que a mãe permanecia calada, perguntou?

— Por que a senhora está tão calada?

— Estou pensando em todo o tempo que freqüentamos a casa espírita. Em todos os livros que lemos. Em quantas palestras você deu, ensinando aquilo que havia aprendido. Em quantas pessoas ajudamos através de orações, passes ou simplesmente conversando. Em quantas vezes disse para as pessoas que tudo estava sempre certo e que devia colocar sua vida nas mãos de Deus, pois só Ele sabia de tudo. Agora que algo de ruim te acontece, você joga para o alto tudo o que aprendeu, e eu vejo como é fácil se acreditar quando tudo corre bem, mas que, no primeiro obstáculo, nada daquilo que aprendemos tem valor. Ou será que, apesar de tanto tempo e de tanto estudo, nunca acreditamos em nada? Não aprendemos nada? Será que foi isso que aconteceu? Será que nada aprendemos, Deise? Será que é fácil acreditar na teoria, mas na prática não se consegue aceitar? Será que foi isso que aconteceu, Deise?

Deise ficou parada olhando para a mãe. Pensou por algum tempo, depois voltou a abraçar-se nela e começou a chorar com mais força.

— Mamãe! A senhora tem razão! Acho que não aprendi mesmo! Apenas freqüento e digo que sou espírita, mas na realidade é só aparência! Por que, se tivesse aprendido, confiaria na bondade de Deus e saberia que tudo está sempre certo! Que tudo o que tem que acontecer acontece... e que as pessoas que encontramos na nossa vida são necessárias para a nossa evolução! Quantas vezes eu disse isso lá na casa espírita? Quando fiquei sabendo que Waldir estava me enganando, devia ter aceitado, largar dele, sim, mas não ficar com todo o ódio que fiquei. Devia saber que tudo o que aconteceu foi para o meu bem. Sei que devia ser assim, mas, mamãe, eu estou aqui na Terra, e pelo meu corpo corre sangue! É muito difícil!

A mãe abraçou a filha e, também chorando, disse:

— Sei que é difícil, Deise, mas não é impossível. Entregue sua vida nas mãos de Deus, só ele sabe o que é melhor para você...

— Tem razão, mamãe... nada mais posso fazer a não ser isso. Deus é quem sabe o que é melhor para mim. Não vai ser fácil perdoar o Waldir, mas farei o possível. Tudo isso deve ter servido de lição para nós dois.

— Isso mesmo, minha filha. Assim é que deve ser. Deus é nosso pai e não nos abandona nunca. Agora, vá lavar o seu rosto e me ajude a preparar um lanche. As crianças estão com fome.

Deise se levantou e foi para o banheiro. A mãe olhou para o alto e disse baixinho:

— Obrigada, meu marido, por me ter intuído para que eu dissesse as palavras certas.

Ela não estava vendo o pai de Deise, mas sabia que ele estava ali. Ele a beijou no rosto, dizendo:

— Obrigada, minha mulher, por ser tão maravilhosa, como esposa e como mãe. Nossa filha está passando por um momento de aprendizado, mas logo tudo ficará bem.

Em seguida desapareceu.

O Inesperado

Os dias foram passando. Nilda estava feliz em sua casa nova. Aos poucos foi comprando móveis novos e logo ela estava completa. Nunca em sua vida tinha morado tão bem e estava tão feliz. Mário, para que tudo fosse resolvido, fez com que Ari trabalhasse das duas da tarde às dez da noite, assim ele poderia cuidar das crianças enquanto Nilda trabalhava. Dalva também entrava na escola às duas e ele, antes de ir trabalhar, deixava a filha na escola. Quando era hora de ela sair, Nilda vinha buscá-la. Tudo caminhava bem e, por isso, todas as noites, em suas orações, ela agradecia a Deus por ter colocado Mário na vida deles e pedia que o protegesse. Estava arrependida de não ter avisado a Waldir, que Deise havia telefonado. Sentia que sua tristeza tinha alguma coisa a ver com isso, mas não queria pôr em risco tudo o que conseguira.

Waldir por várias vezes ainda tentou conversar com Deise, mas ela se recusara: *não posso odiar ou ter mágoa, mas também não preciso conviver. Meu mundo é diferente do dele...*

Um dia, após o almoço, Mário, preocupado com o filho, embora já soubesse o que havia acontecido, disse:

— Waldir, você não pode continuar assim. Já se passou muito tempo desde que tudo aconteceu. Essa moça não te perdoou e acho que nunca vai perdoar. Você precisa procurar esquecê-la e continuar sua vida.

— Sei disso, pai, mas não consigo. Sei que ela é uma boa moça e, depois que lhe contaram todas aquelas mentiras, a atitude dela só podia ser a que tomou.

— Por mais que me pergunte, não consigo entender. Quem contou a ela, Waldir?

— Não sei, papai. Ela não quis me dizer.

— Quem teria interesse em ver vocês separados?

Waldir ia dizer que também não sabia, mas, nesse exato momento, Carolina chegou e, ao ver os dois conversando, disse sorrindo:

— Parece que o assunto está bom...

— Está, sim Carolina. Estamos conversando sobre a faculdade. Waldir está tendo alguma dificuldade e estou tentando ajudar.

— Se precisar, meu filho, também posso ajudar.

— Obrigada, mamãe, mas não preciso. Papai já esclareceu minhas dúvidas. — disse, não entendendo por que o pai não havia falado a verdade. Mas conhecia-o muito bem e sabia que ele devia ter seus motivos.

Carolina saiu dali, sorrindo e pensando: *Ainda bem que deu tudo certo. Eles jamais poderão imaginar que fui eu quem planejou tudo. Hoje vou me encontrar com Murilo. Precisamos colocar em prática a segunda parte de meus planos. Agora quero que ele se dedique à moça com quem André está namorando. Precisamos pensar direito no que ele fará para que também se separem. Paula está me atormentando, quer que eles se separem para voltar a namorar com ele. Sinto que não vai ser muito difícil. Murilo é puro charme e sabe como lidar com as mulheres. Depois que isso for resolvido, preciso pensar seriamente no que vou fazer com Mário. Ele está atrapalhando a minha vida. Com sua morte, além de receber o dinheiro do seguro, tomarei posse de toda sua fortuna e, com dinheiro e liberdade, poderei afastar, também, aquela mulherzinha do Murilo e ficar com ele para sempre. O mais importante é que tenho dinheiro e, com ele, todo o poder do mundo.*

Desde que se separara de Deise, Waldir estava triste e não saía mais com os amigos. De todos, quem mais sentiu foi Marcelo. Mais uma vez, ele telefonou para o amigo:

— Waldir, vamos sair à noite? Você não pode continuar trancado em sua casa, só saindo para ir a Faculdade.

— Desculpe, Marcelo, mas não tenho vontade. Ainda estou triste por tudo o que aconteceu. Mais triste ainda por ela nem deixar que eu lhe conte o motivo real por eu ter agido daquela maneira.

— Não adianta você ficar assim, meu amigo... é jovem, bonito e tem muito dinheiro. Sabe que poderá ter a mulher que quiser...

— Sei disso, mas não quero outra mulher, quero só ela.

— Está bem, não vou insistir. Quando estiver a fim de sair, me telefone. Sabe que vou ficar dando pulos de alegria por ter o meu amigo de volta.

— Eu telefono, sim.

Desligou o telefone e voltou a se deitar, só queria dormir, para não pensar.

Nilda estava fora da casa lavando o quintal. A cozinheira, naquele dia, não tinha ido trabalhar, estava doente. Eliete tinha ido com José ao mercado, fazer as compras da casa. Carolina estava entrando na sala, quando o telefone tocou: *Onde estão esses empregados inúteis? Será que eu é que terei de atender?*

Pegou o telefone e atendeu. Do outro lado da linha ouviu uma voz sua conhecida:

— Carolina, é você mesma? Graças a Deus! — Carolina tentou desligar o telefone, mas era tarde. A voz do outro lado falou apressada:

— Tentei não te incomodar mais, mas agora é urgente. Sei que não quer falar com a gente, mas, por favor não desligue o telefone. Mamãe está passando muito mal... o médico a desenganou e pediu que ela viesse para casa... assim poderá morrer ao lado da família. Ela vai morrer, Carolina, mas, antes que isso aconteça, quer falar com você pela última vez. Por favor, converse comigo...

Carolina percebeu que Tereza estava chorando. Pensou em desligar o telefone, mas não conseguiu, e disse nervosa:

— Não tenho nada a ver com sua mãe ou com você! Se ela vai morrer, está mais do que na hora! Por favor, não me telefone mais! Sou uma pessoa muito ocupada! Preciso ficar em paz!

— Não fale isso! Ela é sua mãe também! Você não pode agir assim! Ela sempre quis te ajudar e proteger! Já se passaram vinte e cinco anos! Você tem que vê-la...

— Ela nunca gostou de mim! Na hora em que mais precisei, roubou de mim meu bem mais precioso! Eu tinha só quinze anos! Eu a odeio, sempre odiei! Onde está a minha filha? Você pode me responder? Ela pode fazer isso?

— É sobre isso que ela quer falar com você! Quer te contar tudo o que aconteceu! Por isso você precisa vê-la antes que seja tarde...Venha aqui em casa, Carolina...

Carolina levou um choque com o que Tereza falou e disse emocionada:

— Ela vai me dizer o que fez com a minha filha?

— Sim, por isso quer te ver desesperadamente!

— Você sabe onde está minha filha?

— Não, ela nunca me contou...

— Está bem, vou até aí, mas se você estiver mentindo...

— Não estou mentindo! — Tereza disse, antes que Carolina terminasse de falar.

Carolina conhecia muito bem onde ficava a casa de Tereza... *vou até lá, será que vou descobrir onde aquela maldita escondeu a minha filha?*

Voltou para o seu quarto. Deitou-se e ficou pensando: *Eu tinha quatorze anos quando conheci Jair. Ele tinha vinte e cinco, me envolveu e eu me apaixonei perdidamente. Era muito pobre. Meu pai morreu quando eu tinha dois anos de idade. Minha mãe se casou um ano depois e teve a minha irmã Tereza. Meu padrasto era um homem violento, vivia bêbado e batia na gente quase todos os dias. Por isso, quando Jair apareceu em minha vida, me tratando com carinho e atenção, não resisti e me entreguei totalmente. Eu era muito criança, nada sabia sobre a vida e muito menos sobre sexo. Essa palavra era proibida em minha casa. Minha mãe desconfiou que eu estava grávida, porque minha barriga começou a crescer. Ficou furiosa, me bateu e quis saber quem era o pai da criança. Eu disse e ela procurou Jair, mas não o encontrou. Ele desapareceu, nunca mais soubemos dele. Embora ela tenha ficado furiosa, sendo muito católica, não permitiu que eu fizesse um aborto e queria me colocar para fora de casa, mas meu padrasto, para minha surpresa, não permitiu , lembro bem do que ele disse:*

"— Não vamos fazer isso. Ela é uma criança. Não tem para onde ir e não se esqueça que, perante as autoridades, ela é responsabilidade nossa. Vamos esperar essa criança nascer e veremos o que fazer com ela. Tenho uma idéia, que, se der certo, podemos até lucrar um bom dinheiro."

Carolina, enquanto pensava no passado, sentia muito ódio e mágoa. seu corpo tremia e toda a raiva voltou com muito mais força. *Jamais vou perdoá-la pelo mal que me fez! Eu a odeio com toda as forças da minha alma. Está morrendo? Que bom! Agora terá de enfrentar a Deus, se é que ele existe mesmo, e responder por todo o mal que fez nesta terra!*

Tirou um lenço de papel da caixa de marfim na mesa ao lado da cama, enxugou uma lágrima e continuou pensando: *Minha mãe se interessou pelo que ele disse e resolveu me deixar em casa até que a criança nascesse. Eu não estava entendendo o que acontecia, mas estava agradecida ao meu padrasto por me ter ajudado daquela maneira. O tempo passou, mas, daquele dia em diante, nunca mais pude sair de casa. Minha mãe não queria que as vizinhas descobrissem que eu estava grávida. Ela dizia que era por vergonha, mais tarde vim a saber que estava mentindo. Ela tinha outros planos para a criança que ia nascer. Finalmente o dia chegou. A mesma mulher que eu havia encontrado para fazer o aborto, foi chamada e nasceu uma menina. Fiquei feliz ao ver a criança, toda a aflição e dor do parto passaram assim que ouvi o seu choro. Minha mãe pegou a criança, saiu do quarto e, quando voltou algumas horas depois, estava sem ela. Fiquei desesperada, quis saber o que tinha feito com a minha filha, mas ela nunca me contou. ao invés disso, disse nervosa:*

"— Ela está em boas mãos. Vai crescer em uma casa com muito dinheiro e boa educação.

"— A senhora não podia ter feito isso! Ela é minha filha! "— *eu disse desesperada.*

"— Você não tem o que querer! Enquanto morar nesta casa terá que seguir as minhas regras! Não tem condição de criar uma criança, nem eu! Ela está bem, muito melhor do que aqui, nessa pobreza que vivemos!"

Eu não me conformava com aquilo e a odiei com todas as forças do meu ser, mas não tinha o que fazer. Ela tinha razão, eu não tinha como me manter, não havia estudado, não tinha uma profissão e nem idade para viver sozinha. Tive de aceitar aquela situação, mas o que mais me revoltou foi ver que, daquele dia em diante, muito dinheiro apareceu naquela casa. Minha mãe comprou roupas para mim e para Tereza. Comprou móveis novos e até reformou a casa. Desconfiei que todo aquele dinheiro tinha sido resultado da venda da minha filha. Nunca a perdoei por isso e sei que nunca vou perdoá-la! Agora diz que quer me ver. Só vou mesmo por que a Tereza disse que ela vai me contar para onde levou a minha menina, que, apesar de tudo que aconteceu depois, eu nunca esqueci.

Carolina foi até o banheiro e, trancada lá dentro, olhou-se no espelho. Agora já não era mais a mulher prepotente que todos conheciam. Seus olhos estavam vermelhos, lágrimas corriam por seu rosto. Se alguém da sua família a visse naquele momento, julgaria que se tratava de outra mulher. Ela mesma se assustou com a imagem que aparecia no espelho... *Essa não sou eu! Não vou deixar que essa mulher me transforme novamente naquela menina triste e assustada!* — pensou, enquanto lavava o rosto.

Enxugou o rosto e começou a fazer uma maquiagem. Precisava voltar a ser a Carolina de sempre. Um dia havia jurado que, nunca mais, ninguém a faria chorar novamente. Enquanto se maquiava, lembrava: *Daquele dia em diante, fiquei procurando uma maneira de sair daquela casa e encontrar minha filha. Eu costumava andar muito sem destino e de preferência nos bairros ricos da cidade. Gostava de ver aquelas lindas mansões, com seus jardins bem tratados, portas e janelas enormes. Enquanto olhava as casas, imaginava como viveriam as pessoas que moravam ali... elas têm tudo e por isso devem ser felizes... nada pode fazer com que fiquem tristes. Por que minha vida é tão diferente das pessoas que moram aí? Minha mãe diz que existe um Deus que cuida de todos nós. Como posso acreditar nisso vendo toda essa desigualdade? Como pode dizer que existe um Deus, se teve coragem de vender a minha filha? Do que adianta ela não sair da igreja, confessar e comungar quase todos os dias? Será que durante o tempo todo que freqüenta a igreja, nunca aprendeu nada? Por isso não sigo religião nenhuma, sei que elas não têm nada para me ensinar. Do que adianta seguir, se as pessoas dizem uma coisa e fazem outra? Como odeio aquela mulher!*

Destrancou o banheiro e saiu, voltando para a cama, onde novamente se deitou. Não queria pensar naquele tempo, mas não conseguia. E as lembranças voltaram com toda a força: *Em um desses passeios vi uma placa que pedia uma empregada doméstica. Nunca havia trabalhado como empregada, mas vi ali a chance de poder sair de casa, pois, se conseguisse trabalho, poderia me mudar para lá e, se não conseguisse, no mínimo poderia ver e conhecer aquela casa por dentro. Arrisquei, toquei a campainha. Após alguns minutos, uma senhora se aproximou, dizendo:*

"— Pois não, que deseja?

"— É sobre essa placa." *respondi um tanto tímida.*

"— Quer trabalhar?

"— Sim, senhora...

"— Já trabalhou antes como empregada?

"— Não senhora, mas sei que posso aprender. Por favor, me dê uma chance, não tenho família nem onde morar... por favor... " *A senhora me olhou por algum tempo, e ainda lembro de suas palavras:*

"— Está bem, entre vamos conversar com a patroa." *Entramos no jardim. Enquanto caminhávamos, eu não acreditava que, finalmente, entraria em uma casa como aquela. Queria muito o emprego, pois só assim sairia da minha casa. Mas, se não conseguisse, ficaria feliz só em conhecer a casa. Caminhamos pela longa alameda florida. Ao longe pude ver uma fonte de onde jorrava água cristalina. Até ali, nada se comparava com aquilo que eu havia imaginado. Era muito mais bonito. Chegamos a uma porta enorme e pesada. A senhora abriu e pediu que eu entrasse na sua frente. Entrei em uma sala grande, como eu nunca havia imaginado que pudesse existir. Os tapetes que cobriam o chão de mármore eram macios e enormes. Em um dos cantos da sala, tinha uma escadaria também coberta daqueles tapetes com desenhos maravilhosos. Hoje sei que eram tapetes persas. Meu coração batia forte de tanta emoção. A senhora pediu que eu me sentasse em um dos sofás. Me sentei e fiquei olhando ela se afastar e entrar em uma das portas da sala. Logo depois surgiu acompanhada por uma outra senhora que, ao me ver, sorriu e disse:*

"— Angélica me disse que você está querendo trabalhar aqui em casa. Gostaria de conversar com você, pode ser?".

Um pouco tímida acenei com a cabeça dizendo que sim. Ela perguntou de onde eu era, sobre a minha família e quantos anos eu tinha. Respondi a todas perguntas, mentindo sobre minha família. Disse que meus pais haviam morrido há pouco tempo e que eu estava morando de favor na casa de uma vizinha, mas que não estava bem e por isso precisava do emprego. Disse que ela não precisava me pagar pelo trabalho, eu só precisava de um lugar para morar. Quando terminei ela sorriu:

"— É muito jovem para ficar pela rua sem ter onde morar. Pode começar a trabalhar aqui hoje mesmo. Vai ajudar a cozinheira e, nas horas vagas, poderá me fazer companhia. Fiquei viúva há dois meses e não sei por quanto tempo vou ficar aqui, pois meus filhos querem que eu vá para a Itália viver com eles. Mas não se preocupe, quando isso acontecer, Angélica vai me acompanhar e você ficará aqui por quanto tempo quiser. Não vou me desfazer da casa, pois, se sentir vontade de voltar, terei o meu porto seguro. Estou fazendo isso porque gostei da sua sinceridade, coragem e vontade de se cuidar sem a ajuda de outras pessoas."

Fiquei deslumbrada com a idéia de poder morar naquela casa. Comecei naquele mesmo dia. Pedi a ela para ir até a casa onde morava para buscar minhas roupas. Ela consentiu e eu, feliz, fui para casa. Quando cheguei, minha mãe, como sempre fazia, me ignorou. Sem nada dizer peguei minhas poucas roupas, coloquei-as em uma sacola e só ao sair avisei o que estava acontecendo:

"— Consegui um emprego e vou morar lá. Nunca mais em minha vida, quero ouvir falar da senhora ou de qualquer pessoa desta casa. Sei que ainda vou ser muito rica e feliz, mas nunca o bastante para esquecer todo mal que a senhora me fez.

"— Para onde você vai, menina? Está louca!

"— Já disse que consegui um emprego. Não interessa para a senhora saber onde fica. Até nunca mais! Só voltarei no dia em que a senhora me disser o que fez com a minha filha e onde ela está."

Eu estava decidida. Sabia que aquela era a última vez que veria aquela mãe que tanto mal me fizera. Sai da casa pisando forte. Daquele dia em diante, minha vida mudou completamente. Dona Francesca me acolheu e me ensinou tudo o que sabia sobre a vida e a sociedade. Os filhos dela queriam que ela fosse ao encontro deles, mas ela foi adiando. Eu já estava naquela casa a três anos, quando a acompanhei em uma festa onde conheci Mário. Ela estava com a viagem marcada para a Itália e quinze dias depois partiu. Como havia prometido, não fechou a casa, deixou por conta dos empregados, pois dizia que, a qualquer momento, poderia voltar. Eu e Mário começamos a nos encontrar. Eu sabia que ele pertencia a uma família rica e tradicional, por isso não queria que ele soubesse que a minha era muito pobre. Disse que dona Francesca era minha avó e que meus pais moravam na Itália. Quando ela foi embora, eu disse que não quis acompanhá-la por que estava apaixonada e grávida. Ele acreditou, ficou feliz por saber que ia ter um filho. Como pensava que eu era sozinha, resolveu que deveríamos casar. Um mês depois estávamos casados. Minha mãe, através dos jornais, ficou sabendo e me procurou várias vezes, mas nunca mais falei com eles ou quis saber qualquer coisa a respeito daquela família. Maldito acaso que hoje me fez atender o telefone! Também, só estou indo até lá para ver se descubro o que aquela desgraçada fez com a minha filha. Que ela não morra antes de me dizer! Depois... Agora sou rica, respeitável, não quero saber daqueles pobres miseráveis.

Carolina, acompanhada por José, chegou na rua que conhecia tão bem. Ela vivera lá por muito tempo. Havia esquecido de como aquele lugar era pobre, embora o bairro estivesse melhor do que quando o conhecera. Viu crianças que corriam e, alheias ao mundo que existia à sua volta, brincavam. Lembrou-se de quando era criança e brincava ali, naquele lugar, não imaginando o que seria sua vida. José, a pedido dela, parou em frente a uma casa com muro baixo e um portão pequeno. Carolina sentiu o corpo estremecer. Embora estivesse com raiva da mãe, não deixou de sentir saudade do tempo em que ainda era tão feliz ali.

Assim que o carro parou, Tereza saiu da casa e, com os braços abertos, foi ao encontro dela. Ao vê-la, Carolina não a reconheceu. Sua irmã estava envelhecida e sua aparência era a de uma pessoa muito sofrida. Mesmo assim se esquivou do abraço. Estava ali, não para visitar a família ou a mãe que estava morrendo, mas para esclarecer o que havia acontecido

— Fico feliz por ter vindo, Carolina!

— Eu, ao contrário, não estou. Você sabe muito bem qual foi o motivo que me trouxe até a este lugar repugnante. — disse olhando ao seu redor com ar de desdém.

— Mesmo assim, estou feliz por te ver. Garanto que mamãe também ficará muito feliz. Ela está muito mal e só fala em te ver.

— Com certeza é sentimento de culpa. Agora que está para morrer, sabe que me fez muito mal e quer o meu perdão para poder enfrentar a morte e poder ir para o céu dela, mas se depender do meu perdão, ela vai direto para o inferno, porque eu jamais a perdoarei. Só estou aqui para saber o que ela fez com a minha filha e onde ela está! Nada mais que isso!

— Vamos entrar, sei que ao vê-la você vai mudar de idéia. Ela não é mais nem de longe a mulher que você conheceu. Está, sim, arrependida do que fez, mas quer te explicar os motivos.

— Não me importa quais sejam os motivos. Só me interessa saber as conseqüências do que ela fez!

Enquanto falavam, caminhavam em direção à porta de entrada. Assim que entrou, Carolina estremeceu. Conhecia aquela casa por dentro. Ali, naquela mesma sala, ela chorou muito quando Jair a abandonou e quando descobriu que sua mãe havia vendido sua filha. Conseguiu disfarçar, e Tereza não notou como estava abalada.

Acompanhada por Tereza foi até o quarto que sabia ser o de sua mãe e entrou. Ela estava lá, deitada, muito branca e magra. Ao ver Carolina, começou a chorar e abriu os braços para abraçá-la, mas Carolina ficou parada e, ainda da porta, sem entrar totalmente no quarto, disse, nervosa:

— Não vim aqui para abraçá-la nem para perdoá-la. Só vim aqui para saber da minha filha!

— Entre, filha. Preciso conversar com você e esclarecer coisas que não ficaram bem claras.

— É para isso que estou aqui. Quero saber, onde está a minha filha.

— Quando tudo aquilo aconteceu, você era muito criança, não tinha como sustentar uma outra criança. Sabe muito bem que o teu padrasto, que Deus o tenha, não trabalhava e o pouco que eu ganhava não daria para cuidar de mais uma boca. Ele procurou e encontrou um casal de boa família, muito rica, que não conseguia ter filhos. Entrou em acordo com eles e, assim que a menina nasceu, entregou-a. O casal não me conhecia, só ao seu padrasto. Ele cuidou de tudo...

— Quanto ele recebeu por essa boa ação? — Carolina perguntou irritada.

— Na época pensamos que era muito dinheiro, mas hoje sei que foi muito pouco por todo o sofrimento que te causamos.

— Não acha que é um pouco tarde para isso?

— Sei que é muito tarde, mas nunca é tarde para se corrigir um erro... me perdoe, minha filha...

— O erro que a senhora cometeu não tem reparação nem perdão! Roubou e vendeu minha filha e me afastou dela para sempre!

Como posso perdoar? Mesmo que quisesse, e não quero, não conseguiria! Eu a odiei naquele dia e hoje a odeio mais ainda!

— Estou morrendo, Carolina... preciso do seu perdão...

— Não me importo que esteja morrendo! Para mim a senhora já morreu há muito tempo! Só quero saber o que fez com minha filha! Só isso! Se está com tanto medo do que vai enfrentar depois que morrer, o problema é seu! Não me importo! Quero que queime por toda a eternidade no fogo do inferno e, por mais que sofra, nunca sofrerá o tanto que me fez sofrer! Eu a odeio!

— Talvez você não acredite, mas na época achei que estava fazendo o melhor para a sua filha. Ela teria uma vida com tudo, poderia estudar e ser alguém. Nunca conheceria a pobreza em que a gente vivia... e isso tudo aconteceu... ela é uma moça rica e feliz. Está noiva de um rapaz muito bom e, assim como ela, também rico.

— Como a senhora sabe de tudo isso? Não disse que ela foi entregue a um casal que não a conhecia?

— Eles não me conheciam, mas, depois que você saiu de casa, convenci o João e ele me contou quem eram. Com a ajuda de uma amiga, consegui um emprego na casa deles. Comecei a trabalhar e fiquei por muitos anos, até agora, que fiquei doente e não pude mais trabalhar. Estive o tempo todo ao lado da minha neta.

— Onde ela está?

— Vou te dizer, mas precisa me prometer que não vai se apresentar a ela e dizer que é sua verdadeira mãe. Ela é uma moça feliz e adora os pais. Sofreria muito.

— Não vou me apresentar, só quero conhecê-la! Mas não porque está me pedindo, só faço isso, porque não posso chegar agora, para meus filhos e marido e dizer: tenho uma outra filha que vocês não conhecem. Não posso fazer isso! pertenço a alta sociedade e isso seria motivo de chacota. A senhora decidiu o que era melhor para a minha vida, só que estava errada: me casei com um homem muito rico, minha filha teria ao meu lado tudo o que teve na família em que está hoje, talvez até mais! A senhora se colocou no lugar de Deus e decidiu o meu destino! De Deus, não! Do diabo, porque fez o que fez não para me proteger ou à minha filha, mas por dinheiro, por alguns móveis novos! Como pode esperar que eu a perdoe? Nunca conseguirei fazer isso! Onde está a minha filha?

Carolina, completamente alterada, ainda continuava parada na entrada da porta a alguns metros da cama onde a mãe estava. Desde que chegou ali, não havia tirado os olhos dos da mãe. Não prestou atenção na decoração do quarto. A mãe, com muita dificuldade, disse:

— Venha para mais perto de mim, Carolina.

— Estou bem aqui mesmo, não quero me aproximar da senhora!

— Se quiser conhecer sua filha, terá que se aproximar.

Carolina não entendeu e perguntou:

— Por que está dizendo isso?

— Venha para mais perto, Carolina. Só assim poderá saber quem é sua filha e ver como ela está hoje. Ela está aqui, nessa foto que está sobre o meu criado-mudo.

Carolina olhou para onde ela apontava. Viu um porta-retratos, aproximou-se e, ao ver a foto de perto, estremeceu.

— Quem é essa moça? É a minha filha?

— É sim, essa fotografia foi tirada no dia em que ficou noiva. O que está a seu lado é o noivo. O casamento está marcado para daqui a quatro meses. Ele é um bom moço e ela está muito feliz. Como vê, minha filha, apesar de tudo o que aconteceu, ela está bonita, feliz e, além de ser uma alma iluminada, é muito boa, todos que a conhecem gostam dela. Seu nome é Patrícia.

Carolina pegou o porta-retratos na mão e ficou paralisada e com os olhos presos naquela foto. Sua filha era realmente linda, mas ao mesmo tempo em que olhava para ela, olhava também para o rapaz que sorrindo a abraçava. Ficou em silêncio olhando para a fotografia. Apesar de estar feliz por, finalmente, conhecer sua filha, ao mesmo tempo, ao ver o rapaz, ficava sem saber o que fazer.

Tereza e Mercedes interpretaram o silêncio dela como um momento de intensa emoção por finalmente saber quem era a filha e somente acompanharam, com os olhos, seus movimentos. Depois de algum tempo, com a voz embargada, Carolina, perguntou:

— Como é o nome desse rapaz que está com ela?

Carolina já o tinha reconhecido, mas perguntou só para ter certeza.

— André. Eles se conheceram há pouco tempo, mas se amam muito, por isso querem se casar logo e, depois do casamento, vão para a Europa estudar. Ela estava lá, veio para o Brasil em férias, se conheceram, se apaixonaram e as famílias resolveram que o melhor seria que fossem e terminassem os estudos. Ela não é linda, Carolina?

Carolina, ainda abismada, respondeu:

— Sim, ela é muito linda e parece feliz também.

— Ela é feliz, minha filha. Embora eu a tenha separado de você, pode ver que no final valeu a pena. Convivi todos esses anos com ela, e pude ver como foi criada, com todo conforto e com muito amor. Por isso te peço que, mesmo que se aproxime dela, não lhe conte a verdade. Ela não sabe que é adotada e sofreria muito se descobrisse.

Carolina estava muito nervosa, queria sair dali o mais rápido possível, disse quase gritando:

— Já disse para a senhora que não posso contar a ninguém a existência dela! Tenho um nome para zelar. Só queria saber o que a senhora havia feito com ela, conhecê-la e saber onde estava. Pelo visto, ela está, mesmo, muito bem e fico feliz por isso. Agora que já obtive as respostas que queria, vou embora e Tereza, por favor, quando essa senhora morrer, não me avise. Não quero saber! Simplesmente porque, absolutamente, não me interessa. Até nunca!

Saiu dali sem se despedir e o mais rápido que conseguiu. Tereza foi atrás dela, chamou-a por várias vezes, mas Carolina fingiu que não ouviu. José, que estava esperando junto ao carro, ao ver Carolina sair quase correndo, abriu a porta do carro e ela entrou dizendo:

— Vamos sair daqui! Depressa homem!

José não entendeu o que estava acontecendo, mas, vendo o ar transtornado de Carolina, rápido deu a volta no carro, entrou, ligou o motor e saiu. Tereza ficou no portão olhando o carro se afastar. Depois que sumiu na esquina, voltou para casa. Sua mãe chorava copiosamente:

— Não chore, mamãe. A senhora não está bem.

— Sei que não estou bem, conheço o meu corpo e sinto muita dor, mas o que mais me causa sofrimento é saber o mal que fiz para essa menina, que a transformou nessa pessoa insensível. Ela não tem culpa, a culpada fui eu. Se tivesse agido diferente ela não seria dessa maneira.

— Seria, sim, mamãe. Ela sempre foi assim desde criança. Não se lembra como era egoísta? Nunca deixou que eu brincasse com seus brinquedos ou usasse suas roupas, mas gostava de usar as minhas e usava mesmo sem pedir. Ela já nasceu com esse sentimento. Talvez a senhora tenha tido um pouco de culpa, mas, se não fosse a senhora, ela encontraria uma outra desculpa qualquer. Agora vai tomar o seu remédio e tentar dormir. Vamos rezar para que ela pense em tudo que aconteceu e está acontecendo e volte aqui para dar o perdão de que a senhora tanto precisa.

Mercedes tomou o comprimido e logo adormeceu.

Assim que entrou no carro, Carolina começou a chorar copiosamente. José percebeu, mas ficou calado. Não se atreveria a falar com ela sem que ela o solicitasse. Nunca imaginou que um dia, presenciaria uma cena como aquela... *ela sempre pareceu tão forte e decidida. Sempre com aquela pose e não fazendo questão nenhuma de não ofender e humilhar qualquer pessoa, principalmente os empregados. Que terá acontecido dentro daquela casa? Quem serão as pessoas que moram lá?*

Durante todo o caminho de volta para casa, Carolina chorou sem parar. José, calado, ficou observando pelo retrovisor. Quando estavam se aproximando da casa, ela disse soluçando:

— José, não posso chegar em casa dessa maneira e não estou conseguindo me controlar. Vamos para o apartamento.

— Sim, senhora.

Ele virou em uma esquina e foi para o apartamento. Como sempre fazia, deixava-a ali e voltava duas horas depois. Nesse tempo ele ia até a sua casa e ficava esperando o tempo passar. Assim que estacionou o carro diante do prédio, desceu do carro, abriu a porta e Carolina desceu. Ela sabia que Murilo, provavelmente estaria ali, pois, como ele não tinha nada para fazer, passava quase todo o dia esperando o seu telefonema. Enquanto entrava, pensava: *...não posso ir para casa. Preciso pensar em tudo o que aconteceu. Murilo deve estar aí e, se não estiver, deve chegar a qualquer momento. Tenho que dizer a ele para nada fazer em relação a Patrícia e André. Não posso prejudicar minha filha, não posso mesmo... ela é tão linda e me pareceu tão feliz naquela fotografia...*

Entrou no apartamento. Murilo não estava. Deitou-se na cama e ficou pensando em tudo que descobriu e em como sua mãe estava diferente daquela de que ela se lembrava: *ela está mal mesmo, mas não me importo! Merece isso e muito mais! Quer o meu perdão? Pois que fique querendo! Jamais vou perdoá-la! Jamais!*

Naquele dia, Mário já não agüentava mais a tristeza do filho e desconfiava de Carolina. Ela, que dizia só querer que o filho fosse feliz, estava demasiado satisfeita com o fato de a moça ter brigado com o filho...*Não gosto da expressão do rosto da Carolina. Não sei por que, mas acho que ela teve alguma coisa a ver com a separação do Waldir e daquela moça. Carolina está muito tranqüila e não está nem um pouco preocupada com o sofrimento do filho. Preciso tomar uma atitude, preciso ajudar o meu filho.... Vou fazer isso agora!*

Levantou-se, foi até a garagem, pegou seu carro e saiu.

Deise continuava trabalhando na loja. Estava preocupada com Luzia, que, desde que "Leandro" desaparecera havia entrado em uma depressão profunda. Ficou afastada alguns dias do trabalho. Ela sabia qual era o motivo do sofrimento e tristeza da amiga e a entendia. Nesse dia, vendo que Luzia estava mais triste ainda, se aproximou dizendo:

— Luzia, sei o motivo do teu sofrimento, sei que tem razão, mas não adianta ficar assim. Hoje dona Judite avisou que não vem, por que você não aproveita e vai dar uma volta. Tome um sorvete, ande no parque, não sei, mas faça qualquer coisa para se distrair e parar de pensar no Leandro! Já que tudo acabou mesmo, você tem que recomeçar de alguma maneira. Você é jovem, é tão boa, ainda vai encontrar alguém que te mereça e te ame de verdade. Também sofri e ainda sofro por causa do Waldir, mas sei que tudo o que nos acontece, sempre tem um motivo. Não sei por que esses dois canalhas tiveram que aparecer em nossas vidas, mas já se foram. Acabou, nós temos que continuar vivendo e acreditando em Deus.

Luzia olhou para ela e furiosa, disse:

— Deise, você é minha amiga e sei que está querendo me ajudar, mas essa sua conversa de Deus, de que tudo está sempre certo e que precisamos nos conformar, às vezes me irrita! Deus não tem nada a ver com canalhas como o Waldir e o Leandro! Eles não prestam! Só não entendo, e me custa a acreditar, que Leandro estivesse só brincando! Ele foi sempre muito carinhoso e sincero! Que motivo teria para me enganar? Não consigo acreditar! Deve ter acontecido algo de muito grave! Talvez ele tenha sofrido algum acidente e esteja em um hospital e não teve como me avisar! Preciso descobrir o que aconteceu realmente. Ele nunca me disse o seu sobrenome, se eu soubesse, procuraria saber onde ele mora e ia até lá, mas não sei. Já fui várias vezes ao apartamento dele, onde nos encontrávamos, mas lá ele também não está. Estou me sentindo sufocada, tenho dificuldades para respirar. Vou seguir o seu conselho e sair, andar por aí e pensar no que vou fazer da minha vida.

— Faça isso, Luzia e não se preocupe com a loja. Tomo conta de tudo. Só não perca a hora e volte mais tarde, antes do fim do expediente, senão você poderá ter problemas e até perder o emprego e isso eu sei que você não quer e nem pode.

—Não se preocupe, volto daqui a duas horas. Sinto que vou estar melhor.

Deise sorriu e foi atender a uma cliente que acabava de entrar na loja. Luzia pegou sua bolsa e saiu andando sem destino. Andou, andou e, quando viu, estava diante do apartamento de Murilo olhando desolada para o prédio: *Fomos tão felizes aqui, por que será que ele não veio mais me ver? Não consigo entender...*

Estava pensando, quando viu o carro dele se aproximando. Correu e se colocou na frente do carro. Murilo foi obrigado a parar.

— Luzia, o que está fazendo aqui? A esta hora não deveria estar na loja? — perguntou assustado e nervoso.

Ela chorando respondeu:

— Não sei o que estou fazendo aqui! Deveria estar na loja, sim, mas não consigo fazer mais nada na vida! Fico o tempo todo querendo descobrir por que você fez isso comigo! Por que você me abandonou, Leandro?

Ele percebeu que não teria como se livrar dela e que, ali, no meio da rua, não teriam como conversar. Sentiu que ela não sairia dali sem uma resposta. Sabia que, naquela hora, Carolina não poderia aparecer. Pensou rápido e disse:

— Vamos entrar, tenho que te dar algumas explicações, sim. Você merece, mas não podemos conversar aqui. Espere que eu estacione o carro.

Ela se afastou, ele estacionou o carro, desceu e entraram no prédio. Passaram pelo porteiro que sorriu.

Pegaram o elevador, chegaram ao andar e entraram no apartamento. Assim que a porta abriu, Carolina, que estava lá, ainda deitada, ouviu e sabia que era ele e levantou-se: *Vou me esconder no banheiro, quando ele entrar aqui no quarto vai levar um susto enorme.*

Correu e escondeu-se no banheiro.

Murilo, dentro da sala, abraçou Luzia, dizendo:

— Sei que devo explicações e vou dar todas.

Luzia, alteando a voz, extremamente nervosa, perguntava:

— Por que você desapareceu, Leandro? Fiquei quase louca, te procurei por todos os lugares! Não sabia se havia acontecido algum acidente ou se você estava doente! Por que fez isso, Leandro?

— No começo eu cumpria ordens, mas com o tempo fui gostando de você. Quando meu trabalho terminou, me afastei. Você não tinha mais utilidade. Mas agora, te revendo, sinto que não posso mais ficar sem você. Precisa entender que fui obrigado a fazer o que fiz. Cumpria ordens. Fui obrigado?

— Obrigado como? Você é rico!

— Menti muito para você. Não sou rico...

— Como não? Tem um carro último tipo! Tem este apartamento!

— Nem o carro e nem este apartamento são meus. Nem sequer um trabalho eu tenho. Tudo que tenho, na realidade, pertencem a uma dondoca arrogante da sociedade, que não quer aceitar que está velha e me paga muito bem para ficar ao seu lado. Às vezes não suporto sua presença, mas sou obrigado.

Carolina percebendo que ele estava com alguém na sala, havia saído do banheiro e ficara escondida perto da porta. De onde estava, podia ver e ouvir Murilo e Luzia conversando, mas não podia ser vista.

Ao ouvir Murilo começou a tremer *...sabia que ele estava ao meu lado por causa do dinheiro, mas ele nunca demonstrou que não me suportava. Sempre me tratou com carinho.*

Ficou com vontade de entrar na sala esbofeteá-lo, mas decidiu: *Vou ficar aqui mesmo e ver até onde ele chega!*

Murilo abraçava e beijava Luzia. Ela parou de chorar e disse:

— Não sei o que fazer. Você me enganou, só não entendo o motivo, mas agora, o que preciso saber é o que pretende fazer comigo, Leandro.

— Podemos continuar juntos. Posso continuar te pegando quando sai da loja. Nesse horário, ela nunca pode vir. Vamos continuar nos amando e tudo pode ficar bem.

— Está dizendo que me quer como amante?

— Não diga essa palavra. Você é a mulher que eu amo e te quero ao meu lado para sempre.

— Não posso ser sua amante! Meus pais nunca aceitariam!

— Eles não precisam saber. Vamos continuar como antes.

— Não tenho como esconder. Preciso contar...

— Não pode esconder o quê?

— Estou grávida...

— Grávida?! Como foi fazer uma coisa como essa?

— Você disse que me amava e que ia se casar comigo. Acreditei e não me preveni, mas agora não sei o que fazer... por isso você precisa ir conversar com meus pais e pedir a minha mão em casamento.— ela chorava novamente.

— Não posso me casar! Já sou casado!

— Casado?! — Luzia gritou arregalando os olhos.

— Sim casado e ela quer muito ter um filho, mas não está acontecendo. Tive uma idéia. Vou inventar alguma coisa para a dondoca. Ela sempre faz tudo o que quero. Alugo um apartamento, você se muda para lá e diz para seus pais que vai trabalhar em uma loja que sua patroa comprou no interior. Quando a criança nascer, você me dá e eu levo para minha casa. Você poderá voltar para casa e minha mulher ficará feliz em ter uma criança e nunca desconfiará que é minha. Assim consertaremos a vida de todos nós.

Luzia ficou paralisada e não conseguia acreditar no que ele dizia:

— Não pode estar dizendo isso, Leandro! Deve estar brincando!

— Brincando por quê? Você me dá a criança e tudo fica bem! Garanto que ela será muito bem tratada. A dondoca me dá tudo que preciso! Sua criança terá uma vida muito boa. Não seja tola, Luzia, não existe uma solução melhor que essa! Seus pais e minha esposa nunca descobrirão e nós poderemos continuar juntos.

— Melhor!? Melhor para quem? Acha, mesmo, que vou dar a minha criança? Está enganado, vou ter essa criança e vou criá-la com todo carinho.

— Criar como? Só se for com carinho mesmo, porque dinheiro você não tem. O salário que recebe é uma miséria, além disso, sabe que seus pais vão colocar você para fora de casa... me dar a criança é a única solução...

Luzia ouviu o que ele disse. Sabia que tinha razão em tudo. Seus pais, ela conhecia muito bem, não aceitariam que ela tivesse aquela criança. Seu salário era realmente muito baixo, mas mesmo assim, disse gritando:

— Não sei como vou criar essa criança, só sei que não vou dar a você ou a ninguém. Vai nascer e eu encontrarei uma maneira de criar ela! Você é um monstro, não sei como pude acreditar em você! — Dizia isso chorando, e tremia muito.

— Já te disse, só se ela conseguir viver de amor, porque o resto você não tem!

Carolina, com muita raiva ouvia tudo. Lembrou-se de tudo que passou quando ficou esperando Patrícia. Do desespero que sentiu quando ela foi tirada de seus braços. Não suportou, tomada de fúria entrou na sala, gritando:

— Você foi uma idiota, menina! Assim como você, tantas outras já foram e continuarão sendo! Tenha a sua criança e lute para criá-la. Quanto a você, seu canalha! Vai sair daqui e nunca mais vai voltar!

Ao ver Carolina, Murilo estremeceu e empalideceu.

— Carolina, o que você está fazendo aqui? — perguntou gaguejando.

— Tomando conhecimento do grande canalha que você é! Pode me dar as chaves do carro e do apartamento e não se esqueça dos documentos do carro! Ainda bem que ainda não coloquei em seu nome! Se ainda tem aquela velharia, volte a andar nela! A dondoca aqui não vai mais te sustentar! Saia daqui!

— Espere, meu amor, precisamos conversar...

— Não temos o que conversar, Murilo! Ouvi tudo o que disse para essa moça, por isso pode ir embora e não volte nunca mais.

Luzia não entendia nada e pensava: *Murilo?! Quem é Murilo?*

— Não vou embora! Você mandou que eu a usasse para conseguir fazer o que você tinha planejado! Eu só cumpri suas ordens!

— Não interessa! Era para você se aproximar, não era para ter contato físico, muito menos transar com ela e engravidá-la! Não tem mais conversa, saia daqui!

— Você está nervosa, querida. Precisamos conversar. Luzia, por favor vá embora, depois vou até a loja e vamos conversar também.

— Vá embora, menina e, da próxima vez que encontrar um homem que diz te amar, tome cuidado, porque eles são todos iguais, uns patifes!

Luzia, aturdida, sem entender muito bem o que estava acontecendo, saiu de lá sem nada dizer e o mais rápido possível. Foi para loja, além de estar atrasada, precisava contar para Deise que tinha encontrado *Leandro ... Não, Murilo! Até o nome ele mentiu!*

Assim que ficaram sozinhos, Murilo se aproximou de Carolina tentando abraçá-la. Ela se afastou, dizendo:

— Não precisa mais fingir! Você me traiu e isso eu não aceito! Sempre soube que você estava comigo por causa do meu dinheiro, mas também sempre deixei claro que você era uma mercadoria e que eu pagava muito bem para ter exclusividade. Cansei dessa mercadoria e não estou disposta a pagar mais. Por isso, pode ir embora e nunca mais me procure! — Carolina disse, tentando demonstrar uma calma que não estava sentindo.

— Não posso sair daqui, assim! Como vou viver daqui pra frente?

— Não sei e não me interessa! O problema é todo seu!

— Não é não, minha querida... sabe que sei muito a seu respeito e só uma palavra minha para seu marido, pode fazer com que o seu mundo desabe... — ele disse, com o olhar malicioso e ar de desdém.

— Não vai fazer o que está dizendo, Murilo, mas, se fizer, sabe que tenho muito dinheiro e posso pagar alguém para te matar e à sua mulherzinha também! A propósito, como ela ficaria se soubesse como você tem vivido esse tempo todo e a respeito dessa moça que está esperando um filho seu?

— Não vai contar! Se fizer isso eu te mato!

— Como vê, meu querido. Em toda essa história, quem tem mais a perder é você. Por isso saia daqui e não me procure nunca mais. Não esqueça de deixar as chaves e os documentos! — agora quem estava com o olhar malicioso e ar de desdém era ela.

Murilo, calado, tirou as chaves do carro e os documentos que estavam em seu bolso, jogou sobre a mesa e saiu furioso

Quando saiu do prédio, já na rua, olhou para o alto. Carolina estava na varanda do apartamento, só que agora não acenava com a mão, como sempre fazia. Ele sussurrou entre os dentes:

— Vou matar essa mulher!

A Descoberta

Faltavam quinze minutos para as quatro horas da tarde. Deise estava preocupada porque Luzia não chegava. Ela sabia que, embora Judite houvesse dito que não viria, poderia chegar e, se não encontrasse Luzia, ficaria nervosa e poderia até mandá-la embora. E ela sabia como aquele emprego era importante e necessário para a amiga.

Finalmente, Luzia chegou. Deise, percebendo que ela estava muito nervosa e que havia chorado muito, perguntou preocupada:

— Que mais aconteceu Luzia? Por que está assim?

— Encontrei com Leandro, aliás, nem Leandro ele é, seu nome é Murilo!

— Então, ele mentiu! Ele te contou por que desapareceu?

— Contou, você não vai acreditar! Mentiu o tempo todo, e não só seu nome. Ele não é nada do que dizia!

— Nossa! Não acredito! Ele parecia sincero! Estou morrendo de curiosidade, conte agora, aproveite que não tem cliente.

Luzia contou desde o momento em que se colocou na frente do carro. Deise foi ficando com muita raiva dele e daquela mulher que havia pagado para ele enganar Luzia, perguntou, nervosa:

— Por que ela pagou Le... Murilo para te enganar?

— Não sei, não ele não teve tempo de me dizer, ela entrou na sala quando eu disse que estava grávida.

— Você está grávida? — Deise perguntou assustada.

Luzia começou a rir e respondeu:

— Não! Eu menti! Estava com muita raiva dele e inventei só para ver qual seria a sua reação.

— Qual foi?

Luzia contou tudo, inclusive a proposta que Murilo lhe havia feito.

— É mesmo um canalha! — Deise disse nervosa, mas ao mesmo tempo rindo da peça que Luzia pregou em Murilo.

— Fez muito bem em dar esse susto nele, mas, por outro lado, você poderia ter engravidado mesmo. Já imaginou em que situação estaria se isso tivesse acontecido?!

— Imaginei, sim e estaria perdida. Meus pais me colocariam para fora de casa, disso tenho certeza e eu não teria para onde ir, nem saberia o que fazer.

Estavam conversando quando viram um senhor bonito e elegante entrando na loja. Ele sorrindo se aproximou e disse:

— Estou procurando uma moça que trabalha nesta loja, seu nome é Deise. Qual de vocês é ela?

Elas se olharam curiosas. Luzia, decidida, disse.

— Sou eu, mas não conheço o senhor. Por que está me procurando?

— Muito prazer, senhorita. Meu nome é Mário Mendes Cordeiro, sou o pai do Waldir e preciso muito conversar com você.

Deise, ouvindo a amiga se passar por ela e ao ouvir o nome dele, começou a tremer. Luzia olhou para ela sem saber o que dizer. Não sabia se ela queria conversar com aquele homem. Vendo que Deise estava nervosa, disse:

— Muito prazer, mas por que o senhor precisa conversar comigo?

— O assunto vai ser demorado, acho que não podemos conversar aqui. Se me permitir, vou esperar e, quando sair da loja, poderemos conversar. Está bem assim?

Novamente, Luzia olhou para Deise, que disse:

— Se eu fosse você, aceitaria. Quem sabe ele veio contar por que o filho agiu daquela maneira.

Luzia entendendo o recado, respondeu:

— Está bem, pode me esperar. Quando eu sair, poderemos conversar, só que não pode ser por muito tempo. Não sei se seu filho lhe contou, mas sou pobre, moro na periferia e preciso tomar um ônibus.

— Ele contou, sim. Contou da preocupação que ficou quando seu irmão teve de ser atendido naquele pronto-socorro.

Outra vez elas se olharam. Deise, encabulada, disse à Luzia:

— Deise, acho que você tem mesmo que conversar com esse senhor.

— Está bem, senhor. A loja fecha às dezoito horas, se o senhor me esperar, vamos conversar, só que a minha amiga vai participar dessa conversa.

— Se não tiver problema para você, também não me importo. Estou aqui para esclarecer algumas coisas que ficaram confusas. Vou embora e voltarei às dezoito horas.

Sorrindo se afastou. Deise e Luzia estavam atônitas, Luzia perguntou:

— O que será que esse homem quer com você, Deise?

— Não faço a menor idéia. Ele é um homem bonito e educado também.

— Será que ele vai contar por que o Waldir fez aquilo?

— Não sei, mas deve ser sobre esse assunto que ele quer conversar.

— Bem, de qualquer maneira, a gente vai ter que esperar.

Duas clientes entraram na loja. Deise atendeu a uma delas, e Luzia a outra. Embora atendessem com atenção, olhavam a toda hora para o relógio. Estavam ansiosas que o horário de trabalho terminasse. Continuaram atendendo os clientes e não tocaram mais no assunto, claro que continuaram, também, olhando o relógio.

Assim que chegou a hora, fecharam a loja rapidamente, saíram e viram que Mário estava do outro lado da rua. Assim que as viu, sorrindo, ele se encaminhou na direção delas. Ao se aproximar, disse:

— Não podemos conversar aqui no meio da rua, que tal irmos até aquela lanchonete? Assim, enquanto conversamos, poderemos tomar qualquer coisa.

— Para mim está bom. Que você acha, Luzia? — Luzia perguntou, ainda se fazendo passar por Deise.

Deise estava curiosa e respondeu para a amiga.

— Para mim também está bom.

Foram até a uma lanchonete que havia ali, do outro lado mesma rua. Entraram, Mário escolheu uma das mesas, puxou as cadeiras para que elas se sentassem. Chamou o garçom e perguntou se elas queriam comer um lanche ou beber alguma coisa. Elas disseram que queriam um refrigerante. O garçom serviu-os e afastou-se. Mário olhando para Luzia, disse:

— Sei que a senhorita não está entendendo a minha presença, mas garanto que logo entenderá.

— Não estou mesmo. Seu filho brincou com meus sentimentos, mentiu e me enganou. Por isso não sei qual o motivo desta conversa.

— O motivo é exatamente esse. Meu filho, mentiu, sim, mas não a enganou nem quis brincar com seus sentimentos. Ele a ama muito e está sofrendo com essa separação, por isso estou aqui para esclarecer tudo.

Luzia olhou novamente para Deise, que disse:

— Obrigada, Luzia, mas me parece que esse senhor está sendo sincero. Acho que não devemos continuar enganando-o. Senhor, — disse voltando-se para Mário que, agora, era quem estava confuso; e ela continuou — meu nome é Deise, esta é minha amiga Luzia que, por não saber o que o senhor queria, se fez passar por mim, mas foi a mim que seu filho enganou, foi comigo que ele brincou. Se tiver algo para me dizer, peço que diga, mas nada do que disser fará com que meus sentimentos mudem. Sofri muito e, quando descobri, cheguei até a odiar o seu filho, mas hoje tudo passou. Não o odeio mais, sei que cada um tem um ritmo, mas não quero mais saber dele e nem quero sua presença.

Mário, impressionado com suas maneiras e com o tom de voz que ela usou, *afinal ainda é uma menina*, sorrindo, disse:

— Estou aqui justamente para esclarecer. Quando meu filho conheceu você, ele gostou muito e queria namorar sério, mas, como já tinha tido experiências com outras moças que namorou e que, mais tarde, descobriu que único interesse delas era o seu nome e dinheiro, resolveu dizer que era pobre, para conhecer você melhor. Eu o avisei que era perigoso, porque mentira nunca dá certo, mas ele não me ouviu. Dizia que você era diferente e, a cada dia, mais se apaixonava. No dia em que você descobriu, ele ia contar toda a verdade, mas, como eu o havia prevenido, era tarde.

— O senhor está dizendo a verdade?

— Claro que estou! E só estou fazendo isso porque amo meu filho e sei que ele está sofrendo muito.

— Ele sabe que o senhor veio aqui?

— Não, não faz a menor idéia. Só resolvi vir porque ele está sofrendo e para tentar descobrir quem contou sua verdadeira identidade e assim descobrir, também, o motivo. Se você puder me dizer quem contou, talvez eu possa descobrir o mandante.

— Foi o Leandro, ou melhor Murilo! — Luzia quase gritou.

— Quem é Leandro ou Murilo?

— Um dia ele apareceu na loja. — E ela contou tudo o que havia acontecido até aquela tarde, quando o reencontrou e também conheceu a mulher que havia mandado ele fazer tudo aquilo.

Enquanto ela falava, Mário ouvia atentamente. Quando ela terminou de falar, ele, nervoso, perguntou:

— Quem é essa mulher?

— Não sei, só a vi hoje. Me pareceu ser muito fina e deve ser muito rica também. O carro último tipo que ele usa e o apartamento em que ele mora foi ela quem deu de presente.

Mário desconfiado, mas só para ter certeza, tirou do bolso uma carteira e dela uma fotografia de Carolina. Mostrando para Luzia, perguntou:

— É esta a mulher?

Luzia pegou a fotografia, olhou atentamente, depois disse:

— Nessa fotografia ela está um pouco diferente, mas é ela mesma!

— Eu sabia! Hoje pela manhã quando conversamos, percebi algo de suspeito. Por isso resolvi vir até aqui e esclarecer minha dúvidas. — Mário disse muito nervoso.

— Quem é ela? — Deise perguntou curiosa.

— É minha esposa, a mãe do Waldir.

— Por que ela faria uma coisa dessas com o filho?

— Ela é prepotente, Deise, não quer que o filho se case com uma moça pobre como você, quer que se case com alguém com fortuna e prestígio. Agora, quero que preste atenção e acredite no que vou te dizer. Meu filho é um moço bom e te ama. Quer realmente se casar com você. Pode deixar que eu me entendo com a mãe dele e, se você ainda gosta dele e assim quiser, peço a ele que venha te encontrar amanhã, assim poderão conversar e planejar o futuro. Gostei de você, sei que é uma moça honesta e trabalhadora e estou feliz pelo Waldir ter escolhido você. Quer que ele venha?

Deise não sabia se chorava ou ria, respondeu:

— Eu disse ao senhor que não queria mais saber dele, mas estava mentindo. Não deixei de pensar nele um só minuto, mas, como pensava que ele havia me enganado, brincado com meus sentimentos, achei melhor tentar esquecer e seguir minha vida. Mas foi inútil, não consegui e por isso estava sofrendo muito. Quero que ele venha, sim, e, por favor, diga a ele que o amo muito e que estou esperando ansiosa. Quanto à sua esposa é uma pena que ela seja assim, mas aprendi com a minha religião que nunca devemos julgar ninguém... sabe-se lá o que eu fiz para ela em uma outra vida...

— Waldir me contou sobre essa historia de espíritos e espiritismo, confesso que fiquei preocupado. Foi a única coisa que ele não aceitou em você. Ele é um pouco receoso quanto a isso e eu também.

— Percebi isso, mas, quando eu lhe falava a esse respeito, ele prestava atenção e via que em muitas coisas, ou em todas, eu tinha razão. Mas isso não importa agora... o que importa realmente é que eu o amo e estou morrendo de saudade. — ela disse rindo.

— Puxa, Deise! Você vai se casar com um homem muito rico! Que sorte!

— Muita sorte mesmo, Luzia. O dinheiro é sempre bem-vindo, mas o que me deixa feliz é que ele é um moço bom e que me ama de verdade, assim como eu o amo também.

— Tem razão, minha filha. Agora está tarde, precisamos ir embora, vou acompanhá-las. Sei que vocês moram na periferia e que perderam o ônibus.

— Não precisa, senhor. Ainda tem ônibus. Podemos esperar. — disse Deise.

— Pois eu aceito sua oferta. Já está tarde mesmo e lá onde moro as ruas são muito escuras e eu tenho um pouco de medo de chegar fora de hora. Quando chego, no horário normal, sempre tem vizinhos meus chegando também. A esta hora... não sei.

Deise, por debaixo da mesa beliscou a perna de Luzia que gritou. Mário percebeu e rindo, disse:

— Não precisa ficar com vergonha, Deise. Mesmo que não queira, vou acompanhar as duas. Nunca deixaria que, assim tão tarde, fossem sozinhas. Venham, meu carro está ali no outro lado da rua.

Deise, percebendo que havia sido descoberta, sorriu:

— Está bem, confesso que também sinto um pouco de medo quando perco o ônibus que estou acostumada a pegar.

— Eu não permitiria que vocês fossem sozinhas. Estou agradecido por terem me ouvido e ajudado a esclarecer o que aconteceu. Vamos para meu carro?

Elas, sentiram que não havia o que temer e o acompanharam até o carro.

Nada Permanece Escondido

Logo que Murilo saiu, Carolina, que ainda estava na varanda do apartamento, viu José se aproximando e estacionando o carro. Pegou as chaves e o documento do carro e saiu. Assim que chegou na rua, José, que a estava esperando, abriu a porta do carro e ela entrou. Ele retornou para o seu assento, ligou o motor e saiu. Enquanto ele dirigia, Carolina, calada, pensava: *hoje o dia definitivamente não foi bom para mim. Ao mesmo tempo em que fiquei feliz por descobrir o que havia acontecido e onde minha filha está, descobri que ela está noiva do homem que Paula quer de qualquer maneira. Depois Murilo, aquele canalha! Sempre soube que ele estava ao meu lado por causa da boa vida, mas nunca pensei que ele fosse assim, tão sem escrúpulos. Como pôde fazer uma proposta daquelas para uma moça tão desesperada? Os homens são todos iguais! Ele fez a mesma coisa que o Jair, quando fiquei esperando a Patrícia. Jair não fez proposta alguma, apenas desapareceu. Patrícia... ao menos o nome é bonito. Escolheram bem...*

— Vamos para casa, senhora? — José ousou perguntar, vendo que ela, distraída e pensando, não havia ordenado aonde iam.

— Sim, José... para casa.

Ele continuou dirigindo e ela pensando: *Murilo se tornou perigoso. Ele não vai se conformar em perder a vida boa que eu lhe dava. Pode muito bem fazer o que disse. Se ele contar ao Mário e ao Waldir o que fiz, eles não vão me perdoar. Preciso pensar em uma maneira de tirá-lo do meu caminho. Não sei como fazer, pois foi sempre ele que cuidou daqueles que me incomodavam. Vou pensar em uma maneira e, como sempre, sei que vou encontrar. Agora preciso pensar também no que vou fazer com Paula. Não posso prejudicar uma em favor da outra...*

Chegaram em casa. José estacionou, deu a volta e abriu a porta. Carolina, sem olhar para ele, desceu e entrou em casa. Estava irritada e, quando começava a subir a escada, encontrou com Paula, que descia. Ao ver a mãe, ela disse nervosa:

— Mamãe, precisamos conversar!

— Hoje não, Paula, estou com dor de cabeça...

— Tem de ser hoje, mãe! — Paula gritou.

— Não grite, Paula! Já te disse que não! Chega!

— Tem de ser hoje, mamãe! — Paula disse suplicante.

Carolina, com mau humor, vendo que a filha não a deixaria em paz, disse:

— Está bem, mas preciso tomar um banho rápido. Vamos ao meu quarto e, assim que eu acabar, vamos conversar e ver o que de tão importante você tem para me dizer.

Dizendo isso, saiu em direção ao quarto. Paula acompanhou-a. Entraram no quarto. Carolina jogou a bolsa sobre a cama e foi para o banheiro. Paula deitou-se na cama e ficou esperando a mãe voltar.

Carolina, no chuveiro, pensava em como resolveria a situação: *Ela vai perguntar o que vou fazer em relação ao André. Preciso achar uma maneira de conseguir um pouco mais de tempo. Preciso conseguir com que ela deixe de se interessar por ele. Patrícia parecia tão feliz naquela fotografia...*

Ao sair do banho, voltou para o quarto. Sentou-se em frente à penteadeira e começou a ajeitar os cabelos. Paula, impaciente, levantou-se, perguntando:

— Como é, mamãe, já encontrou uma maneira de separar André daquela mulher?

— Ainda não, Paula. Estou com muitos problemas. Mas, não se preocupe, logo encontro.

— Não pode demorar, mamãe, eles ficaram noivos, vão se casar e depois vão para a Europa. Se não agirmos logo, vou perder o André para sempre.

— Tenha calma, Paula. Vou resolver tudo. Perdeu a confiança na sua mãe? Estive pensando e não sei se ainda vale a pena você querer André. Como você mesma disse... eles vão se casar...

— Que está dizendo, mãe? Foi a senhora quem sempre me incentivou para insistir no namoro!

— Tem razão, mas você sempre disse que não adiantava, porque ele não gostava de você, não foi sempre assim?

— Foi, mas agora não é mais! Ele vai se casar com outra e isso eu não vou permitir! A senhora esqueceu da fortuna e do prestígio da família dele?

— Não esqueci, mas sei que você não gosta dele e, se for só por dinheiro, não vale a pena. Casar sem se gostar... depois vai ser muito difícil, e tanto ele como você vão ser infelizes! Isso eu não quero para você.

— Não estou acreditando nisso que está dizendo! Como pôde mudar tão de repente?

— Não mudei, apenas pensei em você. Não sei se vai ser feliz casando sem amor.

— Não vou aceitar isso, mamãe! Vou destruir aquela mulher! — Paula gesticulava e gritava.

— Você não vai fazer nada! Deixe que eles se casem e sejam felizes!

— Mamãe, não estou conhecendo essa mulher que está na minha frente! A senhora jamais permitiria que toda a fortuna e o prestígio da família de André escapassem das suas mãos! Deve ter acontecido alguma coisa! O que foi, mamãe? Preciso saber!

— Não aconteceu nada, só estou pensando na sua felicidade. É difícil de entender? Você é jovem e bonita. Seu pai também tem fortuna e prestígio, não precisa de um casamento por interesse. Pode encontrar alguém de quem goste realmente e só assim conseguirá ser feliz.

— Embora a senhora negue, sei que aconteceu alguma coisa e, com certeza, foi algo muito grave. Mas não vou perder André! Eu mesma vou pensar em alguma coisa, mas não vou permitir que ele se case com aquela vagabunda!

Carolina, num impulso, deu uma bofetada no rosto de Paula, que caiu sobre a cama. Estava com tanta raiva, que não conseguiu chorar. Disse gritando, quase fora de si:

— A senhora me bateu por causa de uma desconhecida! Eu a odeio! Quero que morra!

Saiu correndo do quarto e só aí começou a chorar.

Carolina, desnorteada, também começou a chorar. Ela que não estava acostumada a isso, pois sempre foi muito segura de si.

Ficou ali por um bom tempo pensando no que a levara a fazer aquilo, ela mesma não entendia... *desespero?! Não, não posso me desesperar, depois converso com Paula e faço com que me perdoe e deixe Patrícia em paz. Agora preciso me concentrar em Murilo, ele sim é o meu pior inimigo.*

Voltou para a frente do espelho. Passou pó no rosto e, com todo o cuidado, pintou sua boca com um lápis de contorno e batom. Só parou quando achou que a maquiagem estava ótima. Respirou fundo e sorriu... *agora sim, voltei a ser quem sempre fui. Não posso perder a cabeça, sei que vou conseguir consertar tudo.*

Nesse ínterim, Murilo também chegara em casa. Veio de táxi e entrou nervoso. Ao vê-lo chegar daquela maneira, Lia perguntou, preocupada:

— Que aconteceu, meu amor? Por que veio de táxi? Onde está o seu carro novo?

Ele, tirando o paletó e a gravata, disse quase gritando:

— Até agora não sei bem o que aconteceu! Só sei que estou desempregado. Carro, agora, só o nosso velho, que você vai ter de me emprestar... Estamos sem mais nada!

— O quê?!

— É isso mesmo que ouviu! Estou desempregado, sem nada! Perdi tudo!

— Confie em mim, Murilo. Conte o que aconteceu. Por que perdeu tudo?

— Um cliente... não se preocupe, tenho certeza que é um mal-entendido, uma situação passageira. Em breve vou recuperar tudo e ainda mais!

— Mas como vai fazer isso?

— Deixe por minha conta! Agora, venha até aqui, me abrace e me beije. — ele disse, aproximando-se dela e abrindo os braços para abraçá-la. Ela se aconchegou a ele, perguntando:

— Aquela mulher te abandonou?

— Que mulher? — Perguntou, assustado e afastando-se dela.

— Não se preocupe, faz tempo que descobri tudo.

— Descobriu o quê? Como?

— Descobri que você não trabalha há um bom tempo. Que freqüenta um apartamento em um dos locais mais ricos da cidade. Que tem um caso com uma mulher da sociedade e que é ela quem paga nossas contas. Mas não se preocupe, isso não me incomoda, desde que a nossa boa vida continue. Mas pelo que parece, essa vida está acabando...

— Como descobriu? Sempre tomei o maior cuidado para que você nunca desconfiasse...

— Venha, vamos nos sentar, vou te contar como descobri.

Ele, ainda atônito, acompanhou-a até o sofá e sentou-se nele. Lia foi ao bar, preparou um drinque para os dois e sentou-se ao lado dele. Enquanto bebiam, ela foi falando:

— Lembra-se do dia em que eu disse que precisava comprar um presente de aniversário para a minha mãe?

— Lembro, mas o que tem isso?

— Fui a uma loja que a Vera havia me indicado. Ela disse que lá era uma loja de muito bom gosto e que eu encontraria um presente. Quando cheguei, faltava pouco tempo para a loja fechar. Estava, apressada e, ao me aproximar, vi você parado em frente à loja, com rosas nas mãos parecendo esperar alguém. Parei e fiquei esperando para ver o que você ia fazer. Vi quando a moça da loja saiu e você a beijou e entregou as rosas. Fiquei petrificada, sem saber o que fazer. Você sabe que te amo muito e que não posso imaginar minha vida sem você. Por isso fiquei ali parada. Vocês começaram a andar em direção ao carro. Rápido entrei no meu e, assim que vocês entraram no carro, eu os segui. Foram até o tal apartamento. Fiquei ali parada durante todo tempo. Depois vocês saíram abraçados. Eu estava revoltada, mas, ao mesmo tempo, com medo de te perder. Durante vários dias te segui. Fiquei intrigada porque você passava quase o dia todo naquele apartamento. Não sabia... eu precisava descobrir como você ganhava dinheiro, se não saía daquele apartamento. Um dia, eu estava em frente ao apartamento, quando vi chegar um carro com um motorista, e dele desceu uma senhora. Fiquei espantada com o tamanho e beleza do carro. Continuei ali. Quando ela saiu, vi que olhou para cima e que você estava na varanda do apartamento. Ela, com a ponta do dedo, te mandou um beijo e você retribuiu. Foi aí que descobri de onde vinha o dinheiro. Senti vontade de entrar, mas ao mesmo tempo eu sabia que, se fizesse isso, teria que tomar uma atitude, sabia também que essa atitude seria te abandonar e isso eu não queria. Sabia que, se eu fizesse qualquer coisa, corria o risco de te perder e de ficar sem a vida boa a que já estava acostumada. Resolvi me calar. Só não entendia por que você continuava se encontrando com a moça da loja, mas não me importava, o que eu queria mesmo era continuar ao seu lado e com a minha boa vida. Tinha certeza de que, quando chegasse à hora, você me contaria tudo, e acho que a hora chegou.

— Parece que você sabe tudo mesmo. Sendo assim, só me resta contar tudo desde o começo.

Ele contou tudo, desde quando conheceu Carolina, do seu plano para afastar Waldir de Deise, do seu envolvimento com Luzia e da proposta que ele havia feito e do medo que sentiu quando Carolina disse que contaria tudo para Lia.

— Agora não precisa mais ter medo. Pode fazer com ela o que quiser. De tudo que me contou, só não entendi uma coisa: Você teria mesmo coragem de trazer a criança aqui para nossa casa? Mentiria tanto?

— Sabe o quanto te amo, e só queria te ver feliz. Já que está difícil de termos o nosso filho, por que não criarmos o meu filho? Sei que você o amaria muito.

— Não sei se ficaria feliz sendo enganada mais uma vez. Agora que me contou, se quiser e se a moça aceitar, pode trazer a criança. Vou cuidar muito bem dela. Mas agora precisamos pensar em uma maneira de você recuperar o que perdeu. Aquela mulher pagou para você satisfazer as vontades dela. Fez com que você deixasse o emprego para ficar disponível o tempo todo. Não pode simplesmente te mandar embora. Tem que nos dar, e vai continuar dando, a mesma vida que deu até aqui.

— Como? — Murilo estava abismado, aquela era uma Lia que ele desconhecia.

— Ora, meu amor. Agora que sabe que sei tudo, que não tem mais medo de me perder, pode fazer o que quiser com ela. Pode contar tudo ao marido e, se fizer isso, ela sabe que estará perdida e, com certeza, não vai querer isso. Portanto, para que você não conte, ela vai ter que devolver o carro, o apartamento e continuar dando aquele dinheiro todo. Só que, desta vez, terá que passar o carro para o seu nome e te dar o dinheiro com que teria de pagar o aluguel do apartamento. Como vê, meu amor. Tudo está melhor que antes. Agora vamos jantar e depois nos amar muito! Para que você esqueça todas as suas preocupações. Deixe tudo por minha conta.

Foi o que fizeram.

Esclarecendo Dúvidas

Mário, enquanto as levava para suas casas, conversava com Luzia e, principalmente, com Deise, agora que sabia ser por ela que Waldir estava apaixonado.

— Deise, não precisa se preocupar, assim que chegar em casa, terei uma conversa decisiva com Carolina. Pode ter certeza que tudo vai ficar bem. Vou conversar com Waldir. Sei que ele também ficará muito feliz e amanhã mesmo vai querer ir até a sua casa. Espero que você concorde.

— Claro que concordo! O senhor nem imagina como fiquei feliz por saber que ele não mentiu e que gosta de mim tanto como gosto dele.

— Só tem uma coisa. Apesar de tudo, Carolina é mãe dele, e eu não gostaria que ele viesse a saber que tipo de pessoa ela é. Por isso, peço que não comente sobre o que descobrimos. Vou dizer que fui te procurar e te convenci que ele gosta realmente de você. Eu vou me entender com ela, mas não quero que meus filhos sejam envolvidos.

— O senhor tem que contar, sim! —Luzia interrompeu, nervosa. — Ele tem que saber quem é a mãe dele e o que ela é capaz de fazer!

— Espere, Luzia. Ele tem razão, Waldir sofreria muito se descobrisse o que a mãe fez, e isso não vai adiantar. O importante é que ele gosta de mim. O resto é só resto.

— Não poderia esperar outra coisa de você, Deise. O que realmente importa é a felicidade do meu filho e essa ele vai encontrar ao seu lado. Quanto à mãe dele, Luzia, não precisa se preocupar. Vou me separar dela e isso é uma coisa em que ela não quer nem pensar. Não quer ser uma mulher descasada, por causa de suas amigas e da sociedade. Depois de tudo que descobri, não tem como continuarmos juntos. Devo ter servido de chacota para as pessoas, além de ela quase ter destruído a vida do meu filho, que não só não merece como também é o meu bem mais precioso. Eu adoro meu filho e, ao contrário da mãe, faço mesmo tudo para ele ser feliz.

— Não vou dizer o que descobrimos. O senhor pode ficar sossegado.

— Não poderia esperar outra coisa de você.

Mário continuou dirigindo e, à medida que foi se aproximando do bairro onde Luzia morava, ficou calado e pensativo. Deise percebeu e perguntou:

— Que aconteceu? Por que está tão pensativo?

— Estou entendendo o que Waldir sentiu quando conheceu este outro lado da vida.

— Ele contou?

— Sim, naquela noite, ele chegou em casa amargurado. Disse que nunca havia imaginado que a pobreza era tão triste. Eu não entendi e até brinquei com ele.

— Sei que ele ficou impressionado, mas pensei que fosse de revolta por ser pobre. Conversamos muito.

— Ele disse... foi quando falaram sobre espíritos, não foi?

Antes que Deise respondesse, Luzia, disse:

— O senhor pode parar aqui mesmo. Moro naquela rua lá na frente.

— Vou te deixar em casa. — disse parando o carro.

— Deus me livre! Se meus pais me virem chegando em um carro como este, vão pensar um monte de bobagem e os vizinhos, então! O senhor nem imagina. Aqui está muito bom!

— Está bem, se acha que está bom, pode descer e obrigado. Desculpe por tudo que passou sem ter nada a ver com a nossa família.

— Não tenho o que desculpar. Quem mandou eu ser idiota e acreditar no que aquele mentiroso me disse. Estou feliz pela Deise e pelo Waldir, sei que se gostam realmente. Eu vou esperar, quem sabe o meu príncipe encantado chegue algum dia.

— Vai chegar, você é uma boa moça.

— Boa, mas não bonita... comum como tantas outras... e pobre... mesmo assim obrigada e boa-noite. — ela disse, descendo do carro.

— Boa-noite e seja feliz.

Assim que ela desceu, Mário ligou o carro e seguiu em direção à casa de Deise.

— Estávamos falando da sensação que Waldir sentiu naquela noite em que conversaram sobre espíritos e espiritismo.

— Foi isso mesmo. Ele estava revoltado com as diferenças que existem no mundo. Eu disse que essas diferenças são a justiça de Deus. Ele ficou mais revoltado ainda.

— Eu também não aceito isso! Como Deus, se é que existe, pode ser tão cruel e deixar que seus filhos vivam dessa maneira? Sem o mínimo de conforto? Gostei muito de te conhecer. Sei que é uma boa moça, mas o que está dizendo não posso aceitar. Se seguirmos esse raciocínio vai me dizer que todas as pessoas pobres estão sendo castigadas e as ricas premiadas? Sinto muito, não posso aceitar mesmo! Sabe que tenho uma empresa. Procuro pagar um bom salário para que meus funcionários tenham uma vida digna. Converso muito com eles e sei que, pobres ou não, são pessoas boas. Olhe a Carolina! Tem tudo o que quer. Não tem nada para se preocupar, mas nunca está satisfeita, sempre querendo mais e fazendo qualquer coisa para conseguir. Olhe o que ela fez para separar o Waldir e você, simplesmente porque é uma moça pobre! Acha mesmo que Deus a está premiando, dando-lhe fortuna e castigando você e sua mãe?

— Eu não disse isso. Deus não premia os ricos nem castiga os pobres. Ele dá a chance de cada um escolher nascer no lugar que quiser para o seu melhor aperfeiçoamento. O corpo físico é só um instrumento para a evolução do espírito e esse, sim, é importante para Deus.

— Quanto mais você fala menos entendo. Está dizendo que cada um escolhe onde vai nascer e como vai viver e que alguns escolhem nascer pobres e outros ricos?

— É isso mesmo. Deus dá a todos a chance de reparar seus erros e evoluir sempre. Somos todos espíritos imperfeitos que estamos aqui para consertar falhas passadas ou apenas para ajudar algum irmão ou amigo que cometeram faltas graves. O caminho da evolução é longo. Por isso nascemos e renascemos quantas vezes forem necessárias. Deus, além de sábio é um Pai amoroso, que muito nos ama e sempre nos dará novas chances. Nem sempre temos explicação para tudo que acontece, mas ele, com certeza, sabe o porquê das coisas.

— Acredita mesmo em reencarnação?

— Sim, pois sem ela não haveria respostas para muitas perguntas. Como alguém pode nascer com saúde e outros não! Como alguém pode nascer com um corpo perfeito e outros não? Como alguém pode ser rico, ter tudo e outros serem pobres e às vezes não ter sequer o suficiente para se alimentar? Por que um jovem com saúde perfeita morre em um acidente e outro, doente, debilitado, continua vivendo? Por que um jovem ou uma criança morrem enquanto outros vivem até a velhice? Como pode ver, fora da reencarnação não existem respostas. Sem ela nada mais existe, nem Deus. Porque Ele não seria um Deus verdadeiro se preferisse um filho e não o outro, se tivesse filhos preferidos. Ele existe, sim, e é um Pai amoroso. Através da reencarnação e do livre-arbítrio nos dá a chance de resgatarmos todos os nossos erros, enganos e dá-nos condições para evoluirmos.

— Não consigo entender. Diz que voltamos para resgatar erros passados, de outras vidas... Como isso pode ser feito, se não nos lembramos do que fizemos?

— Mais uma vez entra Deus. Se soubéssemos o que fizemos, não existiria mérito algum. Por não saber é que vivemos as mesmas situações do passado, para ver se, desta vez, agimos diferente ou não. Depende só do nosso livre-arbítrio.

— Quer dizer que as situações se repetem?

— Sim, até podermos superá-las. Por isso não podemos conhecer o passado e nem saber quais foram nossos amigos ou inimigos. Começando do zero, podemos fazer nossas escolhas sem interferência de nada e ninguém.

— Reencarnação, destino? Acredita mesmo nisso? Se acreditar, vai contra o que prega. Se existir mesmo o destino, nada poderemos fazer, desde que já está tudo escrito.

— Ao contrário, destino é tudo aquilo que não pode ser mudado. Uma pessoa, pode nascer pobre, estudar e se tornar, talvez, não rica, mas com uma condição melhor. Para isso não faltará oportunidade. Sua esposa, por exemplo. Deve ter escolhido nascer rica para poder ajudar, resgatar erros passados e, o mais importante, perdoar, mas, ao invés de pensar em um modo de conseguir isso, perde horas preciosas para descobrir uma maneira de destruir alguém. Deus deu a ela o que pediu, só que ela está usando mal e por isso terá que responder, nesta ou em outra vida. Tudo que fazemos de bom ou de mau será devolvido a nós. Essa é a justiça de Deus. Ele não tem pressa, está sempre nos dando novas oportunidades. O perdão é o melhor caminho para se chegar à perfeição.

— Está dizendo que devo perdoar Carolina? Nem pensar! Ela é ruim, prepotente e egoísta! Quase destruiu a vida do nosso filho! Isso não dá para perdoar, nunca! Você mesmo, vai perdoar Carolina?

— Sim, e o senhor também deveria. Não sabemos quais foram os motivos, nem o que fizemos para ela em outra vida. Ela também deveria nos perdoar, mas já que não o fez, cabe a nós fazermos a nossa parte.

— Acha realmente que eu conseguiria viver mais um dia sequer ao lado dela?

— Não precisa viver ao lado dela, mas também não precisa guardar ódio ou rancor. Pense nela como alguém que está desviada do rumo e peça a Deus que ela consiga uma maneira de voltar. Em suas orações, peça, pois, perdão a ela, se, em outra vida, um dia a prejudicou. Nunca se sabe, não é mesmo?

— Desculpe, mas está além das minhas forças. Não posso perdoá-la, não neste momento.

— O ódio, o rancor e a mágoa só fazem mal para quem os sente. Não trazem paz. Neste momento, sei que é difícil, mas com o passar do tempo vai ver que não é.

— Você é perigosa, menina! — disse Mário, rindo.

— Por que está dizendo isso?

— Você faz com que a gente pense. Waldir chegou muito nervoso e confuso naquela noite. Confesso que eu também estou. Nunca pensei na vida da maneira como você está me mostrando. Não é muito jovem para pensar tão sério? Não deveria estar mais interessada em passear, namorar e coisas próprias da sua idade?

— Quem disse que não faço essas coisas? Gosto de dançar, namorar, passear, mas não posso deixar de pensar na vida, também. Aprendi com meu pai, que, tenho certeza, é um espírito iluminado. Penso que ele veio somente para preparar o nosso caminho, meu e de meus irmãos.

— Ele morreu muito cedo, não foi?

— Foi, se não tivesse aprendido tudo o que ele me ensinou, talvez não tivesse aceitado sua morte e seria uma pessoa revoltada.

Mas, desde que me lembro, ele sempre falou sobre a vida e a espiritualidade e dizia rindo:

"— Não adianta você ler livros que falem sobre a espiritualidade, freqüentar a casa espírita, ouvir e dar palestras, tomar e administrar passe, se não aprender a viver a Doutrina. Ela ensina tudo que precisamos fazer para podermos viver em paz e sermos felizes. Não adianta dizer aos outros que precisa perdoar, se você mesma não perdoar. Não adianta dizer que se deve aceitar a morte de alguém, se você mesma não aceitar. Não adianta dizer que devemos aceitar as provações e entregar nas mãos de Deus os momentos ruins, se você mesma não aceitar e fizer a mesma coisa."

— Nisso acho que ele tinha razão. Conheço indivíduos que se dizem cristãos, freqüentam as mais diferentes religiões e são ruins por natureza e outros que se dizem ateus, mas têm um coração que vale ouro. Ajudam e estão sempre dispostos a dar uma palavra amiga.

— Está vendo como meu pai tinha razão? Ele dizia, também, que não adianta se dizer que perdoou se, com raiva no coração, também se diz: *"Entrego tudo nas mãos de Deus! Ele fará justiça!"* Como se Deus se intrometesse nas mágoas de qualquer um e castigasse a outra pessoa só porque queremos... não é assim que funciona. Deus aceita o pedido de perdão de qualquer um, desde que seja sincero.

— Estou impressionado com tudo que conversamos. Vou fazer o possível para perdoar e não guardar mágoa da Carolina. Mas... conviver com ela?! Isso não poderei... acho que nunca mais.

—Tem esse direito. Talvez afastada do senhor, ela encontre o seu caminho. Não sabemos por que as coisas acontecem, por isso é que devemos entregar tudo nas mãos de Deus. Olhe, estamos chegando na minha rua. Se quiser, pode parar aqui mesmo, assim não terá de fazer esforço para manobrar o carro, que a rua é sem saída e muito estreita.

— Nada disso, vou te deixar na porta da sua casa. A não ser possa haver comentários, de sua mãe e dos vizinhos...

— Não se preocupe com isso, minha mãe me conhece. Conheceu Waldir e gostou muito dele. Quando eu estava com muita raiva, ela me fez pensar no perdão e em entregar tudo nas mãos de Deus. Sei que vai ficar muito feliz em saber que tudo não passou de um plano para nos separar. Pode entrar na primeira travessa à direita, é onde moro e... obrigada por me deixar em frente à minha casa.

Mário obedeceu. Parou o carro na casa que ela lhe mostrou. Desceu do carro e abriu a porta para que ela descesse. Segurou em sua mão, dizendo:

— Não se preocupe, minha filha. Hoje mesmo vou conversar com Waldir e amanhã ele virá te procurar. Gostei muito de te conhecer e conversar sobre esses assuntos que desconhecia. Sei até que, a partir de agora, vou pensar muito a respeito. Você é uma boa moça. Sei que, ao seu lado, meu filho será feliz. Boa-noite.

— Obrigada por suas palavras. Gosto muito do Waldir e, no que depender de mim, ele será feliz. Boa-noite.

— Sei disso, mas agora entre.

Ela sorriu, abriu o portão e entrou. Ele manobrou o carro, e foi embora. No caminho, pensava em tudo que ouvira... *é, dá até o que pensar. Se não existir reencarnação, Deus não é justo mesmo. Quanto a perdoar... é muito difícil... como posso perdoar Carolina? Vou chegar em casa e conversar com ela. Dizer que sei de tudo e que quero a separação. Não tenho outra coisa a fazer.*

Deise entrou em casa. Sua mãe, assim que a viu, percebeu que alguma coisa havia acontecido. Curiosa, perguntou:

— Que aconteceu, Deise, você parece que está tão feliz!

— Estou mesmo, mamãe e a senhora nem vai acreditar! O pai do Waldir esteve lá na loja e conversamos muito!

— Ele foi à loja? Fazer o quê?

Deise contou tudo o que havia acontecido. Quando Deise terminou de falar, sua mãe disse:

— Como uma mãe pode fazer uma coisa dessas? Desejar o mal para seu filho?

— Custei a acreditar, mas ele estava falando a verdade. Waldir gosta mesmo de mim, mamãe! Ele escondeu que era rico, para ver se eu gostava dele ou do seu dinheiro. Confia muito no pai e desde o primeiro dia contou para ele do nosso namoro. Contou até da crise de asma do Decinho. A mãe foi quem planejou tudo aquilo, só para separar ele de mim. Ela quer que ele se case com alguém rica como eles, da nata da sociedade. O pai do Waldir disse que ela é prepotente e egoísta, por isso sei que ela nunca vai me aceitar.

— Sabe, filha, por um instante, enquanto me contava, senti raiva, mas me lembrei do que seu pai sempre dizia: "quem somos nós para julgar". Não somos ninguém mesmo, não é? O importante é que tudo foi esclarecido e que você agora poderá ser feliz ao seu lado. Quanto à mãe dele, peçamos a Deus que ela encontre o caminho de volta.

— Tem razão, mamãe, mas, por agora, estou muito feliz e não vejo a hora de me encontrar com o Waldir. O pai disse que ele vem amanhã. Quero estar bem bonita, mamãe! Estou mesmo muito feliz.

— Que bom, minha filha. Agora vamos jantar e depois dormir. Amanhã será um novo dia, cheio de promessas de felicidade.

— É isso mesmo, mamãe.

Mário, em vez de ir direto para casa, antes passou em um bar que conhecia e onde costumava ir com clientes e amigos. Precisava pensar no que ia dizer a Carolina... e fazer com ela. No primeiro momento, sentia vontade de bater nela e contar tudo para Waldir e Paula, mas achou que seria melhor que eles não soubessem, afinal, apesar de tudo... era a mãe deles. No bar, sentou-se a uma mesa e pediu um bom *whisky* escocês com pouco gelo. O garçom o serviu. Com o copo na mão, ouvindo os pequenos estalos do gelo ao derreter, continuava pensando... *mas Carolina agiu muito mal. Eu já devia saber que ela faria qualquer coisa para separar aqueles dois. Sempre mentiu e foi dissimulada. Agora não tem outro jeito, vou ter de tomar uma atitude. Deise disse que devo perdoar, não sei se no futuro vou conseguir, mas agora, neste momento, não posso, sei que não consigo...*

Estava distraído, pensando e não percebeu alguém que se aproximou de sua mesa.

— Olá, Mário! Há quanto tempo não nos vemos!

Mário levantou a cabeça e reconheceu o homem que lhe falava.

— Odair! Que bom te ver, faz muito tempo mesmo! Como está passando?

— Estou muito bem. Estava sozinho em casa, me deu um impulso de sair e vim parar neste bar.

— Que bom, assim poderemos conversar e colocar os assuntos em dia. Sente-se, me acompanhe num *whisky*...

— Desculpe, Mário, eu não bebo, mas vou me sentar para podermos conversar. Como vai a vida?

— Está mais ou menos. Minha empresa vai bem, meus filhos também, mas estou com um problema muito sério.

Mário não entendeu por que disse aquelas palavras. Conhecia Odair da época em que fizeram faculdade. Depois que se formaram, encontraram-se algumas vezes, mas nunca compartilharam dos mesmos amigos ou trocaram confidências.

— Quer me contar o que está acontecendo? Talvez possa ajudá-lo.

— Desculpe, mas não posso. Ninguém pode me ajudar, preciso tomar uma atitude e só eu posso fazer isso!

— Está bem, se não quiser ou não puder, não conte. Faz tempo que não converso com alguém. Não costumo entrar em bares e, praticamente, não saio de casa desde que a Cleide morreu.

— Cleide morreu?! Sinto muito, não sabia.

— Ela morreu há oito meses depois de um longo tratamento. Fizemos o possível, mas mesmo assim ela se foi.

— Ela era muito jovem! Quantos filhos vocês têm?

— Quatro, ela sempre quis ter muitos filhos e agora se foi, sem terminar de criá-los. O mais velho tem só dez anos. Como sabe, demorei muito para me casar e, por isso, apesar de termos quase a mesma idade, meus filhos são muito mais novos que os seus.

— Isso não é justo! Como pode acontecer de uma mãe tão moça morrer com filhos pequenos? Isso não é justo! Uma mãe deveria ter o direito de criar seus filhos, vê-los crescer, Odair. Essas e outras coisas me revoltam muito!

— Tem razão, Mário. É para se revoltar, foi o que fiz. Assim que ela morreu, deixei de acreditar em tudo, até em Deus. Conheço muitas pessoas com idade avançada, que gozam de ótima saúde e se morressem não fariam falta, pois já cumpriram seu destino, enquanto Cleide, tão mais moça que eu, morreu e fez muita falta para mim e para as crianças. Também achei injusto, mas hoje não acho mais. É tudo vontade de Deus. Só Ele sabe o que está certo e errado.

— De Deus!? Que Deus mau é esse que afasta uma mãe de seus filhos ainda pequenos?

— Também pensei assim e me revoltei. Quando ela morreu fiquei desesperado e procurei respostas que não encontrei. Um dia, quando precisei levar o meu pequeno ao médico, estava sentado nervoso na sala de espera, porque nunca tinha levado uma criança ao médico, quem fazia isso era a Cleide. Uma senhora que estava sentada ao meu lado, perguntou o que o meu menino tinha. Contei que ele estava com muita febre e tosse, que eu não sabia como tratá-lo e, por isso, estava ali. Ela perguntou se eu não tinha esposa. Disse que não e contei o que tinha acontecido e também da minha revolta. Ela sorriu e, como se fosse hoje, lembro-me ainda do diálogo que tivemos:

"— Às vezes fica difícil de se entender os caminhos de Deus.

"— Que Deus!? Esse que tirou minha esposa e a mãe dos meus filhos?! Sinto muito senhora, mas Deus não existe! Se existisse não permitiria que isso acontecesse!

"— Sabe, Deus não se preocupa muito com a matéria, por isso, às vezes não entendemos o que nos acontece. Ele se preocupa com nosso espírito e tem caminhos diferentes para a evolução dele.

"— Pois eu não me preocupo com o espírito! Estou preocupado com meus filhos que estão sem mãe e que, com o tempo, esquecerão até seu rosto! Isso me preocupa, nada mais!

"— Sei que está revoltado e acho que tem razão, mas, como disse antes, Deus é quem sabe das coisas. Ele vê muito além do que nossos olhos possam ver. Se o senhor e suas crianças ficaram sem esposa e mãe, algum motivo deve haver. Já pensou que, em outra vida, o senhor pode ter tido uma esposa maravilhosa e seus filhos, uma mãe também maravilhosa, que muito os amou, tratou com carinho e dedicação e vocês não deram valor e fizeram com que ela sofresse? Se isso aconteceu, hoje terão de seguir a vida sem a sua presença, dando o valor que não lhe deram antes.

"— Não estou entendendo o que a senhora está falando. Que outra vida? Que é isso?

"— O senhor tem alguma religião?

"— Não tenho e nem pretendo ter, muito menos agora. Sei que tudo isso é enganação, um meio que alguns espertinhos encontraram de ganhar dinheiro!

"— Pode até ser que existam alguns espertinhos, mas até assim o que eles ensinam sempre tem muita verdade. A maioria ensina aquilo que Jesus nos deixou. Disso, mesmo que queiram, não poderão escapar. Não importa qual é o motivo que leva alguém a ensinar. O importante é que quem os ouve, preste atenção no que ele diz e aprenda realmente. Se aqueles que ensinam estiverem enganando, querendo tirar dinheiro das pessoas, um dia terão que responder a uma Lei maior que a lei da Ação e Reação. Receberão de volta tudo que fizeram. Dessa Lei, ninguém escapa, religioso ou não... Tenho aqui em minha bolsa um livro, que já li várias vezes e emprestei ou dei a outros tantos. O nome dele é *Nosso Lar*, se o senhor quiser posso lhe dar um. Quem sabe, ao terminar de ler, encontre respostas e se sinta mais confortado. Sei que, talvez, não seja a solução para seus problemas, mas é sempre uma opção a mais."

— Não sei por que, Mário, fiquei ouvindo aquela desconhecida. Quando ela tirou o livro da bolsa, por educação, peguei. Em seguida fui chamado para a sala do médico. Quando saí, ela não estava mais lá. Levei o livro e, assim que cheguei em casa, joguei-o sobre um móvel em minha sala de jantar. E ali o livro ficou largado. Sempre que passava pela sala, eu o via. Depois de vários dias, em um sábado à noite, as crianças estavam dormindo e eu não conseguia dormir, resolvi ir até a cozinha para fazer um lanche. Quando estava voltando para o quarto, passei pela sala, vi o livro e resolvi começar a ler. Sabia que era um livro sobre religião, mas não sabia qual, pois ela não me havia dito, mas, mesmo assim, fui para o meu quarto, deitei e comecei a ler. Logo nas primeiras páginas fui me interessando. Não conseguia parar de ler. Quando amanheceu, eu estava quase no fim. Aquele assunto me chamou a atenção. Se fosse mesmo verdade, Cleide não tinha desaparecido de nossas vidas, estava em algum lugar e um dia nos reencontraríamos. Eu estava deslumbrado com essa possibilidade. Era domingo e eu não encontraria livraria alguma aberta. Lembrei que, na esquina da minha rua, havia um centro espírita. Já havia passado muitas vezes por lá, mas nunca tive curiosidade ou desejo de entrar. Levantei, servi o café para as crianças e saímos. Fomos até a casa espírita. Entramos e lá havia uma senhora que me recebeu sorrindo. Contei o que havia acontecido e ela me esclareceu alguns pontos em que eu ainda tinha dúvidas. No final disse:

"— Temos na livraria outros livros que o ajudarão muito mais. Já que leu *Nosso Lar*, acho que deveria ler; *Ação e Reação*. É do mesmo autor e uma continuação do primeiro. Ele tem várias obras que tratam sobre esse assunto. Sei que vai gostar."

— Fui até a livraria e comprei o livro por ela indicado. Como fazia todos os domingos, levei as crianças até o parque, almoçamos em um restaurante e depois fomos para casa. Passei o resto da tarde e boa parte da noite lendo. No final, entendi que tudo aquilo era uma teoria, pois não acreditava que espíritos pudessem escrever através de alguém, mas, como aquela senhora havia dito, era uma opção. Se houvesse mesmo reencarnação, se houvesse mesmo a lei de Ação e Reação, muitas das minhas perguntas teriam respostas. Daquele dia em diante comecei a freqüentar a casa espírita e ler tudo sobre o assunto e, hoje, meu amigo, não tenho mais dúvida alguma. Sei que vou criar bem meus filhos e que Cleide, de onde estiver, estará nos ajudando com seu carinho e proteção.

Mário ouviu Odair contar tudo aquilo. Notou que ele estava sendo sincero, que mantinha no rosto uma calma verdadeira, e disse:

— Interessante isso que me contou, Odair. Hoje mesmo conversei com uma moça a esse respeito.

— Talvez agora eu entenda essa vontade súbita que tive de vir até a este bar. Era para te encontrar e conversarmos. Sinto que você está passando por um momento difícil, Mário. Espero que, de alguma maneira, possa ter ajudado. Agora tenho de ir, amanhã preciso acordar cedo, tenho quatro crianças para cuidar.

— Está bem, Odair, também vou. Tenho, isso sim, um problema sério para resolver e preciso estar de cabeça fria como este gelo do *whisky* para resolvê-lo bem. A conversa que tivemos foi proveitosa, sim. Não sei se acredito nessa teoria, mas vou procurar saber mais, pois ela me pareceu interessante.

Levantaram-se e saíram juntos. Despediram-se e cada um foi para o seu carro.

Surpresa

Quando Mário chegou em casa, já passava da meia-noite. Assim que entrou na sala ficou olhando tudo com certa melancolia... *quanta riqueza existe nesta sala e nesta casa... enquanto as pessoas que moram naquele bairro, são todas tão pobres... vendo toda essa diferença, o que Deise e Odair disseram chega até a ter um fundo de verdade... deve, sim existir reencarnação, sem ela não se teria mesmo como explicar toda essa desigualdade. Por que nasci em uma família com tanto dinheiro e outros nascem sem nada? E mesmo toda esta riqueza não me livra da tristeza que sinto...*

Olhando para e escada que o levaria ao seu quarto, pensou: *Mas agora não posso pensar em nada a não ser conversar com Carolina, esclarecer tudo e tomar a decisão que já deveria ter tomado há muito tempo. Apesar de triste, estou calmo e isso é bom, pois poderei conversar com tranqüilidade. Para poder dizer tudo que penso a seu respeito, não posso me exaltar. Está mais do que na hora de colocar um ponto final nos desmandos dela...*

Subiu lentamente os degraus da escada. Passou primeiro pelo quarto de Waldir em silêncio. O de Paula também estava assim. Caminhou mais alguns metros, entrou em seu quarto, que estava escuro. Carolina provavelmente, já estava dormindo. Foi verificar. Assim que ele se aproximou, ela abriu os olhos, sentou-se na cama e disse irritada:

— Isso são horas de chegar em casa? Acordei várias vezes e você não estava! Onde esteve? Com alguma mulher? Ou aquela jovenzinha com quem anda desfilando pela cidade? Não tem vergonha? Ela poderia ser sua filha!

Com tudo o que ela falou, ele se irritou e disse de uma só vez:

— Ela é minha filha! Seu nome é Leila!

— O quê? — Carolina gritou, pulando da cama atônita e ficando em pé bem diante dele, que continuou:

— Isso mesmo que você ouviu! Ela é minha filha! Tive um romance com a mãe dela, muito antes de te conhecer! Eu não sabia da existência dela, fiquei sabendo há alguns meses. Ela também nunca soube quem era seu pai. Sua mãe só lhe contou um pouco antes de morrer! Está satisfeita?

— Se isso for verdade, você não precisa reconhecê-la como sua filha!

— Que está dizendo? Sei que ela é minha filha e já a reconheci. Hoje, o nome dela é Leila Mendes Cordeiro!

— Nunca imaginei que você tivesse coragem de fazer uma coisa dessas comigo, Mário! — disse furiosa.

— Que coisa? Reconhecer minha filha?!

— Sim, como pode aparecer diante de sua família com uma estranha que nunca vimos na vida e fazer-nos dividir com ela tudo que temos! Tudo que deveria ser só dos nossos filhos!

— Temos o suficiente para vivermos tranqüilos pelo resto das nossas vidas e o mesmo acontece com meus filhos, incluindo ela! Carolina, será que você não se dá conta de que não precisa mais do que tem? Será que você não percebe que tem muito mais dinheiro do que precisa e não tem que ficar querendo mais, sempre mais? Que não tem de planejar, mentir ou enganar para conseguir mais! Você perguntou se estive com uma mulher? Estive sim, o nome dela é Deise e é a mulher que seu filho ama e com quem pretende se casar! E vai mesmo! Com a minha bênção! — Mário disse, muito nervoso, sentindo o sangue ferver por todo seu corpo.

— Com quem?

— Com Deise, aquela mesma moça que você quis separar do seu filho! Mas não adiantou, consertei tudo e eles vão se casar e serão felizes porque ela é moça boa e gosta muito do Waldir!

— Boa? Moça boa? Ela não passa de uma aproveitadora, que só está interessada no dinheiro e no nome do Waldir! Será que você não enxerga isso? Waldir é um moço ingênuo, não vê maldade em ninguém, mas eu conheço pessoas desse tipo!

— Sei que você conhece! Sei que pensa que ela é igual a você, que só se casou comigo por causa de dinheiro e pelo meu nome! — E ele disse isso muito irritado, tremendo de raiva.

— O que você está dizendo?

— Isso mesmo que você ouviu! Você acha mesmo que eu acreditei naquela sua história de que você pertencia a uma família rica, que seus pais moravam na Itália e que quando seus "avós" foram embora, preferiu ficar aqui, por minha causa? — Mário dizia isso com uma intensa carga de ironia na voz — Você achou mesmo que meu pai permitiria que eu me casasse com uma total desconhecida, sem mandar investigar sua origem, sua família? Ele mandou investigar, sim, e descobriu tudo. Quando me contou, eu disse que não me importava, porque te amava e só seria feliz ao seu lado! Ele, diferente de você, só queria a minha felicidade, aceitou minha vontade e prometeu que nunca comentaria com ninguém a sua origem! Prometeu e cumpriu! Mas você não ficou satisfeita, sempre quis mais e mais! Tornou-se egoísta, prepotente! Tripudiou sobre todos que não fossem da "mesma classe social" que a sua! Você, que na realidade era uma serviçal, obrigou os empregados que passaram por esta casa a nunca levantar a cabeça quando estivessem falando com você! Você é má e mesquinha, Carolina! Suportei tudo porque te amei e tinha esperança que, com o tempo, você mudasse, mas isso não aconteceu! A cada dia que passava, você se tornava mais cruel e mais arrogante! Agora se envolveu com um moleque, que, ele sim, só estava ao seu lado por causa do que lhe pagava! Você sim, desfilou pela cidade com um aproveitador como aquele! Mas isso já não me importa mais! Isso que fez com o Waldir foi a última gota! Não te quero mais, Carolina! Não suporto mais a tua presença, por isso vou pedir a separação! Quero ficar bem longe de você!

Carolina, vendo que havia sido descoberta, disse desesperada:

— Você não pode fazer isso!

— Claro que posso e vou fazer! Amanhã mesmo vou falar com os meus advogados e eles vão tratar de todos documentos que forem necessários!

— Não quero ser uma mulher descasada! Os comentários de toda a sociedade que freqüentamos? Como suportar as risadinhas? Os comentários de todos?

— Esse problema é seu! Se quiser, pode até dizer que me encontrou com outra, que eu te trai! Diga o que quiser, não me importo! Só quero ficar muito longe de você, mais nada!

— Não vou sair desta casa!

— Não precisa! Pode ficar com ela e com a metade de tudo que sempre foi meu! Isso também não me importa! Vou repetir que só quero ficar bem longe de você! Não suporto a sua presença! E sinto pena de Paula, que você transformou em alguém tão egoísta, ambiciosa e mesquinha como você! Ainda bem que Waldir puxou a mim e não se deixou corromper! Ele é igual ao meu pai, é igual a mim! Ele é meu filho e vou fazer de tudo para que seja feliz e, tenho certeza, isso só vai acontecer se ele ficar bem longe de você, das suas garras ambiciosas!

Tomada de medo e raiva, ela gritou:

— Seu filho? Seu filho? Seu pai investigou, mas não o suficiente para descobrir que Waldir não era seu filho! Ele é filho de um rapaz com quem eu havia tido um romance antes de te conhecer. Quando estávamos namorando, ele reapareceu e eu, que o amava muito, não resisti e me entreguei. Quis que você se casasse o mais rápido possível para que nunca desconfiasse. Você não desconfiou quando Waldir, apesar de ter nascido de sete meses, era uma criança grande, com peso de uma de nove meses? Ele não é seu filho!

Mário ao ouvir aquilo, sentiu uma tontura insuportável, seu estômago parecia dar voltas, querendo sair pelas costas. Levando às mãos à cabeça, ele caiu desmaiado. Carolina, a princípio, assustou-se, e em seguida aproximou-se e constatou que ele estava só desmaiado. Ficou, no chão, sentada ao lado dele, com mil idéias em sua cabeça... *ele sofreu um ataque do coração, acho que sofreu, sim... e vou ficar aqui até que amanheça, pois, se chamar o médico agora, ele poderá ser salvo e isso eu não quero... sua morte será minha salvação. Ninguém precisará saber o que aconteceu esta noite!*

Ficou ali acordada, prestando atenção na reação dele, que permaneceu da maneira como havia ficado quando caiu. De vez em quando, parecia suspirar, mas continuava imóvel, como se estivesse dormindo.

Pela manhã, Carolina olhou mais uma vez para ele e, vendo que continuava da mesma maneira, saiu gritando pelo corredor. Waldir e Paula acordaram assustados com os gritos e abriram as portas de seus quartos e, ao verem a mãe desesperada daquela maneira, correram para ela, Waldir perguntou:

— Que aconteceu, mamãe?

Ela apontou para o quarto e disse gritando:

— Seu pai desmaiou!

Sem nada dizer, ele correu para o quarto. Encontrou seu pai deitado, imóvel... Desesperado, ele perguntou:

— O que ele tem, mamãe?

— Não sei, acordei com o barulho de uma queda, olhei e vi seu pai estendido aí, da mesma maneira como está agora! Saí correndo pelo corredor!

— Precisamos chamar Durval! Ele não me parece bem!

— Faça isso, meu filho!

— Onde está número do telefone dele, mamãe?

— Na agenda dentro da gaveta do criado-mudo...

Paula, também muito assustada, só chorava. Carolina não parava de chorar, parecia estar realmente desesperada. Waldir pegou a agenda e telefonou para o médico, dizendo o que aconteceu. Durval falou para que não mexessem em Mário, que ele chegaria com uma ambulância o mais rápido possível.

Assim que desligou o telefone, Waldir disse, desesperado:

— Mamãe, não aconteceu nada, mesmo?

— Não, Waldir! Ontem ele deve ter chegado tarde, pois não vi quando chegou. Agora há pouco eu estava dormindo e acordei com um barulho, agora sei que foi o do seu corpo caindo. Olhei e ele estava estirado aí, nesse mesmo lugar... minha reação foi sair correndo para pedir ajuda... — ela disse chorando, fingindo-se desesperada.

— Está bem, mamãe, por agora nada podemos fazer. Precisamos esperar o Durval chegar. Ele cuidará do papai e ele ficará bom, a senhora vai ver. Ele é um homem forte, conseguirá resistir. — disse sem muita convicção, pois Mário continuava imóvel. Logo depois chegou Durval, médico da família, acompanhado pela ambulância. Dois enfermeiros, carregando uma maca, subiram rapidamente a escada e, com cuidado, colocaram Mário nela e desceram. Carolina, Waldir e Paula seguiram seus movimentos. Os empregados da casa ficaram aflitos quando viram Mário desmaiado e sendo carregado na maca. Nilda fechou os olhos e pensou: *Senhor meu Pai. Por favor não permita que nada de ruim aconteça com ele. O Senhor sabe como ele é bom, como ajuda as pessoas... sabe que eu e minha família, se hoje a gente está vivendo bem e feliz, é só por causa dele. Permita que ele fique bom e volte depressa para casa...*

— Waldir, não consigo acompanhar seu pai até o hospital, não estou me sentindo bem, estou muito nervosa. — Carolina disse chorando muito.

— Não precisa, mamãe, eu vou com ele e fico o tempo todo ao seu lado. Tenho certeza de que ele ficará bom! — disse abraçando-a.

Entrou na ambulância e seguiu ao lado de Mário, que continuava desmaiado.

Assim que a ambulância saiu, Carolina entrou em casa e foi para seu quarto. Paula quis acompanhá-la, mas ela não permitiu:

— Desculpe, Paula, mas realmente não estou me sentindo bem. Preciso tomar um banho e, se melhorar, vou até o hospital. Se quiser pode me acompanhar.

— Está bem, mamãe. Também vou para meu quarto.

Carolina entrou no seu quarto, fechou a porta e, rindo muito, rolava sobre a cama, alegrando-se com seus pensamentos... *nada poderia ser melhor que isso! Espero que Mário morra, só assim ficarei livre! Como ele pôde descobrir tudo! Também, se ele morrer, será muito bom, pois, além de ficar livre dele, também ficarei livre das ameaças de Murilo. Tudo, como sempre, em minha vida está dando certo. Mais tarde vou até ao hospital para ver o que aconteceu realmente com ele. Preciso ter a certeza de que ele não acordará nunca mais... como estou feliz...*

Waldir seguia na ambulância. Durval disse, preocupado:

— Ainda não sei, Waldir, vou precisar mandar fazer alguns exames, mas parece que seu pai sofreu um acidente vascular cerebral, um derrame cerebral...

— Que é isso, doutor?

— Vou dizer de uma maneira que possa entender com facilidade. Por algum motivo, o sangue pára de circular por uma área do cérebro, ou os vasos sangüíneos se rompem, provocando intensa hemorragia, que inunda o cérebro e afeta a área do cérebro onde o sangue não passa mais, causando problemas sérios, muito graves. Eu havia avisado seu pai para que se cuidasse e tomasse remédio para a pressão arterial, porque a dele estava bastante alta, mas ele não me ouviu e disse que, assim que tivesse tempo, iria até meu consultório para fazer vários exames, mas nunca foi. Agora aconteceu isso e é muito grave.

— Está dizendo que ele pode morrer!

— Sim, pode, mas isso depende do grau em que o cérebro foi afetado e da reação do corpo de seu pai. Dependendo do caso, a circulação cerebral pode restabelecer-se, ou haver uma hemorragia fatal, ou a veia cicatrizar e o sangue voltar a irrigar novamente o cérebro. Mas, dependendo da parte do cérebro que foi atingida, ele, se não morrer, poderá ficar com algumas seqüelas.

— Quais, doutor?

— São muitas, mas não gostaria de falar nisso antes de fazer os exames para ver quais os prognósticos. Os mais comuns são problemas de fala, ou paralisias em um ou em ambos os lados do corpo.

— Não, doutor, isso não pode acontecer, meu pai é um homem muito forte e independente! Jamais se conformaria em depender de outras pessoas. Ele sofreria muito!

— Sei disso, conheço seu pai desde que éramos jovens. Mas se isso acontecer, ele terá de se adaptar à nova vida. Sabe que, para isso, vai precisar de muito carinho e apoio.

— Com isso não precisa se preocupar. Todos faremos de tudo para ele saber o que representa para nós. Amamos muito esse homem!

— Sei disso, mas olhe, estamos entrando no hospital. Ele vai ser levado para a ala de urgências. Você precisa ter paciência e esperar. Assim que eu souber o resultado dos exames, venho conversar com você. Está bem?

— Não tenho alternativa, doutor, vou ficar aqui...

Durval entrou na sala e Waldir ficou ali. Lembrava-se de tudo que Deise lhe havia dito... *será que tudo que ela falou é verdade mesmo? Se for, acho que não tenho nada a fazer a não ser rezar, mas como vou fazer isso? Nunca aprendi e nem me interessei. Será que, se eu rezar, Deus vai me ouvir? Deus, se é que realmente existe, sabe o que estou sentindo e o quanto gosto do meu pai. Ele é um homem bom, nunca fez mal a ninguém. Deise disse que tudo está sempre certo e quando algo nos acontece é sempre Sua vontade. Por mais que tente acreditar não aceito que meu pai morra. Não sei o que fazer neste momento, me ajude, por favor...*

Não percebeu o tempo em que ficou ali, andando de um lado para outro. Parecia ter passado uma eternidade quando Durval voltou e disse:

— Seu pai está na UTI. Já recebi os primeiros resultados dos exames básicos. Infelizmente minhas suspeitas se confirmaram, foi um derrame, mas não dos hemorrágicos, o que torna melhores os prognósticos. Provavelmente ele teve uma queda brusca de pressão sangüínea, ainda preciso confirmar se foi mesmo em conseqüência de um infarto. Já o mediquei, mas terá de ficar na UTI, não sei ainda por quanto tempo. Agora precisamos esperar a reação do seu corpo.

— Quanto tempo vai demorar para sabermos se ele vai resistir e se houve seqüelas?

— Não posso te dar essa resposta. Pode demorar muito tempo. Só nos resta esperar e rezar muito, Waldir, que ele reaja bem à medicação. No momento não posso fazer exames mais acurados para ver quanto do cérebro foi afetado. Agora, você deveria ir para casa, não pode fazer nada aqui. Sua mãe e Paula devem estar preocupadas e esperando para saber como Mário está.

— Ficarei aqui ao lado dele até que acorde.

— Não vai adiantar, Waldir. Você precisa descansar. Passou por momentos difíceis e precisará estar forte quando ele acordar.

— Não adianta, doutor, não vou deixá-lo sozinho. Quando acordar, quero que me veja ao seu lado.

— Ele está na UTI , Waldir, e lá você não pode ficar. Mário deve permanecer lá no mínimo por setenta e duas horas e, dependendo de sua reação, vai para o quarto e, aí, você poderá ficar todo tempo que quiser, mas agora deve ir para casa.

— Posso vê-lo, Durval?

— Só pelo vidro, mas não acho que seja bom. Ele está com alguns tubos para poder respirar melhor e receber medicamentos... e isso nunca é algo agradável de se ver, mas, se quiser, venha comigo.

Waldir acompanhou Durval e ficou consternado ao ver o pai na UTI naquela situação. Ficou ali, olhando pelo vidro que o separava do pai, pensando: *Papai seja forte, sei que ficará bom e precisa saber que gosto muito do senhor...*

Estava distraído olhando para o pai e não percebeu que Carolina e Paula se aproximaram. Carolina, parecendo sofrer muito disse:

— Olá, Waldir como ele está?

— Não sei, mamãe, Durval disse que precisamos esperar. — Waldir disse voltando-se para ela.

— Procurei pelo Durval, mas não o encontrei. Parece que ele teve de se ausentar do hospital. Que ele te disse?

Waldir contou e ela chorando disse:

— Ele ficará bom, meu filho, basta termos fé.

— Sei disso, mamãe e por isso estou aqui. Quando a senhora chegou, eu estava rezando.

— Fez bem! Embora saiba que não acredito muito em orações, acho que devemos rezar muito. Agora que estou aqui, você poderia ir para casa e descansar um pouco. Mais tarde poderá voltar.

— Vou sim, preciso tomar um banho e pegar algumas roupas, pretendo ficar aqui até que ele acorde.

— Vá, meu filho. Como você disse, não podemos ficar ao lado dele e nem muito tempo diante do vidro. Ficarei aqui até conseguir falar com o Durval e saber a real situação de seu pai.

— Posso ir com você, Waldir? Não gosto de cheiro de hospital, estou me sentindo mal.

— Claro que pode, Paula. Vamos.

Saíram. Enquanto caminhavam para o estacionamento, Paula disse:

— Waldir, ele não está bem. Será que vai morrer?

— Claro que não, Paula. Ele ficará bom! Tem de ficar!

— Mas se ele morrer, que vamos fazer? Estou com muito medo...

— Também estou e não quero nem pensar nessa possibilidade. Ele é um homem forte e vai superar essa doença.

— Tomara que tenha razão...

Waldir e Paula chegaram em casa. Ela continuava nervosa:

— Sempre soube que papai gostava mais de você do que de mim. Isso muitas vezes me deixou triste, mas mesmo assim gosto muito dele e não quero que morra! Mas, se morrer, poderemos pegar nossa parte da herança e...

Waldir se voltou para ela e disse, gritando:

— Está louca, Paula? Como pode pensar em dinheiro em uma hora dessa? Para que você quer mais dinheiro do que já tem? Não te falta nada, todos seus menores desejos sempre foram atendidos!

— Também estou nervosa e não quero que aconteça, mas se acontecer poderemos ter dinheiro e fazer da vida o que quisermos. Isso você não pode negar. Será muito melhor não ter de pedir dinheiro para se comprar tudo que se quiser...

— Fique calada, Paula! Se continuar dizendo essas barbaridades não sei o que vou fazer! A única coisa que pode fazer, ao menos enquanto estiver ao meu lado, é rezar! Só isso!

— Rezar? Não sei rezar...

— Nem eu, mas mesmo assim tente pedir a Deus para que papai fique bom. Deixe de ser tão fútil e egoísta, Paula! Papai nunca teve preferência por mim, talvez tenha tido mais facilidade de conversar, porque sempre gostamos dos mesmos assuntos. O mesmo eu poderia dizer de você com mamãe, ela também sempre conversou mais com você, por que seus assuntos são iguais. Mas agora isso não importa. O que importa realmente é que papai fique bom e volte a ser como antes.

— Desculpe, Waldir. Acho que disse tudo aquilo porque não estou raciocinando direito. Juro que não quero que papai morra... — disse chorando.

— Está bem, estamos chegando em casa. Vou tomar um banho, comer alguma coisa e voltar para o hospital. Mamãe está muito nervosa e não pode ficar sozinha.

— Eu não vou, Waldir. Não consigo ficar dentro de hospital, sempre foi assim, você sabe. Lembra quando você foi operado de apendicite e eu quis te visitar, mas quase desmaiei?

— Lembro, sim! — Waldir respondeu sorrindo — Você não suporta mesmo. Não precisa ir. Eu ficarei lá todo o tempo que for preciso e te contarei como ele está reagindo.

Entraram em casa. Os empregados vieram até eles. Eliete, perguntou:

— Como ele está, Waldir?

— Não está nada bem. Sofreu um derrame cerebral e talvez um infarto, o médico disse que tudo pode acontecer. Ele pode morrer ou ficar paralisado. Existe também a possibilidade de que ele volte a ser exatamente como estava antes, mas isso é muito difícil. Precisamos estar preparados. Desejo realmente que ele volte exatamente como estava. Mas se isso não acontecer, devemos estar preparados para atendê-lo em todas suas necessidades. Espero contar com vocês.

— Claro que pode contar. Todos gostamos muito do doutor. Ele sempre foi muito atencioso e respeitoso com todos nós, mas sei que ele vai ficar bom!

— Vai sim, Eliete. Nilda não chore, ele vai ficar bem.

— Espero que sim, Waldir. Ele é um bom homem e não merece isso que aconteceu. Vou rezar muito...

Waldir foi para seu quarto. Precisava tomar um banho e descansar um pouco. Estava exausto e muito nervoso. Dizia a todo instante que o pai ficaria bom, mas na realidade tinha medo de que isso não acontecesse. No quarto, deitou-se na cama e começou a chorar como uma criança.

Carolina continuou diante do vidro e, vendo que Mário não fazia o mínimo movimento, continuava com seus pensamentos... *Waldir disse que você talvez não acorde, isso será perfeito! Se morresse agora, todos os meus problemas estariam resolvidos... mas, mesmo que acorde, estará debilitado e não terá forças para contar o que descobriu sobre Murilo, muito menos de revelar o que fiz. Vou ficar aqui só mais um pouco. Disseram que Durval voltará ainda hoje. Preciso conversar com ele e saber a real situação. É preciso que continue demonstrando um imenso sofrimento, assim, se ele morrer, ninguém desconfiará de nada. Depois vou para casa, não tenho o que fazer aqui, a não ser ficar expondo meus ares de vítima sofredora...*

Deise, ignorando o que estava acontecendo, estava feliz e ansiosa esperando por Waldir. Esperou durante o dia todo, mas ele não apareceu. *Será que ele não vem? Será que não me quer mais? O pai disse que ele gosta de mim e que está sofrendo muito desde que tudo aquilo aconteceu. Será que estava mentindo? Não, me pareceu sincero... ele estava mesmo interessado na felicidade do filho. Além disso, por que um homem como aquele se daria o trabalho de vir até aqui e mentir? Deve ter acontecido alguma coisa, mas o quê? Tenho vontade de telefonar para casa dele e saber se tudo está bem, mas não posso fazer isso... e se Waldir não me quiser mais? ...vou continuar esperando...*

Na Empresa

Passaram-se as setenta e duas horas, e Mário continuava desacordado e imóvel, mas mesmo assim foi levado para o quarto, pois podia respirar sem aparelhos que o forçassem a isso. Waldir permanecia ao lado dele durante todo o tempo. Durval entrou no quarto. Waldir apreensivo, perguntou:

— Por que ele não reage, doutor? Está exatamente da mesma maneira...

— Disse que não havia como se dizer por quanto tempo ele ficaria assim. O bom é que não necessita respiração forçada e seu corpo está reagindo.

— Então, ele está fora de perigo?

— Ainda não posso te responder, mas os prognósticos são bons. Vamos confiar em Deus e esperar, Waldir.

— Tem razão, Durval, Deus é que pode nos valer.

Durval saiu do quarto, Waldir continuou ali.

Carolina vinha só de vez em quando. Estava entrando no quarto no momento em que Durval saía. Ao vê-lo, perguntou:

— Como Mário está, Durval?

— Está bem, está se mantendo vivo. Mas não sabemos como seu corpo vai reagir. Agora está nas mãos de Deus.

— Você tem razão. *Espero que continue lá e que Deus o leve para sempre...* — Carolina pensou, e continuou sua conversa com o médico, agora como amigo do marido:

— Durval, estou preocupada com os negócios. A empresa já está há vários dias está sem comando.

— Tem razão. Apesar de Waldir ser muito bem assessorado em todos os níveis, é bom você começar a se preocupar com isso, pois não sabemos por quanto tempo Mário vai ficar assim. Acho que deveria ir até lá, ver como tudo está caminhando e inteirar-se dos assuntos todos. Alguém vai ter de assumir o lugar dele por algum tempo...

— Estou pensando em eu mesma fazer isso. Agora vou entrar e ver se Waldir quer ir para casa e descansar.

— Faça isso, nunca vi alguém tão dedicado. Ele gosta muito do pai.

— Gosta sim e o pai também gosta muito dele. Agora vou entrar. Até mais, Durval e, por favor, avise-me se houver qualquer alteração no estado de Mário.

— Não se preocupe, Carolina, ele está sendo atendido por um ótimo neurologista, posso até dizer que é o melhor da cidade e, se Deus quiser, meu amigo ficará bom.

— Espero ansiosa por isso.

Durval se afastou e ela entrou no quarto. Waldir estava sentado em uma poltrona.

— Olá, Waldir, estive conversando com Durval, ele disse que precisamos esperar.

— Ele disse isso para mim também, mamãe, mas sei que papai vai se recuperar... Deus não vai permitir que um homem tão forte, tão bom.... Não seria justo...

— Também acho isso... mas você não quer ir para casa, tomar um banho e descansar?

— Não, mamãe, ficarei aqui até que acorde. Quero que me veja assim que abrir os olhos.

— Sabe, Durval disse que ele talvez não nos reconheça.

— Sei disso, mas mesmo assim quero estar aqui.

— Está bem, meu filho. Faça como quiser. Estive conversando com Durval e ele acha bom que eu vá até a empresa para ver como está tudo por lá.

— Deve fazer isso, mamãe, além do mais os funcionários gostam muito do papai e devem estar preocupados e querendo notícias, todos os dias eles telefonam...

— Como você é ingênuo! Eles devem estar felizes por não terem seu pai por perto. Sem ele, podem fazer o que quiserem ou, melhor, não fazerem nada!

— Não acho que isso esteja acontecendo. A equipe é competente e deve estar trabalhando mesmo sem papai estar lá. Mas, se acha melhor, vá mamãe.

— Vou sair daqui e ir para lá.

— Vá, mamãe e não se preocupe com papai, não vou arredar o pé daqui.

Carolina beijou o filho e saiu. Pediu a José que a levasse até a empresa. José obedeceu. Quando chegou lá, ela foi recebida por Sara, a secretária de Mário:

— Que bom que está aqui, dona Carolina! Como o doutor está?

— Está bem, só precisamos esperar. Estou aqui para me inteirar dos negócios e saber como tudo está caminhando.

— Sem problema algum. Mas os funcionários estão preocupados com essa doença do doutor, todos estão rezando para que ele fique bom.

— Está bem, agradeça a todos, mas agora vou entrar na sala de Mário e, se houver algum papel pendente, traga. Sabe que sou sócia, tenho uma procuração de Mário e posso assinar qualquer papel.

— Sim, senhora. Há, sim, alguns papéis que dependem da assinatura dele. Já vou levar para a senhora.

Carolina entrou na sala e sentou-se na cadeira de Mário. Ficou olhando tudo e pensando: *Estive tantas vezes aqui e nunca me preocupei com o que se passava dentro desta sala. Mário me tornou sócia da empresa, deu-me a procuração legal para eu representá-lo se houvesse algum imprevisto, mas nunca precisou que eu viesse até aqui. De vez em quando levava alguns papéis para eu assinar. Nunca me preocupei, pois nunca me faltou todo o dinheiro que quisesse. Também, eu nunca quis trabalhar aqui ou me preocupar. Vejo que errei, pois agora não sei o que fazer e, quando Mário morrer, terei muitos problemas. Não sei, talvez eu venda a empresa. Não precisamos dela para viver. Mário, com sua mania de querer ajudar todo mundo, não quis vender, quando aquela multinacional se interessou em comprar. Ele só não vendeu porque não garantiram que continuariam com os funcionários e Mário não queria que eles ficassem sem trabalho. Agora tudo vai mudar. Assim que ele morrer, vou entrar em contato com eles e negociar a empresa. Se eles quiserem ficar com os funcionários tudo bem, se não quiserem, eu não me importo. Só quero o dinheiro da venda, nada de problemas ou trabalho.*

Ouviu uma batida leve na porta.

— Pode entrar.

Sara entrou e lhe entregou alguns papéis, mostrando onde ela deveria assinar.

— Vou ler e assinar. Peça ao Oscar que venha até aqui. Preciso falar com ele.

— Doutor Oscar está afastado da empresa.

— Afastado? Por quê? Está doente?

Sara percebeu que Carolina não sabia o que havia acontecido, deduziu que Mário não lhe contou nada e, se fez isso, devia ter algum motivo:

— Não sei, senhora. O doutor não me disse o motivo.

— Está bem, pode sair. Se precisar, chamo.

— Sim, senhora.

Sara saiu, Carolina se levantou e caminhou por toda sala. Estava se sentindo importante naquele lugar. Vinha-lhe uma sensação de poder e isso lhe agradava. Voltou a sentar-se. Começou a abrir as gavetas da mesa. Encontrou vários papéis e leu, mas não sabia do que se tratava. Um deles chamou sua atenção. Pelo interfone, pediu que Sara viesse até a sala. Sara atendeu prontamente:

— Pois não, senhora.

— Que papel é este. — Disse entregando o papel.

Sara pegou o papel e disse:

— É a ficha de um funcionário, esses outros são os registros de nascimento das crianças. Estão aí para o doutor assinar, para que o funcionário e sua família possam receber os benefícios da empresa.

— Quem é esse funcionário?

— O nome dele é Ari. Começou a trabalhar no almoxarifado há pouco tempo.

— Estou vendo aqui que o nome da esposa dele é Nilda.

— É Nilda, sim. Eles têm três filhos, os registros estão aí. Esse papel precisa ser assinado. O doutor deve ter colocado na mesa e esquecido. Eu também esqueci, desculpe.

— Qual é o salário dele?

— Está aí na ficha.

Carolina leu a ficha inteira. Quando terminou, disse nervosa:

— Como, sendo ajudante de almoxarifado, ele pode receber um salário tão alto?

— Ele recebe o salário igual a todos os ajudantes.

— O quê?! Mário paga um salário destes para um ajudante? Está louco! Ajudante não é profissão, vou consertar isso. Por favor, chame esse Ari, preciso conversar com ele.

— Sim, senhora.

Sara saiu da sala, estava assustada com o tom de voz de Carolina. Estranhou, pois Mário sempre foi muito delicado e atencioso com os funcionários. Não tendo alternativa, mandou chamar Ari, que atendeu prontamente. Assim que chegou, sabia que não encontraria Mário. Nilda havia comentado sobre a doença dele e os dois foram à casa espírita para pedir ajuda aos médicos do plano espiritual. Diante de Carolina, ele ficou sem saber o que falar. Ela olhou diretamente em seus olhos e perguntou:

— Você é o marido de Nilda?

— Sou, sim senhora. — ele respondeu baixo e gaguejando.

— Pode responder mais alto! Não ouvi!

— Sou sim, senhora.

— Há quanto tempo trabalha aqui?

— Um pouco mais de dois meses.

— Estive olhando sua ficha e vi que mora em uma das casas de minha propriedade, pode explicar isso?

— Sim, senhora. O doutor deixou que a gente morasse lá, por que a casa onde a gente morava, estava com o aluguel atrasado. A dona queria que a gente desocupasse. Nilda conversou com o Doutor e ele deixou a gente morar na casa e ainda me deu esse emprego.

— E pagando um salário exorbitante como esse?

— Ele disse que costuma pagar um bom salário, para que os funcionários, sem ter com que se preocupar, rendam mais no trabalho.

— Por que Nilda não me contou que tinha se mudado e que você estava trabalhando aqui?

— O doutor pediu que ela não contasse.

— Ela é minha empregada! Não é de Mário! Devia ter me comunicado sua mudança de endereço. Já que não fez isso, vou despedi-la hoje mesmo! Você também pode passar no departamento pessoal receber seus direitos, pegar suas coisas e ir embora! Não quero te ver nunca mais por aqui! Tem outra coisa! Dou uma semana para desocuparem a casa! — ela disse gritando e furiosa.

— Por favor, senhora, não faça isso... eu e a Nilda, a gente faz o nosso trabalho da melhor maneira possível. A gente não pode ficar sem trabalho nem mudar de casa! A gente tem três crianças para sustentar... — Ari disse desesperado.

— Não tenho nada a ver com vocês ou com suas crianças! Só tenho que me preocupar com meus filhos e eles estão muito bem criados! Não tenho mais o que falar com você! Já disse o que tem de fazer! Por favor, saia daqui!

Ari saiu da sala desesperado. Sentia que o chão lhe faltava. Passou por Sara, que, ao vê-lo daquela maneira, perguntou assustada:

— Que aconteceu, Ari? Por que está assim?

Ele contou. Estava nervoso e terminou dizendo:

— Não sei o que fazer!! Logo agora que tudo estava correndo tão bem na nossa vida... pra onde a gente vai, Sara? Como vou criar minhas crianças?

— Não fique nervoso. O doutor deve voltar logo e vai resolver tudo. Ela não conhece os funcionários como ele, por isso está tomando essa atitude.

— A dona ficou nervosa porque a Nilda não disse que tinha mudado de casa e que eu estava trabalhando aqui. Mas foi o doutor mesmo quem pediu pra ela não contar...

Sara ia falar algo, mas o interfone tocou insistente. Sorriu para Ari e foi atender, assim que ela entrou, Carolina disse muito nervosa.

— Você sabia que esse homem é marido da minha empregada?

— Sim, o doutor me disse que ficou com muita pena da situação deles e que ia dar uma oportunidade para que ele trabalhasse aqui. — Sara respondeu muito assustada.

— Sabia da casa também?

— Sim, senhora. O doutor pediu que eu verificasse se a casa estava em condições de uso e, se não estivesse, era para eu mandar arrumar tudo. Foi o que fiz...

— Mário está completamente louco! Como pode abrir mão de uma casa que faz parte do nosso patrimônio? Quero que você encaminhe esse Ari até o departamento pessoal, pague seus direitos e o despeça hoje mesmo! Eu dei uma semana para que mude da casa.

— Por favor, senhora, não faça isso. Ele é um bom funcionário e tem três crianças pequenas... não seria melhor esperar o doutor voltar?

— Ele não vai voltar! Está morrendo e não pedi sua opinião, dei uma ordem! Se não estiver satisfeita, pode aproveitar e ir também para o departamento pessoal! Não admito ser enganada! Daqui para a frente vou tomar conta da empresa e muita coisa vai mudar! Vou rever os salários, mandar embora todos que recebem muito e trocar por funcionários novos, com um salário mais baixo! — Carolina gritou.

— Sim, senhora. Vou fazer o que me pediu.

Sara saiu da sala desesperada. Primeiro por saber que Mário não voltaria e que estava morrendo; depois, por ter de fazer aquela maldade com Ari. Sentia-se impotente, teria de cumprir as ordens de Carolina. Ari, que a esperava, perguntou:

— Ela mudou de idéia, Sara?

— Sinto muito, Ari, ela quer que você saia hoje mesmo da empresa.

— Ela não quer esperar o doutor voltar?

— Não, disse que ele está morrendo e que não voltará.

— Morrendo?! Não pode ser! Ele é um homem tão bom! Meu Deus, que vou fazer da minha vida?

— Não sei, Ari, mas tenho de cumprir ordens.

— Está bem, vou até o departamento pessoal.

Saiu dali cabisbaixo... *meu Deus, por que isso está acontecendo? Logo agora que tudo ia tão bem? Por quê? Todos lá na casa espírita falam que tudo é vontade de Deus, mas, numa situação dessas, é difícil aceitar. Como a gente vai fazer? Ela disse que também vai mandar Nilda embora? Como vai ficar, meu Deus?*

Assim que Sara saiu, Carolina pegou o telefone e discou o número de sua casa. Nilda atendeu:

— Nilda, sou eu Carolina. Preste bem atenção no que vou dizer: pegue suas coisas e saia da minha casa imediatamente! Amanhã venhas às três horas da tarde até a empresa, traga sua carteira de trabalho, vou pagar todos os seus direitos, mas não quero que fique mais um minuto na minha casa!

Nilda estremeceu e, não entendendo o que estava acontecendo, perguntou:

— Por que, senhora que foi que fiz?

— Você mentiu, me enganou!

— Como?! Nunca menti para a senhora!

— Claro que mentiu! Não contou que Mário havia dado emprego para seu marido, nem que estava morando em uma das nossas casas! Isso não é mentir?

— Não senhora, ele pediu que eu não contasse e obedeci, não menti!

— Não quero saber. Já disse o que quero que faça, não discuta. Acabei de despedir seu marido e dei uma semana para que se mudem da casa!

— Por favor, senhora, não faça disso! A gente precisa do trabalho e da casa também. O doutor disse que a gente podia morar lá até comprar a nossa...

— Ele disse, mas eu não! Ele vai morrer e, agora, quem vai cuidar de tudo sou eu! Portanto não discuta, faça o que mandei! — Carolina falava gritando o tempo todo, e bateu o telefone.

Nilda, ainda com o telefone na mão e sem saber o que fazer, começou a chorar. Eliete, que estava entrando na sala, ao vê-la chorando daquela maneira, perguntou assustada:

— Que aconteceu, Nilda? Algum acidente com uma de suas crianças?

Nilda não conseguia parar de chorar. O telefone tocou novamente. Eliete atendeu. Do outro lado da linha Carolina, ainda gritando, disse:

— Eliete, acabei de despedir a Nilda, não deixe que ela toque em nada da casa, deixe que pegue somente seus pertences e a coloque para fora, neste momento!

— O que ela fez?

— Não é da sua conta, apenas faça o que mandei!

— Não faça isso, senhora! Ela é uma boa empregada e precisa muito deste emprego... tem três crianças...

— Não tenho nada a ver com as crianças, o problema é dela! Que tivesse pensando nelas antes de mentir e me enganar. Não quero repetir! Cumpra minha ordem e, se não estiver satisfeita, pode pegar suas coisas e sair também!

Assim que terminou de falar, desligou o telefone, sem dar chance para que Eliete dissesse qualquer coisa.

— Que você fez, Nilda? — Eliete perguntou aflita e ainda com o telefone na mão.

Nilda, chorando muito contou tudo. Quando terminou, disse:

— Eu não menti, apenas não contei, porque o doutor pediu. Ele achava que ela não ia entender e tinha razão. Que vou fazer agora, Eliete? Ela mandou meu marido embora da empresa, eu também e quer que a gente saia da casa em uma semana. Não sei o que fazer... a gente não tem pra onde ir...

— Não se desespere, tudo vai se arranjar, mas, por enquanto, preciso pedir que você saia daqui. Ela ameaçou me mandar embora também, se eu não cumprir sua ordem. Sabe que já estou velha e que moro nesta casa há muito tempo, também não tenho para onde ir... Mas confie em Deus.

— Como posso confiar em Deus? Minha vida estava muito ruim, o doutor consertou, deu uma casa pra gente morar, um emprego pro meu marido, até encontrou uma escola pras minhas crianças. Eu estava feliz e tranqüila. Agora vem essa mulher e destrói tudo que ele fez! Não sei o que Deus quer comigo! Sempre fui uma pessoa boa, nunca prejudiquei ninguém, sempre procurei só cuidar da minha vida e ela sempre foi um desastre! Nunca tive nada! Enquanto isso, essa mulher que é ruim como o capeta, tem todo dinheiro do mundo e com ele pode fazer a maldade que quer, dominar as pessoas e destruir a vida dos outros! O doutor, um homem tão bom, está morrendo, enquanto ela continua viva fazendo maldade! Isso não é justo Eliete! Não está certo!

— Também penso igual a você, mas quem somos nós para julgar Deus? Ele sabe de tudo, só precisamos confiar.

— Não sei o que Deus quer de mim, será que ele quer que eu mate essa mulher?

— Pelo amor de Deus, não! Nem por um minuto pense nisso! Não pode esquecer das suas crianças, Nilda!

— Do que adianta pensar nas crianças se cada vez fica mais difícil poder criar elas? Essa mulher tem que morrer, Eliete! Eu odeio ela!

— Você está muito nervosa e não sabe o que está falando. Vá para sua casa e tudo vai ficar bem. Se quiser, tenho algum dinheiro guardado e posso te emprestar para que alugue uma casa. Assim, pelo menos, vai ter onde morar. Com certeza você e seu marido encontrarão outro emprego.

— Está bem, vou para casa e vou conversar com Ari. A gente vai receber algum dinheiro. Ela disse que vai pagar tudo. Com esse dinheiro talvez vai dar pra gente alugar uma casa, mas obrigado, Eliete, se precisar, eu vou querer o dinheiro sim.

Na sala de Mário, Carolina estava furiosa. Começou a abrir todas as gavetas da mesa e olhar papel por papel. Uma das gavetas estava fechada a chave. Nervosa, voltou a chamar Sara.

— Pois não, senhora...

— Onde está a chave desta gaveta?

— Não sei, o doutor nunca me disse onde a guardava.

— Que tem aqui dentro?

— Não sei, senhora...

— Está bem, vou procurar a chave e, se não encontrar logo, vou mandar chamar um chaveiro, abro esta gaveta de um jeito ou de outro! Pode sair!

Sara saiu da sala. Estava confusa com tudo que Carolina estava fazendo, mas sabia que não tinha como impedir.

Carolina procurou a chave em todas as gavetas, mas não achou. Levantou-se e foi até um armário. Procurou e encontrou uma caixa recoberta de couro. Abriu e encontrou uma chave que poderia ser da gaveta. Experimentou e ela abriu. Nela tinha uma porção de papéis. Pegou um e ficou mais nervosa ainda. Era um registro de nascimento de uma moça e, no lugar do nome do pai, constava o nome de Mário. *Definitivamente ele está louco! Como pode registrar uma moça que nem tem certeza se é sua filha mesmo? Com isso, ele está dividindo a fortuna! Assim que ele morrer vou embargar esse registro! Isso não vai ficar assim! Essa aproveitadora não vai levar um tostão do meu dinheiro, não vai mesmo!*

Enquanto isso, Murilo e Lia, em casa, conversavam:

— Murilo, já demos muito tempo para aquela mulher pensar. Ela deve estar achando que você aceitou o que ela decidiu. Acho que está na hora de dar um jeito de ela lembrar que nem tudo está bem. Você precisa telefonar para a casa dela.

— Não adianta, Lia. Ela não vai atender.

— Vai, sim. Você não disse que o motorista sabe tudo sobre vocês?

— Ele sabe.

— Pois bem, vai telefonar para a casa dela e dizer que precisa conversar com o motorista. Quando ele atender, você diz que precisa falar com a madame e que, se ela não atender, você vai até lá pessoalmente. Ela certamente vai ficar desesperada com recado, e te atende. Marque um encontro no apartamento.

— E se ela não quiser ir?

— Ela vai, sim, Murilo. Sabe que você pode contar ao marido tudo o que fez, ela não vai querer. Sabe que você pode acabar com sua vida.

— Tem razão, vou telefonar agora mesmo.

Lia tirou o telefone do gancho e lhe entregou. Murilo discou o número do telefone da casa de Carolina. Eliete atendeu, ele disse com a voz tranqüila.

— Por favor, preciso falar com José, ele está?

— Está, sim. Mas quem quer falar com ele?

— Diga que é seu primo Murilo e que preciso falar urgente com ele.

— Está bem, vou chamá-lo.

Eliete deixou o telefone sobre a mesinha em que ele costumava ficar e saiu. Murilo sorriu para Lia, colocou a mão sobre o bocal do telefone e falou baixinho;

— Ela foi chamá-lo.

— Ótimo. — Lia disse abraçado-o.

Poucos minutos depois, José atendeu:

— Alô!

— José, sou eu, Murilo. Preciso falar urgente com Carolina.

— Ela não está em casa.

— Claro que está. Sei que deu ordens para não ser chamada, caso eu telefonasse, mas diga a ela que, se não me atender, irei aí pessoalmente.

— Sinto muito, seu Murilo, mas ela não está, mesmo. Eu a deixei na empresa e devo ir buscá-la às seis horas.

— Na empresa? O que ela está fazendo lá?

— Ainda não sabe? Doutor Mário sofreu um derrame e está internado, muito mal. Ela foi à empresa para cuidar de tudo enquanto ele não ficar bom e não puder retornar para lá.

— Você tem o número do telefone da empresa?

— Sinto muito, não tenho... até logo, seu Murilo.

José desligou o telefone. Murilo olhou para Lia, com um ar surpreso:

— Que aconteceu, Murilo? Que ele falou?

— Você não vai acreditar, mas acho que nosso plano foi por água a baixo...

— Conte logo! Estou ficando nervosa, Murilo!

— Está bem, calma!

Contou tudo o que José lhe havia dito. Lia, enquanto ele falava, levantou-se e ficou andando de um lado para outro. Ele terminou dizendo:

— Não sei, Lia, mas você sabe que derrame é uma doença muito séria. Se ele não morrer, pode ficar paralisado e não vai adiantar a gente contar o que ela fez.

— Tem razão, mas precisamos pensar com calma. Deve ter outra solução! Sempre tem. Você não pode ficar sem nada depois de ter investido nela por tanto tempo. Vamos pensar.

Carolina continuou olhando os papéis. Encontrou alguns grampeados uns nos outros. Leu e, furiosa, chamou novamente Sara pelo interfone, que a atendeu prontamente:

— Pois não, senhora.

Carolina mostrando os papéis, perguntou gritando:

— Que papéis são estes?

Sara com os papéis na mão, amedrontada, respondeu:

— Não sei, senhora. Nunca vi estes papéis...

— Como não? Onde Mário conseguiu?

— Não sei, senhora...

— Por estes papéis, Oscar esteve roubando Mário e não foi pouco, foi muito! Por que Mário não o entregou para a polícia?

— Não sei, senhora...

— Por isso Oscar está afastado?

— Não sei, senhora...

— É só isso que sabe dizer? Você é mesmo uma imprestável! Pode sair!

Sara estava saindo, quando Carolina disse:

— Entre em contato com Oscar e, se o encontrar, peça que venha ainda hoje aqui na empresa. Se não o encontrar, deixe recado para que venha amanhã às dez horas. Se ele não souber o que aconteceu com Mário, não lhe conte. Não quero que saiba que sou eu que o estarei esperando.

— Sim, senhora.

Sara saiu o mais rápido que conseguiu e Carolina furiosa, ficou pensando: *Oscar estava roubando Mário? Por isso ele está afastado. Mas por que Mário não o entregou à polícia? Não entendo essas atitudes dele. Sempre encontrando uma desculpa para aqueles de quem gosta! Ainda bem que vai morrer, assim poderei tomar conta de tudo que é meu e que consegui graças a minha inteligência. Estou gostando desta sensação de poder! Pensei em vender a empresa, mas não vou fazer isso! Só vou trocar de funcionários, os que trabalham aqui estão mal acostumados! Tudo vai mudar nesta empresa!*

Sara telefonou para a casa de Oscar. Sua esposa atendeu:

— Aqui é a secretária do doutor Mário. Doutor Oscar está aí?

— Está sim, um momento.

Depois de alguns segundos, Oscar atendeu:

— Alô, pois não.

— Doutor Oscar, é Sara, estou lhe telefonando para ver se pode vir até à empresa ainda hoje.

— Mário quer falar comigo?

— Se puder pode vir agora mesmo. — ela não respondeu. Não podia.

— Você sabe o que ele quer, Sara

— Não senhor — mentiu —, mas pode vir ainda hoje?

— Claro que sim! Estava ansioso esperando esse telefonema. Chegarei em meia hora.

— Está bem. Até mais.

Sara desligou o telefone. *Estou preocupada com a minha situação e dos outros funcionários. Assim como eu, eles também precisam muito deste emprego. Ela é uma pessoa má e sem sentimentos. Não pensou nem um minuto para mandar Ari embora. Por que doutor Mário teve de ficar doente? Se ela está dizendo a verdade, e ele está realmente morrendo, que vai acontecer com todos nós e com a empresa? Tive de mentir e omitir tudo que sei, pois ela não entenderia. Doutor Oscar está chegando e não imagina o que o espera.*

Continuou seu trabalho.

Oscar a caminho da empresa, foi pensando: *Conheço Mário. Sei que ele seria incapaz de me deixar sem emprego. Terá de me mandar embora, é claro, sei que aquilo que fiz foi errado e que, de alguma maneira, preciso pagar o que peguei e vou fazer isso. Sei que, quando precisar, dará boas referências para que eu possa encontrar um outro emprego. Mas, para ter me chamado, já deve ter encontrado esse emprego.*

Chegou na empresa. Sara comunicou a Carolina, que ordenou que o fizesse esperar. Oscar estava feliz e confiante, por isso aguardaria o tempo que fosse necessário. Depois de meia hora, Carolina, através de Sara, pediu que ele entrasse.

Assim que entrou, levou um susto ao ver Carolina sentada na cadeira de Mário:

— Carolina! Que está fazendo aqui?

— Descobrindo como Mário tem sido um idiota!

— Onde está o Mário?

— Morrendo em um hospital!

— Quê?! Que aconteceu com ele?

— O que aconteceu com ele, não tem importância, Oscar. O importante é o que aconteceu com você! Por estes papéis, você esteve roubando a empresa por muito tempo e não foi pouco dinheiro! Só queria saber, já que Mário descobriu, por que ele não chamou a polícia e não te mandou prender? Por que, ao invés de te afastar, não te mandou definitivamente embora?

— Ele disse que ia pensar no que faria comigo...

— Pensar?! Pensar? Ele não tinha o que pensar! Devia ter te colocado na cadeia, porque lá é que é lugar de um ladrão como você! — disse gritando o tempo todo.

— Ele conversou muito comigo, e não fez isso. Somos amigos.

— Amigo?! Você tem coragem de dizer uma palavra como essa? Amigo não rouba, não engana!

— Sei que errei, mas contei para o Mário meus motivos!

— Não me interessam seus motivos! Mandei te chamar para que saiba que, a partir de hoje, vou tomar conta desta empresa e que muita coisa vai mudar, a começar por você. Agora mesmo vou mandar chamar a polícia e apresentar estes papéis! Já pode se considerar preso! Seu lugar é na cadeia!

— Não pode fazer isso, Carolina! Sabe que tenho mulher e filhos! — Oscar disse desesperado e suplicante.

— Claro que posso! Eu posso tudo! Agora, que tenho eu a ver com seus filhos? Engraçado, quando as pessoas fazem as coisas erradas, não pensam nos filhos e querem que eu pense? Seus filhos são problemas seu! Meu problema é o meu dinheiro que você roubou! Já conversamos demais!

Carolina pegou o interfone para mandar Sara chamar a polícia. Oscar percebeu e, sem que ela pudesse evitar, saiu correndo da sala.

Ela se espantou com aquela atitude, mas, quando se deu conta e avisou a portaria, já era tarde. Ele havia terminado de passar por lá. Nervosa e com raiva por não ter agido na hora certa, pensou: *Não faz mal. Depois vou telefonar para delegacia. Tenho o endereço dele e a polícia vai encontrá-lo. Está mesmo na hora do Mário morrer! Só assim poderei colocar esta empresa em ordem.*

Ordenou a Sara que chamasse o advogado da empresa. Enquanto esperava por ele, pensava... *como estou me sentindo bem. Se eu soubesse que esta é a verdadeira sensação do poder, teria vindo trabalhar há mais tempo. Mas, não seria assim, pois Mário não deixaria que eu tomasse as atitudes que estou tomando. E é tão bom, ver as pessoas implorarem...*

O advogado veio, e ela ordenou que tomasse providências no caso de Oscar. Depois de tudo acertado, quando ele saiu da sala, olhou para o relógio que marcava quatro horas... *pedi ao José que viesse me pegar às seis horas, tenho muito tempo para continuar olhando tudo por aqui. Que mais vou encontrar?*

Estava ali pensando quando o interfone tocou. Atendeu:

— Pode falar, Sara.

—Tem um rapaz ao telefone, disse que precisa falar urgente com a senhora. Parece que está muito aflito.

— Um rapaz? Disse o nome?

— Sim, Murilo.

Carolina ficou calada por alguns segundos, depois disse:

— Está bem, pode passar a ligação.

Sara passou e, ao ouvir a voz de Murilo, ela disse:

— Como soube que eu estava aqui e como conseguiu o número do telefone?

— Telefonei para sua casa e me disseram que estava aí, depois consultei a lista telefônica e encontrei o número.

— Que você quer, Murilo?

— Precisamos conversar, Carolina... estou morrendo de saudade...

— Saudade? De mim ou do que perdeu? — perguntou soltando uma gargalhada.

— Claro que é de você, meu amor... vamos conversar...

— Nada tenho para conversar com você. Já disse tudo que precisava. Agora, por favor, me deixe em paz.

— Não posso fazer isso! Não é justo que me abandone dessa maneira! Dediquei muito da minha vida a você!

— E foi muito bem pago por isso...

— Sim, mas... e agora, como vou fazer para sobreviver?

— Já ouviu falar na palavra trabalho?

— Depois desse tempo todo sem trabalhar, para servir somente a você, nunca vou conseguir encontrar um emprego que me pague um salário que me dê tudo a que estou acostumado.

— O problema é seu, meu querido.

— Isso não ficará assim!

— Fará o quê? Já que telefonou para minha casa, sabe que meu marido está morrendo no hospital, se a esta bendita hora já não morreu! Por isso, seu idiota, não tenho mais que me preocupar com você! Pode estrilar à vontade!!! Você não pode mais fazer nada contra mim.

— Isso é o que você pensa! Seu marido pode estar morrendo, mas seu filho está muito vivo e vai gostar de saber que foi você quem planejou tudo aquilo contra ele.

Carolina engoliu em seco. Não havia pensado nisso. Quando Mário sofreu o derrame, achou que estava livre de Murilo, mas pelo visto não estava. Disse:

— Está bem, você me pegou. Que quer?

— Quero continuar com a vida que tinha antes. Precisamos conversar. Vou te esperar ainda hoje no apartamento.

— Hoje não pode ser. Quando sair daqui, preciso ir ao hospital. Encontro com você no apartamento amanhã, às quatro horas da tarde. Está bem assim?

— Está bem, mas não falte! Se não aparecer, vou procurar o seu filho e contar tudo.

— Não falto. Vamos conversar, sei que entraremos num acordo.

— Estarei te esperando. Até amanhã, Carolina.

Carolina colocou o telefone no gancho e pensou: *Até amanhã, encontro uma maneira de me livrar dele. De jeito nenhum ele pode falar com Waldir, mas nunca mais vou lhe dar dinheiro. Isso não! Vou telefonar para casa e pedir que José venha me buscar agora, estou cansada.*

José veio buscá-la. Quando chegou em casa telefonou para o hospital e Waldir lhe disse que Mário continuava no mesmo estado e que não havia mexido um músculo do corpo, mas continuava vivo e, a qualquer momento, poderia voltar a si.

— Fico feliz por isso, meu filho, mas não está cansado?

— Não, mamãe, estou bem. Já disse que só saio daqui quando papai acordar.

— Estive quase o dia todo na empresa. Sabe que não estou acostumada e por isso estou muito cansada e não consigo ir até aí. Caso aconteça qualquer coisa, me telefone. Vou imediatamente.

— E como foi lá na empresa?

— Está tudo em ordem, não se preocupe. Agora vou jantar e me deitar.

— Faça isso, mamãe.

Quando Nilda chegou em casa, Ari já estava lá. Assim que entrou abraçaram-se chorando.

— Que vamos fazer, Nilda?

— Não sei, Ari, aquela mulher é um monstro! Não entendo como o doutor, que é tão bom, está morrendo e ela continua viva só para fazer maldade! Quando penso nisso fico muito irritada!

— Também não entendo, só sei que a gente precisa confiar em Deus. Ele vai encontrar uma saída.

— Que saída, Ari? Só se ela morrer! Confesso que estou com vontade de matar aquele monstro!

— Não fale assim, Nilda! Deus pode castigar!

— Mais do que já está castigando? Quem sabe, se a gente começar a fazer maldade, ele ajuda... — ela disse, com ironia na voz.

— O primeiro que a gente tem que fazer é encontrar uma casa com aluguel barato pra gente mudar, Nilda. Ela disse que vai pagar todos meus direitos, mas não tenho direito a nada, trabalho há muito pouco tempo na empresa.

— Pra mim também ela disse isso. Acho que tenho um bom dinheiro. Com ele a gente pode ir vivendo até conseguir um outro emprego. Agora, tomara Deus, que o doutor fique bom e volte logo pra empresa.

— Tomara mesmo, Nilda... tomara mesmo.

A Descoberta de Paula

Pela manhã, Carolina abriu os olhos espreguiçando-se... *Preciso me levantar. Hoje tenho muito para fazer. Estou pensando se vou ao apartamento falar com Murilo. Ele me ameaçou, mas sei que não vai ter coragem, só preciso fazer com que acredite que a qualquer momento eu possa reconsiderar e voltar a lhe dar a boa vida de sempre.*

Levantou-se e foi para o banheiro. Olhou para o espelho, sorriu. *Ainda sou jovem, com a morte de Mário e com todo esse dinheiro que tenho, vou poder ter o homem que quiser. Murilo já me cansou, preciso conhecer outro. Será que Mário morreu durante a noite? Não ligaram... mas tomara que sim. Estou ficando agoniada com essa espera... mas se ele não recuperou os sentidos durante todos esses dias, com certeza não vai voltar nunca mais. Para não despertar desconfianças, vou telefonar e saber como ele está.*

Telefonou para o hospital e Waldir lhe disse que tudo continuava na mesma. Mário não havia acordado, mas continuava respirando bem, sem auxilio de máquina.

— Assim que tomar meu café, vou até aí.

Desligou o telefone. Estava furiosa. *Que inferno! Esse homem não morre nunca!*

Vestiu-se e desceu para tomar café. Paula, como sempre, dormiria até tarde. Só quando chegou à sala de refeições, foi que se lembrou de Nilda. *Aquela traidora! Sempre lhe paguei um bom salário, quero ver onde vai encontrar outro emprego que lhe pague o salário que recebia aqui. Se depender de mim, não encontra nenhum, pois não vou dar boas referências...*

Assim que se sentou à mesa, Eliete chegou para servir o café.

— Bom-dia, senhora. Eu vou servir o café.

— Bom-dia. Hoje mesmo telefono para uma agência para tratar uma nova copeira e arrumadeira. Você não é boa nisso. Mas hoje faça também o serviço de Nilda.

Eliete, calada, serviu o café. Carolina tomou e saiu. José já a esperava com o carro preparado. Ela entrou e foram para o hospital: *Preciso demonstrar preocupação. Tomara que ele não passe de hoje, não suporto mais esta espera.*

Foram até o hospital. Mário continuava na mesma e Waldir permanecia ao seu lado. Ia para casa somente para tomar banho e comer alguma coisa, pois estava mal alimentado, não conseguia gostar da comida que era servida hospital. Carolina entrou no quarto e, parecendo desesperada, perguntou:

— Como ele está, Waldir?

— Na mesma, mamãe, mas Durval disse que não é para perdermos a fé. Que ele está assim por que os vasos do cérebro devem estar se recompondo.

— Isso pode acontecer?

— Sim, e se isso acontecer, a irrigação cerebral melhora e ele recobra a consciência. Só não sabemos em que condições vai estar.

— Não importa em que condições, só quero que ele retorne, meu filho — ela mentiu.

— É isso que penso, mamãe, mesmo que fique paralisado, para mim, não haverá problema algum. Amo meu pai e cuidarei dele.

— Vamos confiar, meu filho. Agora preciso ir para a empresa. Ela não pode ficar sem comando.

— Tem razão, mamãe. Assim que papai melhorar, poderei ir também, para ajudá-la.

— Não se preocupe com isso, estou dando conta.

Dizendo isso, Carolina beijou o filho e saiu. No elevador, pensou: *Tomara que ele morra logo! Imagine se quero ter ao meu lado um inválido? Nem pensar! A única coisa que me deixa passada é que, ao invés de ele morrer de acidente, vai morrer de doença e, por isso, o seguro de vida será menor. Bem, hoje à tarde preciso ir até o apartamento. Vou ver o que Murilo quer. Vou deixar que fale. Depois vejo o que faço.*

Quando chegou na rua, José a esperava. Ela se aproximou, dizendo:

— Leve-me à empresa, José. Depois volte para casa e, se o jardineiro não aparecer, limpe a piscina. Não precisa me buscar. Tenho um compromisso e vou para casa de táxi. Almoçarei por lá.

— Está bem senhora.

José estacionou o carro em frente ao portão da empresa e Carolina disse:

—Não precisa entrar, José. Vou descer e caminhar pelo pátio. Quero que os funcionários me vejam e saibam que sou a nova patroa.

José sorriu desceu do carro, abriu a porta para que ela também descesse. Ela desceu, ele entrou novamente no carro, acelerou e foi embora. Carolina endireitou o corpo, levantou a cabeça e começou a caminhar. Passou pela portaria, o porteiro a cumprimentou com um sorriso. Depois de percorrer o longo pátio, sob o olhar curioso dos funcionários, entrou no prédio e tomou o elevador. Assim que o elevador parou, ela saiu e entrou em "sua" sala.

Assim que Carolina saiu de casa, Paula acordou e desceu para tomar café. Estava passando pela mesa onde ficava o telefone, ele tocou. Ela sabendo que Nilda não estava em casa, atendeu:

— Alô!

— É da casa da Carolina?

— Sim.

— Posso falar com ela?

— Ela não está no momento, quem está falando?

— Meu nome é Clotilde, sou vizinha da casa da mãe dela. Estou telefonando para avisar que a mãe de Carolina morreu.

— O quê?! — Paula gritou — A senhora está brincando? A mãe dela morreu faz muito tempo!

— Não, ela morreu hoje cedo, lá no hospital. Tereza pediu para eu telefonar e avisar os parentes. Estava olhando a agenda e encontrei o telefone da Carolina.

— Deve estar havendo um engano.

— Não é engano, não, moça. Conheço Carolina desde criança. Ela desapareceu daqui quando se casou com um homem muito rico.

— Ela não está, mas vou lhe dar o recado. Pode me dar o endereço?

— Ela sabe onde fica a casa. Esteve aqui o outro dia.

— Não pode ser. Quem é Tereza?

— É a única irmã de Carolina.

— Agora me lembro. —mentiu — Mesmo assim eu preciso do endereço, quero mandar uma coroa de flores.

— Está bem, o corpo só vai chegar depois do almoço.

Ela passou o endereço e Paula, intrigada, anotou.

Quando desligou o telefone, olhou para o papel e pensou: *Que história é essa? Este bairro, nem sei onde fica, mas sei que é por aí, na periferia, e é muito pobre! Essa mulher deve estar louca! Minha mãe pertence a uma família rica e tradicional. De qualquer maneira, vou até lá para conferir.*

Voltou ao quarto, olhou um mapa da cidade, descobriu onde ficava o bairro. Vestiu-se, pegou a bolsa e as chaves do seu carro e, mesmo sem tomar café, saiu.

Depois de muito perguntar, finalmente chegou na rua e na casa. Estacionou o carro, desceu e tocou a campainha. Clotilde estranhou ao ver um carro luxuoso como aquele parado na frente da casa. Sabia que não era o de Carolina, pois o conhecia. Saiu para atender.

— Bom-dia, em que posso ajudar?

— Meu nome é Paula. Sou filha de Carolina. Eu atendi o telefone... Minha mãe não pode vir agora e pediu que eu viesse para ver se precisam de alguma coisa.

— Entre moça, por favor. Tereza está no hospital para liberar o corpo. Deve chegar logo. Se quiser pode esperar.

Paula entrou naquela casa. Estranhou, pois nunca havia entrado em uma casa como aquela. Estava transtornada pela descoberta e por toda a pobreza que viu pelo caminho. Assim como aconteceu com Waldir e Mário, ela, também, ouvia muito sobre pobreza, mas nunca a tinha visto de perto. Clotilde conduziu-a para a pequena sala da casa. Pôde ver que tinha dois sofás, uma estante onde estava a televisão e uma pequena mesa de centro. Tudo muito simples, diferente de sua casa que era imensa e luxuosa. Sentou-se em um dos sofás e ficou olhando tudo. Sobre a estante, havia muitas fotografias em porta-retratos. Clotilde, percebendo seu interesse, pegou um dos porta-retratos, dizendo:

— Esta é sua mãe, a outra é Tereza.

Paula pegou o porta-retratos na mão e ficou olhando. Na fotografia apareciam duas adolescentes. Paula prestou atenção no rosto das fotos. *Nesta foto, esta mais jovem e mudada é claro, mas é minha mãe, sim! Tudo que essa mulher está dizendo é verdade. Minha mãe era pobre, mas por que escondeu isso? Será que papai sabia?*

— Outro dia vi Carolina, ela mudou muito, mas pode ver que é ela.

— Tem razão é ela mesma. Tem mais algumas fotografias da família?

— Tem sim, venha até o quarto. Mercedes, sua avó, tinha mania de fotografia.

Clotilde caminhou em direção ao quarto. Paula a acompanhou. Assim que entrou, viu que, realmente, sobre uma cômoda e nos criados-mudos, havia muitos porta-retratos. Olhou para aqueles que estavam sobre a cômoda. Clotilde ia dizendo de quem se tratava. Ela conheceu o padrasto de Carolina, tios, tias. Desviou o olhar para o criado-mudo e viu a fotografia de André e Patrícia. Sentiu as pernas amoleceram e quase caiu.

Clotilde percebeu que ela olhava insistente para a fotografia, disse:

— O nome dessa moça é Patrícia, essa fotografia é do dia em que ela ficou noiva do André. Eles fazem um lindo casal, não fazem?

Paula não conseguia responder. Seu coração batia forte. Clotilde continuou:

— Sabe que, quando sua mãe tinha mais ou menos quinze anos, ela ficou grávida? Assim que a menina nasceu, Mercedes a deu para uma família muito rica. Ela me contou, faz poucos dias, os vizinhos não sabiam de nada disso. Eles esconderam de todos. Depois que ela deu a menina e sua mãe saiu de casa, Mercedes arrependida foi trabalhar na casa da família e sempre cuidou da menina, que cresceu gostando muito da Mercedes. É sua irmã e até se parece com você, não parece?

Paula não queria acreditar no que aquela mulher falava, mas não tinha como negar. Conhecia Patrícia. Já a tinha visto ao lado de André, nunca havia prestado muita atenção, mas agora olhando bem, ela e a mãe eram realmente muito parecidas. Sem poder falar, saiu dali correndo. Entrou no carro e foi embora em disparada. Clotilde não entendeu o que acontecera. Do portão, ficou olhando o carro de Paula virar a esquina e desaparecer. Nervosa, pensou... *Será que falei demais?*

Paula, enquanto dirigia o carro, chorava e pensava: *Como ela pôde me enganar dessa maneira? Durante toda a vida me ensinou a ser superior, a sempre deixar bem claro qual era o meu lugar perante os empregados da casa e a todos que fossem de uma classe social inferior! Sempre disse que eu não devia confiar nos pobres, pois todos morriam de inveja do meu nome e fortuna e que todos eram interesseiros e aproveitadores! Ela sabia muito bem o que falava, pois ela própria sempre foi assim! Eu a odeio! Será que papai e o Waldir sabem disso? Claro que não! Se soubessem, teriam me contado. Por que será que Waldir nunca se deixou levar por aquilo que ela dizia? Será que ele desconfiava de alguma coisa? Enquanto eu, eu me deixei levar e me tornei mimada, fútil e egoísta como ela! Será que foi por isso que André me trocou por aquela sonsa, que agora sei que é minha meia-irmã? Deve ter sido e, a culpada foi dona Carolina! Por isso foi que mudou completamente! Quando esteve na casa, deve ter descoberto que a moça que estava com André era filha dela! Precisou escolher com qual das duas ele ficaria e decidiu por ela! Eu a odeio com todas as forças do meu coração e nunca vou perdoá-la!*

Chegou na portaria da empresa e parou o carro. O porteiro se aproximou:

— Pois não, quer falar com quem?

— Meu nome é Paula Mendes Cordeiro, sou filha do doutor Mário. Preciso falar com minha mãe!

— Desculpe, senhorita, nunca a vi por aqui, por isso não a reconheci.

— Agora está me vendo! Quer abrir o portão! Estou com pressa.

— Vou abrir, a senhorita, por favor, estacione o carro ali naquela vaga e alguém virá para acompanhá-la.

— Não preciso disso! Sou dona de tudo aqui! Estou com pressa! — disse irritada.

— Desculpe, mas são normas da empresa. Não vai demorar muito.

Enquanto ela estacionava o carro, ele pelo interfone se comunicou com Sara que veio, em seguida, até a portaria. Aproximou-se dizendo:

— Meu nome é Sara, sou secretária de seu pai.

— Preciso falar urgente com minha mãe, pode me acompanhar?

— Aconteceu alguma coisa com o doutor? Ele piorou?

— Não, meu pai está da mesma maneira. Mas, por favor, tenho urgência em falar com minha mãe!

— Está bem, queira me acompanhar.

Entraram no prédio, no elevador e chegaram à sala de Mário. Carolina já fora avisada da visita de Paula e, assim que ela entrou, levantou-se da cadeira e perguntou, curiosa:

— Que aconteceu, Paula? Por que está aqui? Tem notícias do hospital? Seu pai piorou?

— Não, mamãe, não se trata de papai, trata-se da senhora!

— Por que está dizendo isso?

— Estou vindo da casa de dona Mercedes. A senhora a conhece?

— Quem?! — Carolina perguntou, sentando-se e empalidecendo.

— Dona Mercedes. Não sei se vai lhe interessar, ela morreu esta manhã. — Paula disse com ironia.

— O que aquela gente te disse? Eles me odeiam!

— Não continue mentindo, sei de tudo! Por que escondeu isso, mamãe? Por que sempre disse que pertencia a uma família tradicional e rica? Por que permitiu que eu crescesse sem conhecer minha avó e minha tia? Como pôde fazer isso, mamãe? Papai sabe disso?

Carolina, percebendo que havia sido descoberta, pensou rápido e disse em lágrimas:

— Sim, ele sabe, sempre soube, nunca o enganei.Tudo que fiz foi para a felicidade sua e de seu irmão... eu amo vocês...

— Minha felicidade?! Não me faça rir, mamãe! A senhora, na primeira oportunidade, quando descobriu que aquela moça que está com André era sua filha, teve de escolher e escolheu que quem devia ficar com ele era ela! Por isso veio com aquela conversa de que eles deveriam ficar juntos. Não dando a mínima para os meus sentimentos!

— Não foi isso, só descobri que eles se amam... e sei que você só está impressionada, mas que não o ama...

— Isso nunca interessou para a senhora. Eu sempre ouvi o que me disse, por isso me tornei fútil, egoísta e prepotente! Nunca vou perdoar! Nunca, ouviu, mamãe? Não vou deixar que as coisas fiquem assim, agora mesmo vou até a casa do André e vou contar tudo! Vou dizer que aquela sonsa, não tem nome, família ou tradição, que não passa de uma enjeitada!

Carolina com medo e raiva por ter sido descoberta, disse de uma vez:

— Não vai fazer isso, por que, se fizer, vai me obrigar a contar para ele que você também não é nossa filha, portanto também não tem nome, família ou tradição!

Paula arregalou os olhos e perguntou nervosa;

— Que está dizendo? A senhora enlouqueceu?

— Não enlouqueci, não! Estou dizendo a verdade! Você não é nossa filha, é filha da Eliete! Jurei e fiz com que ela jurasse que nunca te contaria, mas agora, você está me obrigando a quebrar meu juramento!

Paula tremia muito, mas agora, não era de raiva, mas de espanto e descrença.

— A senhora está mentindo! Está querendo proteger aquela lambisgóia!

— Estou dizendo a verdade. Quando Eliete começou a trabalhar lá em casa, estava grávida, mas não nos contou. Quando descobrimos, quis mandá-la embora, mas seu pai não permitiu. A minha gravidez do Waldir tinha sido muito difícil e o médico me proibiu de engravidar novamente. Quando soubemos da gravidez de Eliete, seu pai disse que, já que não teríamos mais filhos nossos, e ele não queria ter só um filho, poderíamos ficar com a criança, criá-la com todo amor e carinho. Achei que aquela era uma boa idéia e, para vê-lo feliz, mandei chamar Eliete e lhe disse que, se ela quisesse, ficaríamos com a criança, desde que ela jurasse nunca contar que era a verdadeira mãe. Ela sem família e sem ter para onde ir, concordou e só impôs uma condição: continuaria em nossa casa para poder cuidar de você. Eu, que não tinha muita paciência com criança, aceitei. Você nasceu e a registramos como nossa filha! Teve boa educação e carinho! Hoje tem um nome, família, tradição além de muito dinheiro! Se eu não tivesse aceitado o que seu pai propôs, não imagino onde estaria! Portanto, não seja mal agradecida! Deixe André e Patrícia em paz! Você é jovem, bonita e logo aparecerá alguém que você ame e que te ame também!

— Está mentindo, mesmo! Não pode ser verdade! Só está querendo proteger sua filhinha!

— Estou dizendo a verdade, mas isso não significa nada! Amo você como minha verdadeira filha! Só quero o seu bem e ensinei a você tudo o que sabia! Você tem, sim, que se considerar melhor que os outros! Você tem, sim, um nome para zelar! Você tem, sim, que manter afastadas as pessoas pobres, por que elas têm, sim, inveja do nosso dinheiro e do nosso poder! Ensinei todas essas coisas e não me arrependo, porque são verdadeiras!

Paula chorava e dizia:

— Permitiu que eu tratasse Eliete mal! Permitiu que eu a humilhasse e ofendesse! A senhora é mesmo um monstro! Ainda bem que não tenho seu sangue! Eu a odeio com todas as forças da minha alma!

Carolina levantou-se e ia em direção a ela, mas Paula, assim que percebeu a sua intenção, virou-lhe as costas e saiu. Carolina voltou a se sentar, colocou os braços sobre a mesa e as mãos, sobre a cabeça e começou a chorar. *Estou perdida, ela vai contar a verdade sobre mim ao Waldir e, se Mário recobrar a consciência, também vai contar que não é o pai dele!*

Levantou-se e começou a andar pela sala. *Agora, a minha única salvação é a morte de Mário, só assim, enquanto ela e Waldir estiverem sofrendo por causa da morte dele, vou ter tempo para pensar no que fazer. Mário precisa morrer!*

A Viagem de Mário

No hospital, Mário continuava adormecido. Ao seu lado dois médicos espirituais e duas enfermeiras, cuidavam da área atingida. Os médicos jogavam luzes brancas e os vasos sangüíneos se movimentavam. Estavam preocupados, pois encontravam dificuldade para restabelecer a parte do cérebro que fora atingida. Uma luz muito forte apareceu e, de seu meio, surgiram dois homens. Um deles perguntou:

— Como ele está, Elias?

— Estável, conseguimos que continuasse respirando. Agora estamos colocando sobre todo o cérebro luzes de energia e vamos tentar restabelecê-lo totalmente. Precisamos esperar que, com as luzes e os remédios que estão sendo aplicados pelos médicos da Terra, ele reaja e acorde.

— Isso vai demorar um pouco, estamos aqui para levá-lo conosco. Temos uma longa viagem a fazer.

— Está bem, Hugo. Ficaremos aqui cuidando do seu corpo, enquanto vocês cuidam de seu espírito...

Hugo sorriu, olhou para o outro homem, perguntando;

— Está pronto, Pires?

— Sim, podemos levá-lo.

Colocaram-se um de cada lado de Mário segurando suas mão. Mário abriu os olhos e reconheceu um deles:

— Papai! Que está fazendo aqui?

— Vim te buscar meu filho, temos que fazer uma viagem.

— Viagem? Para onde?

— Não se preocupe, você ficará feliz com ela.

— Papai, o senhor morreu há muito tempo! Como pode estar aqui? Eu morri também?

— Não, ainda não, meu filho, seu corpo está doente e inconsciente, mas está sendo tratado pelos médicos da Terra. E seu espírito, por nós.

— Espírito? Então existe mesmo um espírito?

— Claro que sim! — Hugo respondeu rindo.

— Ouvi falar a respeito, mas nunca prestei muita atenção.

— Sei disso, mas não importa, acreditando ou não, todo ser humano tem um espírito e é dele que vamos cuidar agora. Está pronto para a viagem?

— Estou, ao seu lado não tenho o que temer, papai.

— Então vamos. Este é o Pires, um nosso amigo de longa data.

— Como vai, Mário? Fazia tempo que não nos encontrávamos.

— Desculpe, mas não o estou reconhecendo.

— Sei disso, mas é só questão de tempo.

— Bem, meu filho. Segure em nossas mãos e não tenha medo. Você vai voar como se fosse um passarinho.

— O senhor sabe que sempre tive medo de altura, papai!

— Sei disso. Se preferir, pode fechar os olhos.

— Acho que vou fazer isso.

Hugo e Pires se olharam e riram. Em seguida o espírito de Mário, preso ao corpo por um cordão de luz prateada, subiu ao lado deles. A princípio Mário fechou os olhos, mas depois, ao ver que era agradável a sensação que sentia, abriu-os e ficou observando o caminho.

— Que cordão prateado é esse que está ligado ao meu corpo, papai? — perguntou curioso.

— Esse é um dos que existem por várias partes do corpo físico. Esse, em especial, prende o corpo físico ao espírito sempre que este sai para passear... que é o que estamos fazendo agora. Enquanto o corpo está vivo, ele o seguirá para onde for. Assim que chegar a hora, ele será desligado e o espírito poderá se locomover para onde quiser. Estará livre.

— Nunca imaginei que fosse assim.

— Há muita coisa que nem você nem ninguém imaginam.

Continuaram flutuando. Após algum tempo, chegaram a uma espécie de floresta. Desceram ao lado de uma cachoeira. Mário não resistiu e respirou fundo. Hugo sorriu, dizendo:

— Sabia que você ia gostar deste lugar. Sempre gostou de ficar junto à natureza.

— Gosto mesmo, papai, mas por que estamos aqui?

— Não está gostando?

— Sabe que sim, mas, agora estou me lembrando. Não posso ficar aqui, precisamos voltar, tenho que conversar com Carolina. Ela me enganou, papai? Waldir não é meu filho!

— Isso faz diferença para você? Deixou de amá-lo por causa disso?

Mário ficou olhando para o pai.

— Não, pai! Claro que não! Para mim ele é meu filho! Mas ela me enganou e não precisava fazer isso! Eu a amava, o senhor sabe disso, eu a aceitaria e ficaria com ela de qualquer maneira!

—Você sabe disso, eu também, mas ela não. Ficou com medo de te contar a verdade e ser abandonada.

— Jamais faria isso. Só depois de casados foi que a conheci realmente. Ela é fútil egoísta e prepotente. Gosta de humilhar as pessoas pobres. Nem mesmo com a chegada de Paula ela se modificou. Muitas vezes senti vontade de abandoná-la, só não o fiz por causa dos filhos. Hoje sei que Waldir não é meu filho. Sobre Paula, eu sempre soube, mas não deixei de amá-la por isso. Só fico triste quando vejo que Carolina conseguiu transformá-la em alguém com defeitos iguais aos seus.

— Seus filhos não são de sangue, mas são do espírito, e isso é o mais importante. Estão ligados por laços profundos de amor. Tudo aconteceu como teria que ser. Somente a atitude de Carolina não deveria ser assim, porém Paula se deixou envolver, embora, como todos, saiba distinguir o certo do errado. Mas sempre é preciso respeitar o livre-arbítrio de cada um. Carolina teve a chance de se modificar, mas, outra vez, não conseguiu. Agora precisamos esperar para ver o que fará daqui para frente.

— Estamos ligados, como?

— Viveram juntos por várias vidas, um ajudando ao outro. Entre você e Waldir sempre existiu uma amizade sincera e profunda.

— Várias vidas? Existe mesmo reencarnação?

— Claro que sim. Se não existisse, não haveria motivo para se lutar contra o mal e sempre tentar se fazer o bem. Se o espírito vivesse só uma vez, não existiria justiça na Terra ou em qualquer outro lugar. A reencarnação é a oportunidade que Deus dá a todos espíritos, sem qualquer distinção, raça, classe social, religião, ou o que for. Ela está além de tudo isso.

— Conversei sobre isso com Deise. Meu Deus! Não tive tempo de dizer ao Waldir o que descobri! Sinto muito, pai, estou feliz por encontrá-lo e por estar neste lugar maravilhoso, mas precisamos voltar. Waldir está sofrendo muito por causa de Deise, ou melhor, por causa do que Carolina fez. Tenho de lhe contar para que a procure e sejam felizes.

— Calma, meu filho. Não se preocupe, tudo ficará bem. Seu corpo físico não está em condições de se mover. Estamos tentando fazer com que ele reaja e, assim, poderá voltar a si. Enquanto isso não acontece, precisamos visitar um lugar. Sei que vai gostar.

— Disse que estão tentando. Quer dizer que talvez não consigam?

— Sim, meu filho. Isso depende apenas do seu corpo físico.

— Dizem que os mortos sabem tudo!

— Dizem, mas não é verdade. O morto sabe exatamente o que o vivo sabe. Não temos bola de cristal. — Hugo disse rindo e olhando para Pires, que ria também.

— Agora precisamos ir, você não pode ficar muito tempo longe do seu corpo. Vamos caminhar por aquela alameda.

Mário olhou para onde Hugo apontava, e as árvores começaram a mover-se. Uma alameda cercada por flores surgiu.

— Nossa, papai! Que maravilha! Tão lindo que não parece real!

— É mesmo, não é? Fizemos isso porque sabíamos que ia gostar. Vamos caminhar.

Começaram a caminhar pela alameda. Mário os seguia observando tudo a sua volta. De repente parou, dizendo:

— Papai, conheço este lugar! Já estive aqui! Por trás daquelas árvores existe uma casa muito grande, não existe?

— Sim, existe e também os pés de café. Você se lembra deles?

— Sim, papai, estou me lembrando. Como pode ser isso?

— Tudo pode ser, quando precisa acontecer.

Mário saiu correndo na frente deles. Queria chegar logo na casa. Sabia que aí encontraria as pessoas que lá viveram com ele, mas, ao chegar e entrar, não encontrou ninguém, a casa estava vazia, embora estivesse da maneira como a lembrava. Cada móvel, cortina e até a cor das paredes eram os mesmos. Só faltavam as pessoas. Percorreu todos os cômodos da casa. Um salão muito amplo, vários quartos e a cozinha. Nela parou e ficou olhando, tentando relembrar.

— Papai. Carolina estava sempre aqui, ao lado do fogão, fazendo comida...

— Sim, meu filho. Ela era a melhor cozinheira do mundo.

— Não pode ser a mesma Carolina! Aquela que conheci e que vivia aqui era negra!

— Era, sim, uma negra linda! E é a mesma que conhece hoje e, como no passado, desta vez também você se apaixonou perdidamente por ela, lembra-se daquele tempo?

— Claro que me lembro, mas ela não me queria, ela gostava do... como era mesmo o nome dele?

— Murilo.

— Isso mesmo, Murilo. Meu primo que veio passar férias aqui. Ele envolveu-a e a enganou. Papai, é o mesmo Murilo com quem ela está envolvida hoje?

— Sim, infelizmente. Novamente eles se envolveram e, se não mudarem, desperdiçarão também esta encarnação.

— Papai! Eles foram muito maus! Destruíram minha vida somente por causa de dinheiro! Estou vendo o que aconteceu no dia em que ela e Murilo me acusaram. O senhor estava no salão:

"— Tô prenha, sinhô. Não sei que fazê...

"— Que negro fez isso? Sempre disse que negro só podia se deitar com uma negra quando eu permitisse e só para procriar! Quem é ele? Diga quem foi e ele receberá o castigo merecido.

"— Não foi nego, não sinhô... foi o sinhozinho...

"— Quem? Meu filho?

"— Foi ele mesmo, sinhô. Eu não quiria, pidi muito, ele não me ouviu e me obrigô a deitá cum ele.

"— Não pode ser, conheço meu filho, ele jamais faria isso!

"— Mas fez, meu tio. Em uma das vezes eu consegui evitar. Ele a estava obrigando e eu cheguei na hora.

"— Isso aconteceu mesmo, Murilo?

"— Claro que sim, meu tio. Para que eu inventaria uma coisa como essa?

"— Não teria motivo mesmo. Mas, vamos esperar essa criança nascer e, se for mulato, terei de tomar uma decisão. Sei que será difícil, mas terei de tomar e tomarei. Ele pagará por esta vergonha que está me fazendo passar. Agora saiam daqui, preciso conversar com Mário. Deve estar lá na cachoeira. Quando saírem, peçam para Ari entrar. Vou mandar chamá-lo."

— Vi e estou me lembrando, papai. Lembro também do senhor, que era meu pai.

— Sim e este é Pires, o pai de Deise, um amigo de longa data e que sempre esteve ao nosso lado.

— Sim, estou me lembrando de você e de Deise também. Você era muito amigo da família e rico também. Deise era sua filha! Mas, papai, por que acreditou neles e fez tudo aquilo comigo? — perguntou voltando-se para Hugo.

— Desculpe, Mário. Foi a minha ignorância, prepotência e a certeza de que eu, por ter muito dinheiro, era dono de tudo e de todos. Mas me arrependi amargamente por tudo que fiz. Naquele dia, Ari foi até a cachoeira e você, como sempre, estava lá. Costumava ficar ali por horas, olhando a água e escrevendo poemas. Era apaixonado por Carolina, mas sabia que, apesar de eu simpatizar com ela, jamais aceitaria uma negra como nora. Você escrevia muito bem. Quando Ari te chamou, você veio sem saber o que estava acontecendo. Eu o recebi gritando:

"— Como teve coragem de fazer uma coisa dessas?

"— Que foi que fiz, papai?

"— Tem coragem de perguntar? Pensou que nunca seria descoberto, não é? Que ela não teria coragem de me contar, mas se enganou. Carolina sabia o quanto gostava de seus pais e quando eles morreram prometi que cuidaria dela como se fosse minha filha.

"— Não sei sobre o que está falando.

"— Não precisa mentir, já sei de tudo. Carolina está grávida e você sabe quem é o pai!

"— Não, papai, não sei.

"— É mesmo um dissimulado. Claro que sabe! Ela disse que a obrigou a se deitar com você e Murilo confirmou tudo!

"— Não fiz isso, papai. Gosto muito dela, mas nunca me aproximei. Sempre soube o que o senhor pensava a respeito dos negros e que não queria a menor aproximação, muito menos das negras.

"— Não adianta mentir! Murilo disse que conseguiu te impedir ao menos uma vez.

"— É mentira! Por que ele disse isso?

"— Porque é um bom moço e ficou horrorizado com o que você fez!

"— É mentira, papai! Não fiz isso!

"— Não temos mais o que conversar. Vamos esperar essa criança nascer e, se for mulata, saberei o que fazer com você!"

— O menino nasceu e era mulato. Sem pensar, te expulsei de casa, mesmo sabendo que tinha um problema na perna, e que, por isso, não conseguiria encontrar um emprego, mas meu orgulho estava ferido. Não podia admitir uma coisa como aquela, muito menos saber que naquele negrinho corria meu sangue.

— Só não entendo por que fizeram aquilo, papai?

— Carolina inventou aquilo para agradar Murilo, por quem estava apaixonada. Ele sentia inveja de você, por ser rico e bonito, enquanto ele era pobre e se julgava feio, sem aceitar que não existe feio ou bonito. A beleza do corpo termina com o passar do tempo. Só o que resta é a beleza do espírito, essa, sim, dura para sempre.

— Papai, não consigo acreditar que vivi aqui nesta casa... que fui feliz e sofri tanto também. Eu amava este lugar. Por que tudo teve de ser daquela maneira?

— Vocês tinham dívidas uns para com os outros. Tiveram a chance de se reencontrarem, resgatarem as dívidas e se perdoarem mutuamente. Mas, infelizmente, Carolina e Murilo não aproveitaram, planejaram te destruir e conseguiram que eu te expulsasse de casa.

Mário olhou para Hugo e viu que ele enxugava lágrimas que caíam por seu rosto.

— Hugo, sei que está emocionado e infeliz por ter, mesmo sem saber, participado de tudo. Você se redimiu. Voltou a renascer como pai de Mário e, desta vez, foi um ótimo pai. Por isso está aqui ao meu lado, encontrando-se com Mário, e o perdão por parte dele deve começar aqui. — Pires disse, abraçando o amigo.

Hugo olhou para Mário, que abriu os braços. Abraçaram-se com carinho, amor e saudade. Depois do abraço, Hugo disse:

— Eles não contentes com isso, ainda planejaram te matar, pois com sua morte Murilo se casaria com Nilda, sua irmã, e ficaria com toda a herança que eu deixaria, assim que me matassem também.

— Sim, Nilda... era minha irmã querida. Ela foi a única que, embora tenha acreditado, nunca deixou de me apoiar e ajudar. Lembro-me de que aquela noite era a última que eu passaria em casa. Papai, o senhor havia me dado até a manhã seguinte, para eu sair de lá. Estava arrumando minha roupa e pensando para onde poderia ir, quando Ari entrou com uma xícara de chá e disse:

"— Trouxe esse chá pro sinhozinho podê dormi sussegado."

— Papai, agora estou me lembrando do Ari! Era o mesmo Ari de Nilda! Como pode ser, papai? — Mário disse surpreso.

— Eu disse que nos reencontramos com amigos e inimigos, Mário. Você achava que Ari era seu amigo. Vocês tinham a mesma idade. Cresceram juntos e sempre foram amigos. Você nunca se importou com a cor dele, mas ele se apaixonou por Carolina e fazia tudo o que ela queria.

— Ari, sim o mesmo Ari que hoje é marido da Nilda e que era meu escravo de confiança. Ele tentou me matar. Só não conseguiu porque Nilda entrou no quarto gritando desesperada.

"— Não beba esse chá, meu irmão! Está envenenado!"

— Larguei a xícara e Ari começou a chorar e dizer: "— Perdão, sinhozinho. Tive que fazê, Carolina pidiu e prometeu que ia ficá comigo! Eu amo aquela nega!

"— Como pode fazer isso, Ari? Eu confiava plenamente em você! Sempre fui seu amigo!

"— Perdão, sinhozinho...

"— Saia daqui! Não quero te ver nunca mais! Nilda, minha irmã, obrigado por salvar minha vida. Embora ache que o melhor seria ter morrido. Não sei o que fazer com minha vida! Não tenho para onde ir e sabe que, por causa da minha deficiência, não conseguirei um trabalho.

"— Não fale assim, meu irmão. Daremos um jeito. Leve este dinheiro e, assim que se instalar, mande seu endereço, e eu conseguirei encontrar um meio para te ajudar. Embora saiba que as provas contra você são muitas, não sei, mas sinto que é inocente, por isso sei também que tudo será esclarecido e poderá voltar para casa. Confie em Deus."

— Papai, todos nos reencontramos aqui novamente? — Mário perguntou olhando para Hugo.

— É assim que funciona, meu filho. A cada reencarnação temos a oportunidade de nos reencontrarmos para tentar consertar nossas falhas.

— Não estou entendendo, por que eles fizeram isso? Por que quiseram me destruir? Eu era doente, não fazia mal a ninguém...

— Depois que você foi embora. Murilo se aproximou de mim. Tornou-se carinhoso e fez com que obrigasse Nilda a se casar com ele. Ela, embora fosse apaixonada por Ari, sabia que eu nunca concordaria que ela se casasse com um negro e, vendo o que tinha se passado com você, não teve coragem de me enfrentar e obedeceu sem reclamar. Já que eu havia te deserdado, Nilda ficou sendo minha única herdeira e Murilo, casando-se com ela, tomou posse de tudo que te pertencia por direito...

— Eles planejaram e conseguiram?

— Sim, Mário. Embora tenha se casado com Nilda, Murilo e Carolina continuaram como amantes. Assim que você foi embora, eu não quis que ela continuasse na fazenda. Ela foi embora levando seu filho. Murilo a levou para a cidade e alugou uma casa, onde se encontravam regularmente. Você, com ajuda de Nilda, embora muito pobre conseguiu sobreviver. Com o tempo, fui sentindo sua falta e fiquei preocupado.

— É verdade! — disse Pires. — Ele te amava, Mário. Você era seu único filho. Mas não podia ter deixado de tomar aquela atitude. Achava que precisava impor respeito perante seus escravos e conhecidos. Ele tinha fama de ser muito exigente, porém justo. Por saber que você deveria estar com dificuldade, perguntou para Nilda:

"— Você sabe onde seu irmão está?

"— Sim, papai. Está morando em um quarto na cidade.

"— Ele está bem de saúde? Arrumou algum trabalho?

"— Não, papai, o senhor sabe que ele não tem como trabalhar.

"— Ele gostava de escrever.

"— Ainda gosta, mas está sem vontade. Perdeu o interesse pela vida.

"— Como ele está vivendo?

"— Desculpe, papai, mas sempre dou um jeito de lhe enviar algum dinheiro, ao menos para que pague o aluguel e se alimente, pois não tenho muito, só aquele que o senhor me dá. Como sabe, Murilo diz que não preciso de dinheiro, pois ele me dá tudo que necessito.

"— Faz bem, minha filha em ajudar seu irmão, não o quero ao meu lado, mas também não quero que passe necessidade. Vou lhe dar mais dinheiro e você dará a ele."

— Nilda, para poder mandar dinheiro, te convenceu que Ari fora envolvido por Carolina, mas que era seu amigo. Você e ele conversaram. Ele, apesar de Carolina, viu que era seu amigo e prometeu que nunca mais a ouviria. A amizade falou mais alto e você o perdoou. Desse dia em diante, todos os meses ele te trazia dinheiro, que você pensava ser de Nilda, mas na realidade quem mandava era eu.

— Lembro-me desse tempo. Sofri muito por que nasci e fui criado na fazenda. Conhecia muito pouco a cidade. Havia ido até lá algumas vezes, por isso me sentia deslocado. Comecei a andar por toda ela, que não era muito grande, e ver como as pessoas viviam. Naquele tempo já existia uma grande diferença entre ricos e pobres. Depois de andar e observar, voltava para casa e escrevia sobre as diferenças, o tratamento dado aos negros. Tudo aquilo me revoltava.

— Sim, você escrevia, mas guardava seus escritos. Não sabia o que fazer com eles. Até que um dia, enquanto andava pela cidade, entrou em um bar para tomar alguma coisa, foi aí que conheceu Oscar.

— Sim, papai! Conheci Oscar! O mesmo Oscar que hoje julgava ser meu amigo e que me roubou!

— Ele mesmo. Pertencia a uma família nobre, mas havia gastado no carteado quase todo o dinheiro que herdou.

— Isso mesmo, papai! Tentou me levar várias vezes, mas nunca aceitei. Uma, por não ter dinheiro sobrando e, outra, porque não gostava de jogo. Mesmo assim nos tornamos amigos. Por ele ser nobre e jogador, conhecia todos da alta sociedade e, ao seu lado, também comecei a freqüentar aquele ambiente até então desconhecido para mim. Estou me lembrando daquele dia em que ele chegou no quarto onde eu vivia. Eu estava terminando de escrever um artigo, que, como os outros, quando terminasse, guardaria em uma caixa que estava sobre a pequena mesa que havia ali. Ele entrou e, ao ver o papel sobre a mesa e o lápis na minha mão, perguntou:

"— Que está escrevendo, Mário?

"— Nada, só passando o tempo.

"— Deixe-me ver. — Pegou o papel e começou a ler. Quando terminou disse entusiasmado:

"— Isto aqui está muito bom! Nunca imaginei que pensasse assim a respeito dos escravos. Você é contra a escravidão?

"— Sim, pois não aceito essa diferença só por causa da cor da pele. Se pudesse, terminaria com a escravidão hoje mesmo! — Ele pegou os outros papéis que estavam dentro da caixa e os leu. Ficou mais entusiasmado ainda, e disse eufórico:

"— Sabe que conheço muitas pessoas e entre elas alguns que estão lutando para que a escravidão termine. Conseguimos máquinas de uma gráfica que faliu e estamos pensando em fazer alguns folhetos e distribuir para todos. Só estamos procurando alguém que saiba escrever. Esses folhetos serão clandestinos, pois, se formos descobertos, poderemos ser presos. Se permitir, vou mostrar estes artigos para os outros e, se concordarem, começará a escrever os folhetos, que acha?"

— Lembro que fiquei mudo, nunca havia pensado que um dia meus artigos serviriam para alguma coisa de tamanha importância como aquela, respondi emocionado:

"— Se quiserem eu aceito, sim!

"— Só tem um problema.

"— Que problema?

"— Os folhetos serão distribuídos para toda população, não poderão ser vendidos, portanto não teremos como te pagar pelos artigos.

"— Não tem importância! Não preciso de dinheiro. Tudo que preciso minha irmã me manda. Você sabe que moro neste quartinho e vivo com simplicidade. Não preciso mais dinheiro do que tenho.

"— Sendo assim, vou levar agora mesmo estes folhetos, mostrar para meus amigos e, se eles aprovarem, voltarei e te direi."

— Levou e voltou duas horas depois. Disse que fariam os folhetos com aqueles artigos que havia levado e que era para eu continuar escrevendo. Fiquei feliz e continuei escrevendo e andando pelas ruas para descobrir algo mais que poderia ser escrito e, também, a reação das pessoas ao lerem os folhetos. Só uma coisa me entristeceu. As pessoas que liam eram em sua maioria brancas, pois quase nenhum negro sabia ler. Mesmo assim, os folhetos fizeram muito sucesso e eu podia ver as pessoas discutindo, umas contra, outras a favor, mas discutiam.

— É verdade, meu filho. Fazia quase dez anos que você havia saído de casa, quando Ari, em uma das vezes que veio lhe trazer dinheiro, disse:

"— Sinhozinho, seu pai tá muito doente e qué vê o sinhozinho.

"— Doente como?

"— Ninguém sabe. Ele começô ficá muito fraco e agora us médico falô que ele num tem jeito não, vai morrê memo.

"— Não posso ir até lá, Ari. Se for vou me encontrar com Murilo e poderemos brigar. Não quero isso. Diz para meu pai que, apesar de tudo, eu o amo e que estou muito bem."

— Ari me deu o recado e fiquei muito triste. Com o tempo, conheci melhor Murilo e soube que ele era mesquinho, egoísta e muito, mas muito ganancioso mesmo. Queria te ver para te pedir que protegesse Nilda, pois, embora ela tentasse esconder, eu sabia que ele a maltratava. Mas entendi o seu motivo e o abençoei. — Hugo disse com lágrimas nos olhos.

— Desculpe por tê-lo feito sofrer, papai, mas na época eu não tinha condições de voltar à fazenda.

— Tinha suas razões, que precisavam ser respeitadas. Nilda, com minha morte, se tornou mais triste do que já era, pois Murilo quase nunca ficava em casa e, quando estava, tratava-a muito mal. Ela queria muito ter filhos para que lhe fizessem companhia, mas, apesar de ter engravidado por três vezes, nunca conseguiu levar a gravidez adiante. Aquilo a tornava mais triste do que já era. Ari era quem lhe fazia companhia. Com o tempo, ele esqueceu de Carolina e passou a se dedicar inteiramente a Nilda, e um amor sincero surgiu entre os dois. Amor esse que nunca foi consumado, pois, apesar de tudo, Nilda respeitava Murilo como seu marido.

— Sei que tinha minhas razões, papai, mas poderia ter sido mais flexível. Não sabia que Nilda sofria tanto. Ari nunca me contou.

— Ela o proibiu. — disse Hugo — Dizia que você já tinha problemas demais. Depois que morri, ela, igual a mim, também foi ficando fraca e morreu seis meses depois. Ari foi lhe avisar e, desta vez, você voltou para cá. Assistiu aos funerais dela e sofreu muito, pois sabia que, depois de sua mãe, que morreu quando você tinha quatorze anos, ela fora à única pessoa que o amara realmente.

— Lembro-me desse dia e de como sofri ao ver minha irmã morta. Ela, apesar da pouca idade, estava envelhecida. Não conversei com Murilo, que chorava muito. Eu sabia que aquelas lágrimas eram mentirosas e que só fazia aquilo para impressionar as pessoas que estavam ali.

— Tem razão. Carolina era amiga de Eliete, outra escrava que conhecia as ervas e sabia para que serviam.

— Eliete? A mesma que hoje trabalha lá em casa?

— Sim, ela mesma. A pedido de Carolina, preparou uma poção e Murilo, sem que eu ou Nilda percebêssemos, foi nos administrando aos poucos, até conseguir nos envenenar e nos matar.

— Eles mataram, o senhor e Nilda? Que canalhas! Mas por que fizeram isso? Já tinham me afastado e Murilo estava com a fortuna e o controle de tudo! Por que isso?

— A ambição dele não tinha limites. Queria sempre mais! Foi nessa época que veio a libertação dos escravos.

— Sim, lembro-me desse dia. Os negros estavam felizes, cantavam e dançavam por toda cidade. Eu os olhava e pensava: *A liberdade chegou, estão felizes, mas o que não sabem é que isto é só o começo e que terão que lutar muito para conseguirem se impor, serem respeitados e se livrarem da discriminação e do preconceito... Aquilo que depender de mim e dos meus artigos continuarei fazendo.*

— Você tinha razão, Mário. Os negros que estavam acostumados a não ter responsabilidades, pois comiam e viviam nas fazendas ou nas casas e sempre com um lugar para viver, viram-se sem essa proteção. Teriam que viver de seu próprio dinheiro, que não tinham e não sabiam como ganhar. Alguns continuaram nas fazendas onde estavam acostumados e onde sempre foram bem tratados por seus donos. Outros, cansados de tanto sofrimento, dirigiram-se para as cidades, mas, sem trabalho e sem moradia, foram se juntando em barracos nos arredores da cidade.

— Sim, papai. Eu via tudo e escrevia. Agora com a libertação, aquela pequena gráfica se transformou em um jornal respeitado e eu recebia um bom salário e morava em uma boa casa.

— Continuou sempre escrevendo e denunciando as injustiças.

— Quase nunca recebia visitas, a não ser Oscar, que vinha quando perdia no jogo para lamentar sua falta de sorte. Um dia eu estava escrevendo e ouvi alguém batendo em minha porta. Curioso, fui atender, pois sabia que, àquela hora, Oscar não viria. Ao abrir, levei um susto enorme. Diante de mim estava Carolina, magra, abatida e parecendo doente. Segurava pela mão um menino e uma menina. Perguntei intrigado:

"— Que está fazendo aqui, Carolina?

"— Deixa eu entrá sinhozinho. Preciso falá com o sinhô.

"— Que quer, já não está satisfeita com todo o mal que me causou? Não temos nada para conversar. — Eu disse irritado.

"— Sei que o sinhozinho tem mutivo pra está brabo comigo, mas num conheço mais ninguém nesse mundu. Preciso de ajuda. Tô morrendo..."

— Estava nervoso e não queria conversar com ela. Vivia em paz e queria continuar assim. Ia dizer que não, que não queria falar com ela. "— Ajuda a gente, sinhozinho..."

— Olhei para baixo e vi aqueles olhos que me pediam suplicantes. Não sabia o porquê, mas senti uma enorme ternura por aquele menino. Espere, papai! Aquele menino era...

— Waldir, sim, meu filho. Era ele mesmo e a menina era Paula. Filha de Eliete, mas que era muito maltratada pela mãe e Carolina, que a adorava, quando saiu da fazenda a levou com ela. Eliete não se importou, pois não gostava da filha.

— Agora entendo porque é que sinto tanto amor por eles até hoje. Não resistindo à sua súplica deixei que entrassem. Percebi que estavam com fome, pedi a Nara, uma escrava que, assim que houve a libertação, veio para minha casa trabalhar como empregada, que providenciasse uma refeição para eles. Ela atendeu e ao um meu sinal, levou o menino e a menina com ela, dizendo: "— Venham comigo crianças! Tem um bolo muito bom lá na cozinha."

— Eu e Carolina ficamos sós. Ao vê-la naquele estado e diante de mim, senti aquela velha ternura renascer. Eu a amava, sempre a amei. Tanto que nunca consegui me envolver com outra mulher e dedicava todo meu tempo ao trabalho.

"— Sinhozinho, preciso muito da sua ajuda. Tô com tuberculose, vou morrê e não tenho cum quem deixá as minhas criança. Só conheço o sinhor...

"— Como só eu, onde está Murilo? Sei que depois que saiu da fazenda ele te alugou uma casa e vocês continuaram se encontrando!

"—Ficô comigo até a sinhazinha morrê. Eli sempre disse que, quando ela morresse, eli ia ficá comigo pra sempre. Tudo mintira! Quando ela morreu eli já tava cum otra branca da suciedade e casô bem depressa cum ela. Deixô eu suzinha cum nosso fio e cum a minina da Eliete.

"— Então o menino é filho dele?

"— É sinhozinho. Tive qui menti pru vosso pai, pruque u Murilo dissi qui mi amava e qui só pudia ficá comigo se eu judasse ele a mandá o sinhozinho imbora da fazenda. Eu judei. Mi perdoa, sinhozinho.

"— Não tenho o que te perdoar. Tenho até que te agradecer.

"— Pru que, sinhozinho?

"— Se você não tivesse inventado toda aquela mentira, eu estaria até hoje lá na fazenda, sofrendo perto da cachoeira e me maldizendo por ter esse defeito na perna. Estaria sendo dominado por meu pai. Hoje, depois de tanto tempo e me lembrado de tudo, só posso pensar que nada acontece por acaso. Parece que foi tudo planejado em algum lugar e, quando acontece algo de ruim na nossa vida e pensamos que tudo terminou, na realidade para Deus está apenas começando.

"— Será sinhozinho?

"— Não sei, mas penso que sim. Você não teve mais filhos,Carolina?

"— Não, sinhozinho. Fiquei prenha um tanto de veiz, mas não quiria mais criança, quiria vivê só pro Murilo, pru meu minino e pra minha minina, qui num é minha fia, mas amo munto ela. A Eliete conhece umas erva. Quano eu ficava prenha ela mi dava uma qui era boa i as criança num nascia.

"— Está bem, vamos esquecer o que passou. Esta casa é grande, tem um quarto para você e outro para suas crianças. Vou pedir para um amigo, que é medico, para que venha até aqui e ver o que pode ser feito por você. As crianças me parecem bem, mas, mesmo assim, vou pedir que os consulte também."

— Naquele momento, meu filho, trombetas tocaram no céu. Todos os seus amigos espirituais ficaram felizes e sorrindo mandaram luzes que te envolveram completamente. Você havia se superado e cumprido sua tarefa aqui na Terra.

— Nunca pensei que isso pudesse acontecer, papai. Tenho muitos amigos espirituais?

— Muitos mais do que possa imaginar. Sempre que renascemos, alguns voltam para nos acompanhar na jornada, outros ficam torcendo para que tudo que planejamos e desejamos dê certo e ficam sempre ao nosso lado para nos dar boas intuições.

— Nunca pensei sobre isso.

— Aí é que está o mérito. Se soubesse o que estava fazendo e fizesse com interesse em obter algum tipo de favor, não teria valor algum.

— Ainda bem que, mesmo sem imaginar, fiz o certo. O médico veio e constatou que nada poderia fazer para curar a doença de Carolina. Ela estava com tuberculose já avançada e, naquele tempo, muitas pessoas morreram dessa doença. Ela ficou desesperada, mas eu a tranqüilizei: "— Não se preocupe, Carolina. Terá toda assistência que precisar e, quanto às crianças, ficarei com elas e lhes darei estudo e tudo que precisarem para se tornarem pessoas de bem." — Ela agradeceu. Os dias foram passando. Em uma manhã, ela disse:

"— Preciso saí, sinhozinho, tenho um assunto pra resolvê. Posso deixá minhas criança aqui cum a Nara?

"— Claro que sim, mas aonde vai?

"— Preciso resolver um assunto antes de morrê.

"— Está bem, pode ir, mas não se demore. Precisa preparar o menino para ir à escola."

— Ela saiu. Eu continuei escrevendo. Todo amor que um dia sentira por ela, se transformou em pena, por ver uma moça que tinha sido tão nova e bonita naquela situação. Depois de duas horas, mais ou menos, ouvi uma batida forte na porta de entrada da casa. Nara estava terminando o almoço e não ouviu. Fui abrir e levei o maior susto. Diante de mim, dois policiais. Um dele perguntou:

"— O senhor conhece uma negra chamada Carolina?

"— Conheço, por quê?

"— Ela está presa no hospital.

"— Por quê? Que aconteceu?

"— Matou um homem importante.

"— Que homem, — perguntei tremendo.

"— O nome dele é Murilo Mendes Lagoa.

"— Não pode ser... ela não devia ter feito isso...

"— O senhor conhece esse homem?

"— Sim, é meu primo, mas como ela fez isso?

"— Esperou que ele saísse de casa e o apunhalou. Depois que constatou que estava morto, pegou o mesmo punhal e o enterrou no seu peito, mas não morreu, foi socorrida. O médico disse que ela tem pouco tempo de vida. Com muito custo deu seu nome e endereço e pediu que viéssemos lhe avisar.

"— Meu Deus do céu! Ela não devia ter feito isso.

"— Mas fez. O senhor pode nos acompanhar?

"— Sim, espere um momento, não estou vestido para sair.

"— Não demore muito. Ela está muito mal.

"— Com licença, vou me vestir."

— Entrei e me vesti o mais rápido possível e acompanhei os policiais. Quando cheguei ao hospital, Carolina estava realmente muito mal e, ao me ver, sorriu e disse: "— O sinhozinho, foi tão bom pra mim e eu não mericia. Fiz tanto mal pro sinhô. Mas agora já fiz minha justiça. Aquele canaia tá morto e não vai fazê mal pra mais ninguém. Tô morreno, só peçu pru sinhozinho não deixá minhas criança jogada. O pai du meninu nunca prestô, mas ele é um meninu muito bom."

— Respondi que sabia e gostava muito dele e da menina também. Que ela não se preocupasse, que eles ficariam ao meu lado até o dia da minha morte. Quando terminei de falar, ela sorriu, fechou os olhos e morreu. Fiquei sem saber o que fazer ou falar. Uma enfermeira que estava ao nosso lado chamou o médico e ele confirmou sua morte. Voltei para casa. Chamei as crianças e disse:

"— Sabiam que sua mãe estava muito doente, não é?

"— Sabia sinhozinho.— o menino respondeu.

"— Pois bem, ela está no hospital e acabou de morrer. — Eles começaram a chorar.

"— Que a gente vai fazer agora? Ela era tudo que a gente tinha na vida... por que a gente não morre também, sinhozinho?

"— Não fale assim. Continuarão aqui na minha casa e cuidarei de vocês. Estudarão e serão pessoas de bem. Para começar, parem de me chamar de sinhozinho. Não sou seu sinhozinho, sou um amigo."

— O menino secou as lágrimas e se abraçou a mim. Eu o abracei com todo amor e carinho. Não sabia de onde vinham àqueles sentimentos, mas eu os sentia.

— Embora tivessem se conhecido só agora, eram velhos amigos. Por várias encarnações estiveram juntos, sempre na tentativa de fazer com que Carolina encontrasse o caminho. Você prometeu e cumpriu. O menino estudou, cresceu e se formou em direito. Foi o seu orgulho na sua velhice. Casou-se com Deise e teve quatro filhos. Paula ao contrário, cresceu revoltada e com muita raiva de Eliete. Nunca esqueceu o muito que sofreu enquanto viveu ao seu lado. Quando você viu que eles estavam bem, sentiu que havia cumprido sua missão. Trabalhou sempre como jornalista e, através de seus artigos, ajudou na proclamação da República. Foi um lutador e sempre lutou contra a injustiça e pela liberdade deste país.

— Sim, mas muitas vezes achei que minha luta havia sido em vão e que meus artigos não ajudavam a ninguém.

— Ao contrário ajudou a muitas pessoas que, ao lê-los, encontravam soluções para poder ajudar alguém.

— Só não entendo uma coisa: o senhor disse que eu e Waldir renascemos muitas vezes para ajudar Carolina, mas parece que não adiantou. Nesta vida, ela voltou a se envolver com Murilo. Da mesma maneira que antes enganou, mentiu e planejou destruir as pessoas que a amam. Por que isso, papai?

— Carolina e Murilo por várias vezes vieram juntos na tentativa de se aprimorarem, mas nunca conseguiram. Ela sempre o matou e se suicidou em seguida. Cada espírito age de uma maneira. Por muitas vezes as chances são dadas, mas nem sempre aproveitadas. Muitos espíritos não conseguem enxergar quando a chance chega, mas sempre terão amigos para ajudá-los. Uma das chances chegou para Carolina quando, através de intuição, ela parou em frente à casa de dona Francesca. Ali teve carinho e pôde sentir-se protegida, mas aquilo não lhe bastava, queria mais e para isso mentiu para você e te enganou. Os amigos sempre estiveram ao seu lado e continuarão, até o dia em que ela resgate todos os seus erros.

— Não entendo, por que Nilda e Ari voltaram juntos e pobres?

— Com o tempo, todos retornaram para a espiritualidade. Carolina, por ter se suicidado e matado Murilo, ficou sozinha vagando sem destino. Em vão procurou por você, pelo filho, por Paula e pela fazenda, onde sabia que encontraria refúgio. Teve de ficar fugindo de um lado para outro, tentando se esconder dos monstros que a perseguiam, sem saber que aqueles monstros eram frutos de sua própria imaginação. Ficou assim, até que você retornou ao plano e quis saber dela. Assim que soube que ela vagava sem destino, pediu e foi atendido. Com um grupo especializado foi à sua procura. Quando a encontrou, ela estava demente e falava coisas sem nexo. Você a socorreu, e a levou nos braços de volta para um lugar seguro.

— Lembro-me desse dia, papai e também da reunião que tivemos, logo depois que ela se recuperou e tomou conhecimento de tudo. Ela estava envergonhada e pediu perdão a todos nós.

— O perdão foi dado. Estava na hora de renascerem e mais uma vez tentarem resistir aos apelos da vida e tentarem superar as mesmas dificuldades que tiveram.

— Sim, lembro-me que fizemos nossas escolhas e que Nilda disse:

"— Como na última encarnação fui rica e acho que o dinheiro foi à causa da minha infelicidade, agora quero renascer em uma casa pobre, ter os filhos que não pude ter e conseguir sobreviver sem me revoltar.

"— Eu, disse Carolina, acredito que, se tivesse tido dinheiro, não teria me deixado envolver por Murilo, por isso, desta vez quero ter muito dinheiro e poder assim, ajudar a muitas pessoas."

— De acordo com o que queriam, aconteceu. Ari quis vir ao lado de Nilda e selariam assim o amor que sentiram e juntos poderiam sobreviver às dificuldades.

— Eu quis vir rico para poder continuar lutando contra a injustiça e mais uma vez ao lado de Waldir, tentar ajudar Carolina, mas parece que não deu certo. Ela continuou igual ao que sempre foi. Embora tenha muito dinheiro, continua mentindo, enganando e prejudicando àqueles que a amam. Além de ser fútil, prepotente e egoísta. Sua ambição continua sem limites.

— Infelizmente está certo, meu filho. Ela ainda não está pronta, mas tudo poderá mudar de uma hora para outra. Se não conseguir se modificar e dar valor àquilo que realmente tem valor, perderá a oportunidade que só a reencarnação pode dar. Terá de voltar outras vezes e sempre em condições de vida terrena infeliz. Mas precisamos acreditar que um dia, ela conseguirá.

— Acho que é muito difícil a gente conseguir cumprir o que prometeu. Veja o Oscar, prometeu que nunca mais jogaria, mas pelo visto isso não aconteceu. Ele continua jogando e fazendo loucuras, até me roubou, mas sempre foi meu amigo.

— Ele também voltará muitas vezes até conseguir se livrar desse vício. Terá oportunidades, como teve agora. Você o recebeu como amigo e lhe deu toda condição para que tivesse uma vida feliz, mas ele se deixou dominar outra vez. Posso te dizer que está sofrendo muito, não tanto pelo dinheiro, mas por ter te traído. Quem sabe ele se regenere, ainda nesta vida, e encontre o seu caminho.

— Sinceramente, papai espero que consiga.

— Murilo casou-se com Lia, uma moça da sociedade e muito rica. Ela nunca quis ter filhos para não estragar seu corpo. Ele pediu para voltar pobre e conseguir vencer às suas próprias custas, mas, quando chegou aqui, não aceitou e voltou a agir como sempre. Lia pediu para vir novamente como sua esposa. Assim se ajudariam mutuamente. Ele envolveu-se com Carolina para poder tirar proveito da fortuna dela. Lia, que deveria ajudá-lo, também se deixou envolver pela ganância. Infelizmente nem sempre a coisa sai como o planejado e isso tem uma explicação. Quando se está no plano espiritual, conhecendo-se o passado e sentindo-se protegido, escolhemos a vida que será a melhor para o nosso crescimento espiritual, mas nos esquecemos de que tudo que escolhemos será vivido por um corpo físico. Por isso, quando temos de enfrentar as dificuldades, nem sempre estamos preparados e, na maioria das vezes, achamos que é injusto, que não merecemos. Antes de renascermos, somos alertados para estes fatos, mas nos sentimos capazes de cumprir o que prometemos. Por isso muitas crianças e jovens morrem cedo. Seus espíritos sabem que não conseguirão e preferem voltar e se preparar para uma próxima vez.

— É tudo tão estranho e complicado. Difícil de se entender e muito menos de se aceitar, papai.

— Não existe nada de complicado ou difícil. Só depende do que escolhermos. Mas agora está na hora de voltar. Já está muito tempo longe do seu corpo.

— Está bem, só não entendo por que me trouxeram para cá. Isso não vale, pois sabendo de tudo o que aconteceu, terei mais cuidado nas minhas decisões. Isto é, se acordar.

— Não se lembrará de nada do que aconteceu aqui. Já veio muitas vezes enquanto dormia e pensava que sonhava. Você e todos que estão renascidos são constantemente trazidos para o plano espiritual e aqui recebem ensinamentos ou forças para enfrentarem o que está por vir. Essas visitas são um banho de energia que todos recebem, sempre. — Hugo, dizendo isso, abraçou Mário, que o abraçou e também recebeu um abraço de Pires.

— Até mais, meu filho. Estou feliz por você por que, apesar de mim, conseguiu vencer.

— Obrigado, papai e, apesar de tudo, eu era muito feliz por ser seu filho.

— Agora feche os olhos, Mário, vamos te levar de volta e ver o que os médicos dos dois lados conseguem fazer com seu corpo.

Mário obedeceu. Fechou os olhos.

No hospital, Waldir continuava ao lado do pai. Conversava, contava coisas da infância. Não parava de falar:

— Papai, o senhor precisa acordar e voltar para nós. Sabe o quanto o amamos e como sua presença é importante em nossas vidas...

Estava, assim, falando quando Mário inspirou profundamente, como se estivesse respirando muito ar. Abriu os olhos, sorriu para Waldir e voltou a adormecer.

Waldir ficou eufórico, chamou Mário por várias vezes, mas não adiantou, ele não acordou. Saiu correndo em busca do médico. Quando abriu a porta, encontrou com Durval que entrava acompanhado pelo neurologista que estava cuidando de Mário. Ao ver Waldir naquela euforia, perguntou:

— Que aconteceu, Waldir? Por que está assim?

— Ele abriu os olhos, sorriu e voltou a adormecer! Ele abriu os olhos, Durval!

Durval olhou para o neurologista e entraram rapidamente no quarto. Mário continuava inerte. O neurologista após o examinar disse:

— Ele está com os reflexos do lado esquerdo comprometidos. Abriu os olhos, e isso pode ser um bom sinal, mas, como adormeceu em seguida, tudo pode acontecer. Precisamos continuar esperando.

Waldir começou a chorar desesperado. Era a primeira vez que chorava, desde que Mário sofrera o derrame. Durval o abraçou, dizendo:

— Chore Waldir. Esteve durante todos os dias tentando ser forte, mas precisa extravasar a dor que está sentindo. Não tenha vergonha de chorar, saiba que tudo que depender de nós, será feito. Seu pai está nas mãos de Deus.

Waldir continuou chorando. E disse:

— Não tenho o que fazer, Durval. Só tenho a opção de acreditar que ele está nas mãos de Deus.

— Isso mesmo, menino, continue pensando assim, é o melhor que tem a fazer. Agora preciso ir para o meu consultório. Se mais alguma coisa acontecer, telefone, que virei imediatamente.

Durval e o neurologista saíram. Waldir voltou para junto do pai.

A Verdade de Paula

Paula, desnorteada saiu da sala de Carolina. Pegou o carro e foi dirigindo sem destino. Não queria chegar em casa. Nunca havia sequer imaginado que não fosse filha Carolina e, muito menos, que sua mãe fosse Eliete. *Não! Não posso aceitar que aquela governanta seja minha mãe! Não pode ser! Como Carolina pôde me esconder uma coisa dessas e fazer eu acreditar que pertencia a uma família rica? Claro que ela podia fazer, já que mentiu a respeito de sua própria origem! Sempre me ensinou que eu era diferente, fez com que, durante toda a minha vida, eu maltratasse os pobres, os empregados, e não só eles, mas principalmente Eliete, que sempre ouviu calada as minhas ofensas. Podia ter-me chamado a atenção e dizer que eu estava errada, mas nunca fez isso! Sempre ficou calada e baixou a cabeça. Nunca olhou diretamente em meus olhos! Sei que isso foi uma ordem que ma... Carolina deu para ela e para todos os outros empregados da casa! Mas com ela deveria ser diferente! Ela é minha mãe! Minha mãe? Não, isso eu não posso aceitar! Não a quero como minha mãe! Ela, além de ser pobre, é ignorante e nem sabe conversar direito!*

Parou o carro, entrou em uma lanchonete. Sabia que precisava fazer alguma coisa, só não sabia o quê. Pediu um refrigerante e, enquanto bebia, pensava: *Não sei se devo contar ao Waldir. Será que ele continuará me aceitando como irmã, mesmo sabendo que sou filha daquela outra?! Não! Claro que não vai! Ele vai descobrir que não precisa dividir a herança comigo! Sabe que todo o dinheiro da família pertence só a ele! Não! Não vai aceitar, como eu não aceitaria se fosse ao contrário!*

Terminou de tomar o refrigerante, saiu de lá apressada, entrou novamente no carro e continuou dirigindo sem destino. Não queria chegar em casa. Sabia que encontraria Eliete e, mesmo sem querer, a olharia diferente. *Eu a odeio! Nunca vou aceitá-la como minha mãe nem vou dizer que sei de toda a verdade!*

Dirigiu por várias horas, até que, cansada, resolveu ir até o hospital para ver como Mário estava. Desde que ele fora internado, ela poucas vezes tinha ido até lá e ficava pouco tempo. Sentia-se mal. Detestava hospitais e, principalmente, seu cheiro. Mas, não sabia por que, estava com vontade de ver o pai. *Ele sempre me tratou com carinho e nunca demonstrou fazer qualquer diferença entre mim e Waldir. Eu é que cismava quando ele brigava comigo, caso presenciasse eu fazer algum desaforo ou responder mal para Eliete. Eu não entendia por que ele fazia aquilo, mas agora entendo...*

Foi para o hospital. Assim que chegou, Waldir recebeu-a com um sorriso:

— Paula! Que bom que veio!

Ela se aproximou, olhou para Mário que continuava imóvel, igual à última vez em que ela tinha estado lá. Preocupada, disse:

— Ele está igual, Waldir.

— Sim, mas acordou, sorriu para mim e voltou a dormir! Durval e o neurologista disseram que, por ele ter acordado, mesmo que só um instante, pode ser um bom sinal.

— Então, ele vai ficar bom?

— Eles ainda não podem garantir isso, mas existe alguma chance.

— Tomara, Waldir. Não suporto vir até aqui, não só por não gostar de hospitais, mas por vê-lo nessa situação. Logo ele, que sempre foi tão decidido e independente. Sempre estava disposto a conversar sobre qualquer assunto! E pensar que, muitas vezes, fui malcriada com ele e até desejei sua morte. Estou tão arrependida...

— Não fique assim, minha irmã, isso é coisa de adolescente. Papai sempre te amou e só ficava triste porque você, de vez em quando, ficava insuportável. Sabe que ele sempre tinha razão e não pode negar, não é mesmo? — disse isso sorrindo e abraçando Paula.

— Tem razão. Hoje entendo muito mais do que antigamente. Eu quero que papai acorde, fique bom e volte a ser como era antes.

— Também quero isso, mas primeiro vamos rezar para que acorde. Pelo que os médicos disseram, ele nunca mais será como antigamente. Se acordar, provavelmente terá algumas seqüelas.

— Que pode acontecer?

— Ele poderá não conseguir movimentar um dos lados do corpo. Poderá não falar nunca mais, ou até não nos reconhecer.

— Waldir! Não fale uma coisa dessas!

— Também não queria que isso acontecesse Não suportaria vê-lo em uma situação como essa! Mas, por outro lado, o neurologista disse que, como ele é um homem forte e pratica atividades físicas, também poderá voltar com seqüelas pequenas e, com o tempo, recuperar-se totalmente.

— Espero que seja assim, se não, preferia que ele não acordasse nunca mais...

—Não fale isso, Paula! Quero meu pai ao meu lado de qualquer maneira! Não posso imaginar como seria minha vida sem ele! — Waldir falou alto, com raiva.

— Não fique nervoso, só disse isso, por que também não posso imaginar a minha vida ao lado dele se não voltar perfeito como era. Mas você tem razão. O importante é que acorde. Será que ele está ouvindo o que estamos conversando, Waldir?

— Não sei, não perguntei isso aos médicos, mas, se estiver ouvindo, quero que saiba o quanto o amamos e desejamos que ele acorde.

— É isso mesmo, papai. Nós te amamos muito! Agora,Waldir, estou com muita vontade de rezar, mas não sei como fazer.

— Uma pessoa me disse que não precisamos aprender a rezar, basta conversarmos com Deus como se ele fosse um pai, amigo ou irmão, e que ele não se importa com a forma, mas com o conteúdo e as nossas intenções. É isso que estou fazendo desde que papai ficou doente. Não sei se vai adiantar, porque ela também disse que tudo que acontece sempre tem um motivo e que nada acontece sem a vontade de Deus. Por isso eu peço e digo: que seja feita a Vossa vontade. Mas que essa vontade seja a cura do meu pai. — Waldir terminou de falar, rindo.

— Vou tentar! Não sei se vou conseguir, mas vou tentar. Agora preciso ir embora, mais tarde eu volto.

— Sei que não voltará, Paula, mas não se preocupe, qualquer novidade eu telefono.

Paula saiu pensando. *Quantas vezes fiquei zangada com meu pai! Hoje, ao vê-lo naquela cama, sem se mover e podendo morrer, sinto tanto a sua falta e tenho tantas coisas para lhe dizer! Coisas que muitas vezes ficaram guardadas pelo simples motivo de não querer demonstrar o quanto o amava. Se pudesse lhe dizer tudo agora, seria tão bom, mas temo que seja tarde demais. Se ele morrer, nunca mais poderei lhe dizer o quanto o amo, ainda mais agora, sabendo que, na realidade, ele não é meu pai verdadeiro, mas quis ficar comigo e me deu tudo que tenho, além de muito amor. Meu Deus, sabe que não O conheço muito bem, e sabe que nunca me importei em conhecer, pois sempre me julguei acima de tudo! Que, por ter dinheiro, achava que não precisava de mais nada, nem do Senhor! Mas, neste momento, sei que estava muito errada. Não tinha nada! Por isso Lhe peço perdão por tudo e, se for possível, me conceda a graça de poder falar com ele ao menos por mais uma vez. Sei que não mereço, não sei por que estou tendo esses pensamentos, só estou sentindo que preciso conversar com alguém e esse alguém só poderia ser o Senhor.*

Ela não via e nem imaginava que Hugo e Pires sorriam ao seu lado.

Ao voltar para casa, foi em primeiro lugar até a cozinha, onde sabia que Eliete deveria estar.

Eliete, ao vê-la, sorriu:

— Demorou para chegar, menina, fiquei preocupada!

— Preocupada por quê?

— Por nada, você não veio almoçar e não está acostumada a fazer isso. Quer que eu prepare algo para comer?

— Não, não estou com fome, mas desde quando tenho que te dar satisfação?

— Não tem que me dar satisfação, mas sempre me disse para onde ia e quando pretendia voltar.

— Por que sempre fiz isso, Eliete?

— Não sei e nunca entendi, pois, apesar de sua mãe dizer que não era para você conversar com os empregados da casa, desde muito pequena, sempre que se machucava ou brigava com seu irmão, corria para mim.

— Você sempre me abraçava e dizia que não era nada. Por que, Eliete, apesar de malcriada, você me perdoava e estava sempre disposta a me socorrer cada vez que eu precisasse?

— Por que eu gosto muito de você e do seu irmão também. Estou nesta casa há muito tempo e não tenho família.

— Não tem mesmo ninguém da família?

— Não. Meus pais morreram quando era menina. Fui criada por uma tia que também morreu. Eu tinha quatorze anos. Fiquei sozinha, comecei a trabalhar aqui e nunca mais sai.

— Nunca teve filhos?

Eliete estava surpresa por ver Paula conversando com ela durante tanto tempo. Quando ela era criança, sempre ficava ao seu lado e todas as noites ela a colocava para dormir. Mas, quando cresceu, por influência de Carolina, mudou totalmente de comportamento e começou a tratá-la mal e a distanciar-se. No princípio Eliete sofreu muito, mas, com o passar do tempo, acostumou-se. Faria qualquer coisa para não ficar longe da filha. Cuidava dela e de suas coisas com o mesmo carinho de sempre.

— Você nunca teve filhos, Eliete? — Paula perguntou novamente ao perceber que Eliete demorava para responder:

— Não, nunca! — Eliete respondeu secamente.

— Por que você mente? — Paula perguntou gritando.

— Por que está dizendo isso? — Eliete perguntou assustada.

— Por que tenho vergonha de você! Por que a odeio por ter mentido durante tanto tempo! Por ter permitido que eu a ofendesse e humilhasse!

— Que está dizendo, menina?

— Não me chame de menina! Não sou uma menina, sou uma mulher! E tenho o direito de saber a verdade! Tenho o direito de que você me conte a verdade! Pare de fingir, Eliete!

— Que verdade? Não sei do que está falando!

— Claro que sabe! Não precisa continuar mentindo, já conheço toda a verdade!

— Que verdade? — agora Eliete tremia e temia por aquilo que ia ouvir.

— Minha mãe contou toda a verdade a respeito do meu nascimento! Sei que não sou filha dela, sei que sou sua filha e que você me deu a ela como se eu fosse uma mercadoria! Por que fez isso?

Eliete percebeu que não adiantava continuar negando e que Paula realmente conhecia toda a verdade. Ficou sem saber o que responder, só deixou que lágrimas caíssem por seu rosto.

— Por que ela contou?

— Em um momento de muita raiva...

— Ela não podia ter feito isso, prometeu e me fez prometer! Cumpri a promessa e morreria com esse segredo...

— Mas contou, e eu não quero acreditar! Não posso ser sua filha!

— Não precisa contar para ninguém, tudo pode continuar como sempre! Sua mãe deve ter dito em um momento de muita raiva, mas já deve estar arrependida, sei que nunca mais vai tocar nesse assunto! Nada precisa mudar!

— Tudo mudou! Estou perdida, sem saber o que fazer com minha vida! Será que não entende isso?

— Não entendo... você é uma moça linda, tem dinheiro, nome e prestígio. Pode estudar, ter tudo que sonhar na vida. Esqueça isso, nada precisa mudar! Tem tudo que jamais teria se fosse minha filha.

— Por que você me deu a ela?

— Eu era jovem, não sabia o que aconteceria com a minha vida, mas de uma coisa eu tinha certeza... não conseguiria te sustentar e dar uma vida digna, com conforto. E, quando dona Carolina e o doutor Mário pediram para ficar com você, não consegui resistir, sabia que, sendo filha deles, teria tudo. Além do mais, prometeram que eu ficaria ao seu lado para sempre e que poderia acompanhar o seu crescimento. Na época, achei que era o melhor que poderia acontecer para nós duas e aceitei. Nunca me arrependi. Quando você começou a se tornar, má, intolerante e fútil, por várias vezes pensei que, se tivesse sido criada só por mim, seria diferente, mas mesmo assim nunca me arrependi. Você estava bem e feliz.

— Quanto a você? Viveu a vida toda como uma doméstica!

— Isso nunca me incomodou. Estava ao seu lado e via você crescer linda e saudável. Era só o que me importava.

— Quem é meu pai?

— Foi um rapaz que conheci, me apaixonei e, quando ele soube que eu estava grávida, me abandonou e nunca mais soube dele.

— Não sabe onde ele está?

— Não, nunca quis procurar por ele. Nunca precisei. Você estava bem e eu, aqui nesta casa, também.

— Não sei o que dizer nem o que fazer. Não sei como te tratar daqui para frente.

— Já disse que nada precisa mudar. Você é filha de Mário e Carolina Mendes Cordeiro. É rica, bonita e deve continuar sua vida. Se quiser, se minha presença te incomodar, posso ir embora. Durante todos estes anos, vivendo aqui e sem ter onde gastar meu salário, economizei um bom dinheiro e posso ir embora.

— Não seja tola. Você vai continuar aqui, sim. Embora eu esteja chocada e confusa, não posso negar que a sua atitude foi corajosa e que, realmente, conseguiu que eu tivesse tudo na vida. Só não posso te chamar de mãe, porque só conheço Carolina como minha mãe. Mas ela me traiu e, neste momento, eu estou com muita raiva dela! Continue aqui até eu receber minha parte na herança de meu pai. Sabe que ele está muito mal e que provavelmente não vai acordar mais. Assim que tudo ficar resolvido, vamos embora desta casa e você nunca mais vai ser empregada de ninguém!

Sem perceber, tomada de raiva, seguindo um impulso, Eliete deu uma sonora bofetada no rosto de Paula que quase caiu.

— Nunca mais repita isso! Doutor Mário é a melhor pessoa que conheci nesta vida! Ele sempre foi amável e gentil com todas as pessoas e, qualquer empregado seu, daqui ou da empresa, sempre que precisou ou precisar, ele ajudou e vai continuar ajudando! Além de ter te tratado sempre como uma filha querida, e nunca ter feito diferença entre você e Waldir! Como pode se tão ingrata? Sei que se deixou levar pelo que dona Carolina te ensinou, mas está errado! Está errado! Pode entender isso? — Eliete gritava alucinada.

Paula se assustou com aquela reação, não estava acostumada que lhe chamassem atenção, muito menos levar um tapa. Durante toda a sua vida nunca ninguém lhe bateu. Assustada, começou a chorar, pois sabia que, no fundo, Eliete tinha razão.

Eliete, ao se acalmar e ver o que tinha feito, também começou a chorar.

— Desculpe, Paula, foi um ato impensado. Eu não tinha o direito de gritar com você, muito menos de te bater.

— Tinha o direito, sim, Eliete. Tenho sido uma garota mimada e sem caráter... tem toda razão no que fez e disse. Meu pai é uma pessoa maravilhosa e eu nunca deveria ter pensado uma coisa como aquela, muito menos dito. Perdoe por tudo que sempre fui. Entendo seus motivos por ter escolhido me deixar ser criada por eles e agradeço o seu espírito de amor e renúncia. Sei que você não teve culpa. A culpada por minha má educação foi dona Carolina e eu a odeio por me ter transformado em um monstro igual a ela! Agora vou sair, voltar à empresa e conversar seriamente com ela. Vou lhe dizer que não quero mais ser sua filha, não quero seu nome e nem seu dinheiro, quero ser alguém que seja respeitada pelas outras pessoas, não por medo de perder o emprego, como ela sempre disse, mas por ser uma pessoa boa e amiga! Vou lhe dizer o quanto a odeio!

— Espere, Paula. Vamos conversar. Durante a vida toda sofri muito por não poder te dizer que era sua mãe. Numa época em que me sentia muito infeliz por isso, fui levada a estudar uma Doutrina que foi me esclarecendo sobre muitas coisas. Aprendi que tudo está certo e que nada acontece por acaso e, se fui levada a tomar aquela decisão, não sei se foi melhor para você, mas tomei e, agora, não adianta me arrepender. Nada poderá mudar uma escolha feita. Não existiria problema algum em ser empregada doméstica, todas as profissões são abençoadas por Deus. O problema é você se sentir superior por ter dinheiro, nome e prestígio. Para Deus, não existem pobres ou ricos, profissões melhores ou piores, pessoas cultas ou incultas. Para Ele só existem seus filhos e a todos ama igual, por isso dá oportunidade para que todos possam chegar à perfeição. Um dia já fomos, ou seremos, pobres ou ricos, empregados ou donos da casa, trabalhadores de empresa ou empresários. Cultos ou incultos, brancos ou negros, amarelos ou vermelhos. Enfim, precisamos passar por todos os estágios da vida para poder superar todos os nossos defeitos, preconceitos e aprimorar nossas qualidades.

— Não consigo aceitar que você pense dessa maneira! Ela sempre te tratou mal e me ensinou a fazer o mesmo! Hoje, ao relembrar tudo o que fiz com você e com os outros empregados da casa, sinto vergonha! Vejo como fui cretina e prepotente. Eu me julgava superior a todos, quando na realidade, não era ninguém! Sou apenas filha de uma empregada doméstica e nem sei quem é meu pai!

— Você não é filha de uma empregada doméstica, você é filha de Deus e Ele é o seu Pai. Só Ele pode nos julgar e sei que não julga. Precisa continuar vivendo como até aqui e não tentar mudar o que foi feito.

— Não sei o que vou fazer. Sei que, neste momento, estou confusa e preciso dizer a Carolina o que sinto por ela. Vou para a empresa!

Dizendo isso, Paula se voltou em direção à porta do quarto para sair. Eliete tentou segurá-la, dizendo:

— Não faça isso, minha filha! Não jogue fora a chance que Deus te deu para que fosse feliz! Deixe que tudo continue como antes!

— Nada será como antes! Tudo mudou e eu mudei também. Estou indo, vou me acertar com ela!

Sem poder impedir, Eliete sentou-se na cama e pensou: *Meu Deus, não permita que ela cometa nenhuma loucura e que dona Carolina lhe entenda e não leve em conta nada do que ela disser.*

Encontro com Murilo

Desde que Paula saiu da sua sala, Carolina ficou impaciente, andando de um lado para outro. Agoniada, pensava: *Que vai acontecer agora? Será que Paula vai contar para Waldir o que descobriu? Se ela contar, ele vai me odiar por ter escondido dele esse fato? Talvez não, quando souber que o pai sabia e aceitou. De uma coisa tenho certeza, nunca mais poderei dizer que pertenço a uma família rica, isso ele não aceitará. A única coisa que não pode acontecer é Mário acordar e contar toda a verdade para ele. Se souber que Mário não é seu pai, nem sei o que poderá acontecer. Ele tem verdadeira adoração pelo pai. Por que será que tudo isso está acontecendo? Minha vida estava tão boa! Tudo caminhava bem, até aquela maldita da minha mãe reaparecer. Eu a odeio!*

Estava distraída, pensando, quando o interfone tocou, atendeu:

— Que foi agora, Sara?

— Seu filho está ao telefone.

— Está bem, pode passar a ligação.

Sara obedeceu e Carolina atendeu:

— Oi, meu filho! Que aconteceu para você sair do lado de seu pai? Ele piorou? — perguntou esperançosa.

— Não, mamãe! Ele acordou!

— Acordou? Disse alguma coisa? — Carolina perguntou, amedrontada.

— Não, simplesmente acordou, olhou para mim, sorriu, voltou a dormir e a ficar imóvel como antes. Durval e o neurologista disseram que, como ele acordou, mesmo que tenha sido só por alguns segundos, isso pode ser um bom sinal, mas não garantiram que ele volte ou não a acordar novamente ainda hoje. Estou rezando para que acorde e que, desta vez, não adormeça mais.

— Então ele ainda corre o risco de, definitivamente, não acordar?

— Infelizmente sim, mamãe. Mas vamos rezar para que acorde.

— Isso mesmo, Waldir, vamos rezar. — Carolina disse com raiva.

— Vou desligar, preciso voltar para junto dele.

— Faça isso, meu filho. Faça isso...

Carolina desligou o telefone. Estava furiosa, *Mário não pode acordar! Não pode! Mais tarde vou ao hospital e ver o que posso fazer para que ele não acorde nunca mais!*

Continuou andando de um lado para outro. Lembrou que faltava pouco tempo para se encontrar com Murilo. *Murilo é outro que preciso tirar definitivamente da minha vida. Ele se tornou perigoso, pois, mesmo quando Mário morrer, se resolver contar para Waldir tudo o que sabe, estarei perdida para sempre. Meu filho nunca me perdoará. Poderá me perdoar por ter mentido quanto à minha origem, mas nunca por tê-lo afastado daquela aproveitadora.*

Ficou ali andando e olhando para o relógio. Quando faltava uma hora, pegou sua bolsa e saiu. Passou pela sala onde Sara ficava e disse:

— Sara estou indo embora e não volto mais hoje. Se alguém telefonar anote o recado.

— Está bem, senhora.

Oscar estava chegando na empresa. Ia tentar demover Carolina e pensava: *Preciso conversar com Carolina, tenho de fazer com que ela mude de idéia! Se não conseguir, estarei definitivamente perdido e não me restará outra opção a não se dar cabo de mim... Vou me matar! Não posso enfrentar Laura e as crianças. Carolina precisa me ouvir... farei o que ela quiser para que não me denuncie.* Quando estava se aproximando, viu um táxi saindo da empresa e, dentro dele, Carolina. Estranhou... *Para onde ela estará indo de táxi? Por que José não veio pegá-la? Vou segui-la, quem sabe descubro algo que me possa ser útil.*

O carro de Paula também estava chegando e também ela viu a mãe saindo no táxi e, como Oscar, também estranhou... *Por que ela está no táxi? Deve ter resolvido ir para casa e não quis esperar pelo José. Melhor assim, em casa poderei conversar com ela e com Eliete. Vou segui-la e chegaremos juntas.*

Carolina, após pegar o táxi, deu ao motorista o endereço do apartamento e dirigia-se para lá. No caminho, conjeturava... *Preciso me desfazer do apartamento. Não posso deixar pista alguma, pois, se Murilo resolver falar, sempre poderei dizer que está mentindo. Mas, e aquela aproveitadora? Se Waldir for conversar com ela, provavelmente vai confirmar a história de Murilo. Preciso pensar em uma maneira de fazer com que Waldir não a encontre nunca mais. Já sei! Depois que me acertar com Murilo, vou procurar saber quem são os donos da loja em que ela trabalha. Tentar comprar a loja por um preço irrecusável e, assim, mandá-la embora. Ela e aquela amiga que sabe de tudo e também poderá confirmar... O que o dinheiro pode fazer! Com ele posso comprar tudo e todos!* — sorriu satisfeita.

Mandou o motorista parar o táxi em frente ao prédio. Desceu e entrou no apartamento. Sabia que Murilo chegaria logo mais.

Oscar, que vinha logo atrás do táxi, viu quando ele parou, Carolina desceu e entrou no prédio, estranhou: *O que ela está fazendo nesse prédio? É muito estranho... vou encostar e esperar para ver o que acontece. Talvez eu encontre aqui a minha salvação.*

Paula, que vinha alguns carros atrás do de Oscar, também viu quando a mãe desceu do táxi e entrou no prédio. E não entendia o que estava acontecendo... *Tudo isso é muito estranho. Por que ela tomou um táxi e veio para cá? Quem será que mora aí? Vou estacionar e esperar que ela saia. Preciso saber que mais ela esconde...*

Carolina tinha certeza de que Murilo não demoraria a chegar. Ela tinha razão: cinco minutos depois, ouviu a campainha. Abriu e sorriu para Murilo, que tentou abraçá-la, mas ela não permitiu. Ele entrou.

— Bem, minha querida, pensei que não viesse... — disse com a voz macia, tão conhecida de Carolina.

— A princípio eu não vinha, mas resolvi saber o que você quer, exatamente.

— Quero que tudo continue como antes. Pode não acreditar, mas te amo, estou sentindo muito a tua falta e quero continuar ao teu lado para sempre...

Carolina soltou uma gargalhada:

— Está dizendo que me ama? Ora, Murilo, não me faça rir! Você ama e sente falta da boa vida que tinha comigo, mas agora acabou! Não estou mais disposta a continuar com você! Sabe que, assim como paguei para ter o seu amor, posso pagar a qualquer outro, ainda mais agora que meu marido vai morrer e vou receber o seu seguro de vida e terei muito mais poder do que tenho agora!

— Isso não é justo, Carolina! Dediquei muito tempo a você, fiz sempre tudo que me pediu, não posso ficar sem nada! Você sabe que não me preparei, não estudei e agora não tenho como arrumar um bom emprego...

— Esse problema é seu, meu caro, não meu! Todo tempo que dedicou a mim foi muito bem pago. Era só isso que tinha para falar? — enquanto falava, Carolina foi até a geladeira, pegou uma garrafa de vinho, colocou um pouco em um copo e tomou sem oferecer para Murilo. Ele percebeu, mas não ligou e continuou dizendo:

— Estou aqui, não porque quero tomar uma atitude que te prejudique, mas por que você está me prejudicando e vou ser obrigado a falar com seu filho e contar tudo, desde o primeiro dia em que te conheci! — agora ele falava nervoso e gesticulando.

— Faça isso e pode se considerar um homem morto! Sabe que posso pagar qualquer preço para mandar te matar e que não tenho escrúpulo algum para deixar de fazer isso! Mas, antes disso, vou mandar uma carta para sua mulherzinha e ela ficará sabendo do canalha você é! Vou contar que Luzia está esperando um filho seu! Quero ver se ela continuará ao seu lado! Depois que souber, sei que você vai querer morrer, só vou dar uma força! — Carolina falava firme, tentando esconder seu nervosismo e temor.

— Aí é que você se engana, minha querida! Ela já sabe de tudo, inclusive que estou aqui! Ela também quer continuar com a vida boa que sempre teve! Portanto, meu amor, você está em nossas mãos! Quanto a me matar, não teria coragem para isso! Sei que não quer passar o resto da sua vida em uma prisão!

— Não vou te matar! Vou pagar para alguém fazer isso!

— Pense bem, meu amor e não seja ingênua, Carolina! Ninguém vai se responsabilizar por um crime seu!

— Faça o que quiser! Só não quero mais te ver na minha frente! Mas, se chegar perto de meu filho, cumprirei minha promessa! Nem que tenha de passar o resto da minha vida na cadeia! Agora, saia daqui! Não quero mais ouvir falar de você! Saia! — gritou ela, descontrolada.

Furioso, Murilo saiu do apartamento batendo a porta. Carolina respirou fundo e foi para a varanda.

Murilo tomou o elevador. Tremia muito e estava furioso... *Se ela pensa que vai ficar assim, está muito enganada. Não vou permitir que se descarte de mim, assim dessa maneira!*

Chegou no andar térreo e, ao vê-lo, o porteiro disse:

— Boa-tarde, não vi quando o senhor subiu.

Nervoso, Murilo, disse:

— Você não estava aqui na portaria.

— Fui lá no duzentos e sete, tem um vazamento de água. Também estou conversando com todos os moradores do prédio, meu irmão chegou do Norte e precisa trabalhar. Ele é um ótimo pintor, se o senhor precisar, é só falar comigo. Parece que seu apartamento faz muito tempo que não é pintado.

— Está bem, vou pensar e volto a falar com você. Tem razão o apartamento está mesmo precisando de pintura.

— Obrigado. Sei que não vai se arrepender, meu irmão trabalha muito bem.

Murilo estava saindo quando um senhor entrou no prédio correndo e gritando:

— Vi uma mulher ser atingida por um tiro!

— Que mulher, onde? — o porteiro perguntou assustado e nervoso.

— Não sei em que andar. Estava do outro lado da rua, na porta da minha loja olhando para a mulher que estava na varanda. Foi quando ouvi o tiro e vi ela cair!

— Meu Deus do céu! Você tem certeza, Abílio?

— Claro que tenho! Sempre a vejo por aqui, ela é muito bonita! Ela vem em um carro luxuoso e com motorista.

Murilo olhou para o porteiro, que também o olhou assustado. Os dois correram para o elevador. Abílio também foi. Tiveram de esperar o elevador que estava no oitavo andar. Assim que ele parou e a pessoa que estava nele desceu, entraram. Murilo apertou o sexto andar e, em poucos minutos, abria a porta do apartamento que estava destrancada. Correram para a varanda. Assim que chegaram, viram Carolina deitada, com sangue espalhado em toda a cabeça, e uma mancha de sangue que escorria pela parede. O porteiro colocou a mão no pescoço de Carolina. Murilo ficou desesperado e ia levantá-la, mas o porteiro não deixou e, segurando seu braço, disse:

— Não adianta, ela está morta. A gente precisa chamar a polícia... É bom não mexer nela...

— Polícia?! — Murilo perguntou, assustado e muito nervoso.

— Não tem jeito não, ela está morta mesmo, mas quem fez isso?

— Não sei, acabei de sair, o senhor viu. Eu estava lá embaixo quando esse senhor entrou gritando.

— Você viu quem atirou, Abílio?

— Não, eu estava olhando para cima, só ouvi o barulho do tiro!

Murilo estava com medo, pois, se descobrissem que ele tinha um romance com Carolina, poderia ser implicado na morte dela, disse:

— Preciso ir embora antes que a polícia chegue.

— Por quê? O senhor estava aqui em baixo quando tudo aconteceu e, pelo que Abílio disse, o tiro deve ter vindo da rua. Não poderia ser o senhor, estava dentro do prédio ao meu lado.

— Sei disso, mas ninguém pode saber que eu tinha um envolvimento com ela. Sou casado e, se minha mulher souber, estarei perdido. Por favor não conte a ninguém, e principalmente à polícia, que me viu aqui! Nem hoje e nem nunca.

— Não sei se posso fazer isso. A polícia sabe fazer as perguntas e, se descobrirem que estou escondendo algo, poderão me complicar. Não sei, não. Que acha Abílio?

— Acho que o moço não tem nada a ver com o tiro, Jonas. Quando entrei correndo, ele estava na portaria conversando com você, mas a gente não pode esconder isso da polícia! Ele não matou a mulher, isso a gente sabe, mas ele esteve com ela, não esteve? Foi a última pessoa que falou com ela...

— Sei que estive com ela e que fui à última pessoa que a vi, mas não a matei! — Murilo estava desesperado e assustado.

— Não posso prometer que não vou dizer, moço. Sabe que sou o porteiro e, por isso, vou ser o primeiro com quem a polícia vai querer conversar. Não sei não, moço, mas acho que vou ter que contar. Não posso me complicar. Mas não precisa ficar com medo. Sei que o senhor não matou a mulher e o Abílio também sabe.

— Está bem, se não tiver outro jeito, fale. Mas, mesmo assim, vou embora.

— Eu não sei seu nome. Vai me dizer, para eu poder contar pra polícia se eles perguntarem?

— Ainda bem que não sabe meu nome. Assim não precisará mentir. Só diga que eu estava aqui, mas que estava ao seu lado quando ela foi atingida. Diga também que não sabe meu nome e tudo ficará bem.

Antes que o porteiro dissesse alguma coisa, Murilo saiu correndo, pegou o primeiro táxi que passou e foi embora. Estava nervoso. Pediu ao motorista que o deixasse em uma rua. O motorista parou, ele pagou e desceu. Não conhecia aquela rua, nunca havia estado lá. Assim que o táxi foi embora, ele começou a andar para se localizar. *Fiz isso porque, se o porteiro disser que estive lá e que tomei um táxi, mesmo que esse motorista de táxi seja encontrado, dirá que me deixou aqui nesta rua, bem longe de onde moro. Não sei por que estou tão assustado, ninguém poderá me ligar a Carolina. Sempre fomos muito cuidadosos. Só José, o motorista dela, mas ele não vai falar, pois se a família dela descobrir, poderá perder o emprego. Agora vou para casa e contar para Lia o que e como aconteceu, e que, definitivamente, não teremos mais dinheiro. Ao menos vindo de Carolina.*

Pegou outro táxi e foi para casa.

O porteiro chamou a polícia. Logo chegou uma viatura. O policial que começou as investigações pegou a bolsa de Carolina, viu quem era ela, e ficou preocupado:

— Esse crime vai ser um problemão, precisamos descobrir quem a matou. Ela pertence a uma família com muito dinheiro e prestígio e todo o mundo vai querer saber o que aconteceu! Vão nos pressionar para encontrarmos o assassino o mais rápido possível...

Chamou o porteiro, que, assustado, foi respondendo às perguntas:

— Este apartamento pertence a ela?

— Não, senhor é alugado.

— Qual é a imobiliária que o alugou?

O porteiro tirou do bolso um cartão e deu-o ao delegado. Ele pegou o cartão e passou-o a um policial, dizendo:

— Telefone para lá e procure saber desde quando está alugado e em nome de quem.

Enquanto o policial cumpria a ordem, o delegado, olhando firme para o porteiro, perguntou:

— Como descobriu o corpo?

— Eu estava aqui em baixo, conversando com o moço que freqüentava este apartamento, quando Abílio entrou correndo, dizendo que tinha escutado um tiro e viu quando ela caiu. A gente subiu correndo e ela estava aí, deitada no chão da varanda.

— Quem é esse moço que freqüentava o apartamento?

— Não sei não, senhor. Ele ficava muito aqui, ela vinha quase todos os dias, depois os dois iam embora. Mas não foi ele, não. Ele estava na portaria conversando comigo quando o Abílio chegou gritando e dizendo que tinha ouvido um tiro e viu quando ela caiu. Ele disse que o tiro veio da rua.

— Qual é o nome do moço?

— Também não sei, não senhor.

— Ele mora aqui?

— Não senhor. Ele ficava muito aqui, mas não dormia não.

— Onde ele está agora?

— Não sei não. Depois que a gente encontrou ela, ele ficou muito assustado e saiu correndo, pegou o táxi do Tadeu e foi embora.

— Onde posso encontrar o Tadeu?

— Ele fica sempre lá na esquina, onde fica o ponto de táxi. Quando o moço saiu correndo, ele estava passando por aqui, estava indo para o ponto.

— E preciso falar com esse Abílio.

— Ele fica na loja do outro lado da rua.

— Está bem. Por enquanto, não tenho mais o que perguntar.

— Então vou para a portaria, se precisar de mim é só avisar.

— Vou fazer isso.

O porteiro saiu. O delegado e alguns policiais ficaram vasculhando o apartamento em busca de alguma evidência.

Logo depois um policial chegou acompanhado por Tadeu. Assim que foi apresentado, o delegado perguntou:

— Você se lembra do moço que pegou aqui no prédio há mais ou menos duas horas?

— Lembro, sim senhor. Ele não falou muito e parecia nervoso.

— Para onde o levou?

— Para um bairro lá na zona leste.

— Lembra do nome da rua?

— Não lembro não. Ele pediu que eu parasse o táxi em uma rua, pagou e desceu.

— Sabe onde fica essa rua?

— Sei, sim senhor.

— Pode ir com uma viatura até lá?

— Posso ir sim. Só que vou com meu táxi. Não vou entrar em uma viatura.

— Está bem. — o delegado disse sorrindo. Depois chamou um dos policiais e falou:

— Acompanhe este senhor. Assim que chegar no local, pergunte se alguém conhece o moço.

O policial obedeceu e, acompanhado por Tadeu, saiu.

O delegado voltou a olhar para o corpo de Carolina que permanecia no mesmo local. Em seguida, olhou uma agenda que ele havia tirado da bolsa dela e que estava sobre uma mesa. Abriu a agenda e olhou os números de telefone.

— Cabo, telefone para todos estes números e descubra se alguém tem alguma coisa para falar. Descubra também o número do telefone da casa dela. Precisamos avisar a família.

O Cabo pegou a agenda e começou a fazer os telefonemas.

Nesse meio tempo, Paula chegou em casa. Estava nervosa e aflita. Eliete, assim que ela chegou, percebeu que alguma coisa havia acontecido e que ela não estava bem. Preocupada, perguntou:

— Que aconteceu, Paula? Você está nervosa.

— Não aconteceu nada, Eliete! Será que não pode me deixar em paz?

— Onde você foi? Conversou com sua mãe?

— Não! Quando cheguei, ela não estava mais na empresa. Saiu mais cedo! — respondeu gritando e muito nervosa.

— Onde ela foi? Não chegou em casa.

— Como vou saber? Você está ficando muito atrevida e fazendo muitas perguntas!

Falando isso, subiu correndo a escada e foi para seu quarto. Entrou e se jogou sobre a cama chorando muito.

Eliete, preocupada, pensou: *Que será que aconteceu? Será que essa menina fez alguma bobagem?*

Uma hora depois, Eliete continuava preocupada. E mais preocupada ficou quando José entrou, aflito, e disse:

— Eliete, tem um policial no portão. Ele quer falar com alguém da família.

— Por quê? Que aconteceu?

— Não sei, eu disse que não tinha ninguém da família em casa. Ele pediu para falar com a governanta.

Eliete, pensando em como Paula havia chegado, estremeceu e perguntou:

— Que será que aconteceu, José?

— Só vamos saber depois que você conversar com ele.

— Está bem, peça que entre.

José saiu. Eliete olhou para o alto da escada e em direção ao quarto de Paula... *Será que você fez alguma besteira, Paula?*

Em seguida, acompanhado pelo policial, José entrou na sala. Assim que os viu, Eliete dirigiu-se ao policial, dizendo:

— Pois não, confesso que estou assustada com a sua presença. Do que se trata?

— Disseram que não tem ninguém da família em casa. Pode me dizer onde estão?

— Doutor Mário, chefe da família, está internado em um hospital. Waldir, seu filho está ao seu lado. Dona Carolina deve estar na empresa e Paula, está dormindo em seu quarto. Ela estava com dor de cabeça e tomou um comprimido. — Mentiu, mesmo sem saber o que havia acontecido, mas tendo quase certeza de que, fosse o que fosse, Paula estaria envolvida.

— A notícia que tenho não é muito boa.

— Já imaginava. Que aconteceu?

Ele contou o acontecido, explicando onde e como Carolina foi encontrada. Eliete ficou pálida e José teve de segurá-la e levá-la até um sofá para que se sentasse. Ela chorava e dizia:

— Não pode ser... deve ter algum engano...o que ela estaria fazendo em um apartamento tão longe de casa? José, por que ela não te chamou para que a acompanhasse?

— Não sei, pela manhã ela disse que eu não precisava ir buscá-la, pois viria para casa de táxi.

— Algum de vocês sabia desse apartamento ou conheciam esse rapaz?

Os dois, com a cabeça, disseram que não. José, pensava: *Não posso dizer que conhecia o apartamento e que dona Carolina se encontrava com aquele rapaz. Todos estão muito preocupados com o doutor e agora isso! Não vão agüentar saber que ela traía o doutor. Não posso falar.*

— Está bem, mas é preciso que alguém da família vá até a delegacia. O corpo vai ser levado para o Instituto Médico Legal e precisa ser reconhecido.

— Vou ter que avisar os filhos dela. O doutor não tem como ir, ele também está em estado crítico no hospital.

O policial saiu. Eliete, muito nervosa e tentando conter as lágrimas, disse:

— José, você não conhecia mesmo o apartamento e o moço?

José ficou calado por algum tempo e, depois, disse:

— Conhecia, Eliete. Faz muito tempo que a patroa se encontra com ele.

— Por que mentiu para o policial?

— Sabe que estou nesta casa há muito tempo. Gosto de todos como se fossem da minha família. O doutor está muito mal. Waldir, coitado, está do lado do pai. Agora vai ter que saber que a mãe morreu. Vai sofrer mais ainda se souber que ela traía o pai. Paula, então, do jeito que é, não vai acreditar, vai dizer que estou mentindo e pode até me mandar embora. Você sabe a idade que tenho e como seria difícil eu arrumar um outro emprego. Por isso resolvi ficar calado. Também o policial disse que o moço não a matou.

— Você sabe o nome dele? Sabe onde mora?

— Sei, é Murilo, mas não diga a ninguém que sei.

— Está bem. Prepare o carro. Agora preciso ir até o hospital conversar com Waldir. Uma notícia como essa não pode ser dada por telefone. Ele já está sofrendo muito com a doença do pai. Imagine como vai ficar quando souber o que aconteceu com a mãe.

— Tem razão. Se quiser, posso ir com você no quarto do doutor e, assim, poderemos contar juntos.

— Está bem. Enquanto você prepara o carro, vou até o quarto de Paula e lhe contar.

José saiu. Eliete foi ao quarto de Paula, bateu na porta e chamou, como sempre fazia. Paula gritou:

— Que você quer, Eliete? Será que não pode me deixar em paz?

— Preciso conversar com você, aconteceu algo muito grave e triste...

Paula pulou da cama, abriu a porta e perguntou assustada:

— Que aconteceu? Meu pai piorou?

— Não seu pai está igual, mas aconteceu algo horrível com sua mãe...

— Que foi, Eliete! Fale logo!

— Um policial veio aqui.

— Policial?! Que ele queria?

— Sua mãe foi encontrada morta em um apartamento...

Paula ficou olhando para Eliete. Não parecia surpresa, mas não conseguia dizer uma palavra. Eliete, percebendo que ela estava caindo, segurou-a e perguntou:

— Você sabia disso?

— Não, mas desconfiava.

— Desconfiava como, Paula!?

— Eu vi quando ela entrou no apartamento. Fiquei na esquina, esperando que ela saísse, queria ver com quem ela estava. Se saísse sozinha, eu ia perguntar ao porteiro em que apartamento ela estava, e depois ia lá.

— Falou com ele?

— Não eu estava lá fora, ainda esperando, quando chegou um carro da polícia. Fiquei com medo e vim embora.

— Foi isso mesmo que aconteceu, Paula?

— Claro que foi. Quando a vi saindo da empresa em um táxi, desconfiei e a segui. Mas quando vi a polícia, fiquei com medo e vim embora. Não acredito que minha mãe tenha morrido. Você tem certeza?

— Infelizmente tenho. O policial não viria aqui à toa. O corpo dela vai ser levado ao Instituto Médico Legal. É preciso que alguém da família vá até a delegacia. Você quer ir?

— Não! — Paula respondeu gritando.

— Está bem, sabia que não ia querer ir. Vou até o hospital contar ao Waldir. Só ele, talvez, esteja em condições de comparecer à delegacia. Antes que eu vá, diga: Tem certeza que me contou tudo? Não está escondendo alguma coisa?

— Contei tudo como aconteceu.

— Está bem, agora estou indo. Quando eu voltar, conversaremos.

Eliete saiu do quarto. Estava abismada e preocupada com a história de Paula. *Tomara que ela esteja dizendo a verdade e que não tenha nada a ver com a morte da mãe...*

Revelação

José entrou em casa e, como os outros empregados, estava consternado, não querendo acreditar no que havia acontecido. Quando Eliete voltou à sala, ele disse:

— O carro está aí na porta. Já podemos ir.

— Vamos, José! Não sei como vou contar ao Waldir. Ele está tão preocupado com o pai e não quer sair de perto dele.

— Mas agora vai ter que sair. Se ele quiser, eu posso ficar ao lado do doutor.

— Não sei... vamos lhe contar e ele saberá o que fazer.

Entraram no carro e foram para o hospital. Assim que chegaram no quarto, viram Waldir ao lado do pai, acariciando sua mão. Ao vê-los, disse feliz:

— Vieram ver papai? Estou muito feliz! Ele acordou, me olhou, sorriu e voltou a dormir. O médico disse que pode ser um bom sinal.

— Ficamos felizes por isso, sabe o quanto gostamos de seu pai.

— Sei sim. Todos que o conhecem gostam muito.

— Waldir, estamos aqui para saber do seu pai, sim, mas temos que conversar seriamente com você sobre outro assunto. Aconteceu algo muito grave.

— Que aconteceu, Eliete? — Ela olhou para Mário, que continuava dormindo, e disse:

— Acho melhor conversarmos lá fora.

— Não posso, Eliete, preciso continuar aqui. Quero estar presente quando meu pai acordar. Não quero que pense que está sozinho.

— Pode ir com Eliete, Waldir. Eu fico aqui com seu pai e, se ele acordar, vou te chamar. O que ela tem para te contar é muito importante.

Waldir olhou para o pai, depois para Eliete, e perguntou:

— É muito importante mesmo, Eliete?

— Infelizmente é, Waldir. Jamais eu me atreveria a tirar você daqui se não fosse por algo muito grave. Precisamos conversar, mesmo.

— Estou ficando preocupado. Está bem, vou sair com você, mas, por favor, seja breve. Não quero ficar muito tempo longe daqui. José, por favor, preste atenção nele e, se ele fizer qualquer movimento, me chame.

— Pode ir sossegado, não vou tirar meus olhos dele nem por um minuto.

Waldir e Eliete saíram. No corredor ela disse:

— Sei que o que vou te contar vai te deixar triste e nervoso, mas é preciso.

— Pelo amor de Deus, Eliete, fale logo!

— Aconteceu uma coisa horrível e preciso falar de uma vez. Se não fizer assim, não conseguirei. Sua mãe está morta.

— O quê?! — Waldir perguntou desesperado.

— Sua mãe está morta e alguém da família precisa ir até a delegacia. Como seu pai está aqui e Paula não tem condições, só restou você. Por isso eu e José viemos até aqui.

Waldir encostou-se à parede e, aos poucos, seu corpo foi amolecendo e ele sentou-se em um sofá. Lágrimas começaram a cair por seu rosto.

— Não pode ser Eliete, há poucas horas conversei com ela. Como aconteceu?

— Prepare-se para ouvir o que o policial me disse. Sei que não vai gostar.

— Fale logo, Eliete!

Eliete contou tudo o que o policial lhe disse, mas não contou a versão de Paula.

— Esse policial deve estar louco! O que a minha mãe estaria fazendo em um apartamento com um homem?

— Não sei, Waldir, estou repetindo o que ele falou.

— Quem atirou?

— Ninguém sabe, mas o policial disse que estão investigando e que, dentro de poucos dias, pegarão o assassino. Disse que é só questão de tempo. Agora você precisa ir até lá. Não se preocupe com seu pai! Eu e José ficaremos aqui até que volte.

— Eu não queria sair de perto dele!

— Sei disso, mas a vida nem sempre é como queremos. Vá e não se preocupe, se ele acordar, verá que não está sozinho. Precisa agora cuidar do que aconteceu com sua mãe.

— Ela estava com um homem, em um apartamento, traindo meu pai?

— Não sabemos com certeza o aconteceu e nem porque ela estava lá. Aprendi que não podemos, e nem devemos, julgar. Vá, cuide de tudo e volte para cá. Com o tempo, tudo será esclarecido.

— Está bem, se não tem outro jeito, vou até lá, mas, por favor, não deixe papai sozinho.

— Não deixarei, pode ir.

— Antes vou me despedir dele. Eliete, não sei se ele ouve ou entende o que falamos. Por favor, não comente a respeito da morte de minha mãe. Se ele estiver ouvindo, não quero que fique preocupado.

— Pode ficar tranqüilo, conversaremos sobre outras coisas.

Waldir voltou para o quarto e deu um beijo no rosto de Mário, dizendo:

— Papai, preciso sair, mas voltarei logo. Eliete e José ficarão aqui com o senhor.

O rosto adormecido de Mário não expressou qualquer reação. Waldir olhou para Eliete e disse:

— Por favor, Eliete, não saiam daqui até eu voltar.

— Não sairemos, pode ir tranqüilo.

Waldir saiu do quarto e foi para a delegacia. Assim que chegou e identificou-se, foi recebido pelo delegado, que lhe disse:

— Sinto muito o que aconteceu com sua mãe. Precisa se encaminhar até o Instituto Médico Legal para identificá-la.

— Obrigado, doutor. Irei até lá, mas antes preciso saber o que realmente aconteceu. O que minha mãe estava fazendo naquele apartamento e quem era o homem que estava com ela?

— Bem, descobrimos que o apartamento estava alugado no nome de sua mãe. O porteiro nos disse que o rapaz vivia quase que o dia todo ali e que sua mãe ia visitá-lo sempre quase todos os dias.

— Não pode ser! Minha mãe nunca faria isso! Ela era uma mulher preconceituosa, prepotente, mas nunca faria uma coisa como essa.

— Infelizmente, são as informações que temos.

— Quem é esse homem?

— Ninguém sabe seu nome e nem onde mora. Ele ficava quase o dia todo, mas não dormia ali, o que nos leva a crer que morava em outro local.

— Que pretende fazer para descobrir quem é ele?

— Estamos investigando, mas temos quase certeza de que ele não é o assassino, porque, no momento do crime, ele estava no andar térreo do prédio, conversando com o porteiro.

— Mesmo assim, preciso saber quem é esse homem e quem matou minha mãe!

Waldir, durante todo o tempo, falava e gesticulava, estava nervoso e confuso. O delegado, acostumado com aquela cena, disse:

— Posso imaginar o que está sentindo, mas preciso de sua ajuda para elucidar esse crime. Acha que pode me ajudar?

— Não imagino em que possa ajudar, mas estou à sua disposição, delegado.

— O senhor sabe se sua mãe tinha algum inimigo?

— Não, não sei. Mas acredito que não. Ela podia ter alguns preconceitos. Dava muito valor ao dinheiro e à classe social. Fazia questão que os empregados da casa se mantivessem em seus lugares, deixando sempre bem clara a diferença que existia entre eles e o resto da família, mas não acredito que seria capaz de fazer mal a ninguém.

— Seu pai está no hospital?

— Sim, senhor, ele sofreu um derrame.

— Seu pai é um empresário, não é?

— Sim, senhor.

— Quem está cuidando da empresa, o senhor?

— Não, desde que meu pai ficou doente, estou ao lado dele no hospital. Quem estava cuidando da empresa era minha mãe.

— Não se lembra de ninguém que pudesse ter raiva dela?

— Não, senhor.

— Está bem, agora pode ir até o Instituto Médico Legal, mas aconselho que não vá sozinho. Não tem um parente que possa acompanhá-lo?

— Obrigado pelo conselho. Vou telefonar para um amigo, sei que ele virá imediatamente.

— Faça isso.

Waldir se despediu e saiu da sala do delegado. Viu um telefone público. Foi até ele, mas estava sem fichas. Do outro lado da rua, viu uma banca de jornal, foi até lá, comprou algumas fichas e voltou. Telefonou para a casa de Marcelo que, como sempre, atendeu-o muito feliz.

— Marcelo, estou precisando de um favor seu.

— Pode falar.

— Preciso que venha até a delegacia do bairro.

— Delegacia? Que está fazendo aí?

— Minha mãe foi assassinada.

— O quê?!

— Isso mesmo que você ouviu. Ela foi assassinada. Preciso ir para o Instituto Médico Legal, mas o delegado me aconselhou a não ir sozinho. Por isso estou te telefonando.

— Puxa, cara! Está precisando se benzer! Quanta coisa está acontecendo na sua família. Que horror! Como aconteceu isso?

— Venha para cá que te conto, mas venha logo!

— Está bem, estou indo agora mesmo.

Waldir ficou ali pensando na mãe... *Custo a acreditar que ela esteja morta. Não pode ser, ela era tão cheia de vida... Pensar que eu estava preocupado com papai e quem morreu foi ela. Quantas vezes brigamos por bobagens! Eu não a aceitava como era, e ela não aceitava a minha maneira de ser... Bobagens, só bobagens. Todos aqueles momentos em que brigamos por nada, poderiam ter sido gastos com carinho. Nunca lhe disse o quanto a amava e, agora, já é tarde. De acordo com o que Deise falou, a morte não existe e minha mãe deve estar viva em algum lugar. Tomara que seja verdade, pois, assim, poderei encontrá-la novamente e dizer tudo que deixei de lhe dizer nesta vida. Deise falou de tantas coisas. Por que tudo entre nós teve de terminar daquela maneira? Se ela estivesse aqui ao meu lado, sei que teria muito para me falar. Bem, acho que não era para ser. De acordo com o que ela disse, tudo está sempre certo. Então, está certo ficarmos separados.*

E já estava ali pensando, sem sequer se dar conta do tempo, quando Marcelo chegou. Waldir percebeu que ele estava transtornado. Ao ver o amigo, abraçou-se a ele. Marcelo, muito nervoso, disse:

— Puxa, cara! Como isso foi acontecer?

— Não sei, mas vou te contar o que o delegado me disse.

Contou tudo. Marcelo o ouviu sem interromper. Quando Waldir terminou de falar, Marcelo parecia não acreditar:

— Não é possível! Não posso acreditar nisso que está me contando! O que sua mãe estava fazendo lá e com um homem?

— Não sei, só sei que preciso descobrir que homem é esse, pois só ele poderá esclarecer tudo. Mas, agora, preciso deixar por conta da polícia, não posso me afastar de meu pai. Ele está lá naquela cama de hospital e precisa da minha presença. Agora precisamos ir até o Instituto Médico Legal e depois providenciar tudo para o enterro. Deixe seu carro estacionado aqui e vamos no meu.

Marcelo concordou. Estacionou o carro e foram. Quando teve de reconhecer a mãe, Waldir se sentiu muito mal. *Aquele corpo que estava ali, aquele rosto destruído pelo tiro... Não, não lembrava sua mãe, tão cheia de vida e tão bonita!* Marcelo, ao seu lado, sentiu o mesmo.

— Ainda bem que o delegado me aconselhou a não vir sozinho. Não sei o que faria se você não estivesse aqui.

— Ele tinha mesmo razão, mas agora vamos embora. Precisa cuidar do enterro.

Juntos, fizeram o que era preciso e voltaram para o hospital. No caminho, enquanto retornavam, Marcelo perguntou:

— Que está sentindo, Waldir.

— Não sei explicar. Um vazio, como se alguém tivesse tirado um pedaço de mim.

— Deve ser difícil mesmo. Não consigo imaginar ver minha mãe morta, assim como você viu a sua.

— Sabe, Marcelo. Conversei muito com Deise a esse respeito. Tudo o que ela me falou está me ajudando muito neste momento.

— Que disse ela?

— Que a morte não existe, que é como se a pessoa que morreu estivesse fazendo uma viagem.

— Tudo bem, pode-se até pensar assim, mas só que essa pessoa nunca mais vai voltar. Você nunca mais verá sua mãe, cara!

— Sei disso, mas Deise disse que, quando morremos, vamos para um determinado lugar. E, um dia, como todos morrem, nos reencontraremos. Ela disse que nosso lugar não é aqui, que só estamos aqui para aprender, resgatar erros passados, perdoar e sermos perdoados.

— É bonito de se dizer, mas a realidade é outra.

— Tem razão, minha mãe morreu, meu pai está naquele hospital e, se morrer também, nunca mais os verei. Porém, se o que Deise disse for verdadeiro, sempre existirá a chance de reencontrar os que amamos e que partem primeiro. Não sei se é verdade, mas qual é a opção que temos? Nascer, viver, amar as pessoas e um dia perdê-las para sempre? Prefiro acreditar que, como Deise disse, a morte não existe e um dia poderei rever minha mãe e dizer-lhe o quanto a amo. Sei que deveria ter feito isso enquanto ela estava viva, e nunca me passou pela cabeça que um dia ela poderia morrer. Acho que ninguém fala muito sobre a morte, não é? Estou triste com a morte da minha mãe. Não nos dávamos muito bem, por que eu não concordava com o tipo de valor que ela dava às coisas, principalmente ao dinheiro. Mas, mesmo assim, eu gostava muito dela e sei que também ela gostava de mim. Não posso imaginar como vou ficar se meu pai também morrer. Com ele sempre foi diferente. Ele pensa como eu em relação à vida, às pessoas, ao dinheiro. Sempre foi meu amigo e nele pude confiar, e contar com ele, em todos os momentos da minha vida.

— Sei que sempre foram amigos. Vou te confessar uma coisa, às vezes senti inveja da amizade entre vocês. Meu pai também é legal, mas conversar com ele sempre foi um problema. Estamos chegando na delegacia, vou pegar meu carro e te acompanho até o hospital.

— Não precisa, Marcelo. Já fez muito em me acompanhar até aquele lugar horrível.

— Nada disso, não vou ter deixar sozinho. Sei que precisa conversar e serei todo ouvidos. Afinal, sou seu amigo de verdade.

— Sei disso e só posso agradecer por ter conhecido alguém como você.

Pegaram o carro, foram para o hospital. Assim que entraram, viram José ao lado da cama de Mário. Waldir estranhou:

— José, onde está Eliete?

— Ela foi para casa de táxi. Estava preocupada com Paula. Você conhece sua irmã. Ela tem dificuldades em aceitar alguma coisa que a desagrade. Mas não se preocupe, fiquei aqui ao lado dele durante todo o tempo e posso ficar o quanto mais você quiser. Sei que está cansado. Se quiser, pode ir para casa e descansar um pouco.

— De maneira alguma, vou continuar aqui. Já disse que quero ser a primeira pessoa a ser vista por ele quando acordar. Não se preocupe, não estou cansado. Triste, mas não cansado. Durmo nessa cama que está aí ao lado e, assim, se der um suspiro mais forte, acordarei. Marcelo, pode ficar um instante com papai, preciso conversar com José?

Marcelo concordou com a cabeça e eles saíram. Fora do quarto, Waldir disse:

— Prefiro que você vá para casa, José. Hoje, já está tarde, mas diga a Eliete que, amanhã bem cedo, telefone para os amigos e parentes e diga que o enterro vai ser às dezessete horas.

— Se é assim que quer, está bem, eu vou.

— José, se alguém perguntar o que aconteceu, diga que ela foi assaltada. Não quero que haja comentários.

— Está bem, vou fazer isso.

— Boa-noite, José, e muito obrigado por tudo.

— Que é isso, Waldir?! Trabalho há tanto tempo na sua casa que me sinto como se fosse da família. Estou muito triste por tudo o que está acontecendo e rezando todos os dias para que o doutor fique bom.

— Ele vai ficar, José... e também te consideramos como se fosse da família.

José foi embora, Waldir voltou para o quarto. Assim que entrou, viu Marcelo sentado no sofá.

— Agora você também pode ir, Marcelo. Ficarei bem. Estou cansado, sim, e preciso tentar dormir.

— Tem certeza? Não quer que eu fique, mesmo?

— Não, pode ir tranqüilo, sabe que, se precisar, eu te chamo imediatamente.

— Está bem, mas chame mesmo.

Marcelo saiu, Waldir foi para junto do pai. Acariciando sua mão, disse:

— Papai, precisa acordar. Não pode imaginar como estou precisando do senhor. Te amo, papai.

Beijou o pai e foi se deitar.

Suspeitas

O enterro de Carolina foi concorrido. Amigos, parentes e pessoas da sociedade se reuniram para dar o último adeus àquela que fora uma das mulheres mais conhecidas por sua elegância, participação e alegria de viver. E, também, todos queriam saber o que havia acontecido naquele apartamento. Os comentários eram os mais diversos, desde um assalto até um crime passional, o que quase ninguém acreditava que poderia ser verdade, mas, mesmo assim, comentavam. Como Waldir não poderia faltar, foi para o cemitério quase na hora do enterro. José ficou com Mário no hospital. Paula, chorando muito, ficou o tempo todo abraçada a Eliete. A cerimônia foi muito bonita. Discursos foram feitos para homenagear aquela mulher cuja posição na sociedade era de tanto destaque.

Paula estava abraçada a Eliete quando, em um canto, viu Clotilde que chorava discretamente. Afastou-se de Eliete e foi para junto de dela:

— A senhora veio?

— Sim — respondeu Clotilde — não sei o seu nome, moça. Esta é Tereza irmã de Carolina. Tereza, esta é a filha de Carolina.

— Muito prazer — disse Tereza — desculpe tive de vir. Ela era minha irmã e a última pessoa da minha família. Não podia deixar de vir. Ontem enterrei minha mãe... e, hoje, estou enterrando minha irmã.

— Sinto muito pela senhora.

— Vim também porque te conheci e gostaria muito de conhecer seu irmão.

— É aquele que está ao lado do caixão. Quer falar com ele?

— Não, não saberia o que dizer. Ele é um rapaz muito bonito.

— É sim, todas as minhas amigas morrem de vontade de namorar com ele... Agora preciso voltar para junto da família

— Está bem, e obrigada por ter vindo conversar comigo. Agora que me conhece e sabe onde moro, espero que me visite mais vezes.

— Irei assim que puder. Quero que me fale mais sobre a minha mãe.

— Estarei esperando.

Paula ia se afastar, quando viu André acompanhado por seus pais e por Patrícia. Sentiu um frio em toda a espinha e começou a tremer, e muito mais quando percebeu que eles se encaminhavam em sua direção.

Assim que se aproximaram, a mãe de André a abraçou, dizendo:

— Sinto muito, Paula. Sabe como gostava de sua mãe.

— Sim, eu sei e também estou sentindo muito.

— Tudo é vontade de Deus, minha filha.

— Que Deus? Esse que tira a vida de uma mulher jovem e bonita que ainda tinha muito para fazer nesta terra e deixa vivas pessoas velhas, doentes, sofrendo em uma cama de hospital? Deus, se é que existe realmente, não tem nada a ver com isso! Quem matou minha mãe foi um assassino que precisa ser preso e passar o resto dos seus dias atrás das grades!

— Tem razão de estar revoltada. Realmente sua mãe era muito jovem para morrer dessa maneira. Está é minha futura nora, seu nome é Patrícia.

Paula olhou para Patrícia e não pode negar que era mesmo filha de Carolina. Os olhos, cabelos e até o nariz eram iguais aos dela. Estendeu a mão, dizendo:

— Muito prazer, espero que seja muito feliz com seu casamento.

— Obrigada e sinto muito pelo que aconteceu com sua mãe.

— Obrigada.

André também a cumprimentou. Ela agradeceu.

— E seu pai, como ele está, Paula? — perguntou a mãe de André.

— Ainda no hospital e na mesma. Desde que sofreu o derrame, entrou em sono profundo e até agora não acordou.

— Mas ele vai acordar, basta ter fé.

Tereza ia se afastando, quando Patrícia disse:

— Tereza, só agora te vi. Que está fazendo aqui?

Tereza, um tanto quanto desconcertada, disse:

— Vim até o cemitério, no túmulo de minha mãe, e aproveitei para vir até aqui.

— Ontem mesmo estivemos aqui para enterrar dona Mercedes. Jamais imaginaria que voltaria hoje. Você conhecia dona Carolina?

Tereza olhou para Paula, que não tirava os olhos dela, e respondeu:

— Não, estava só passando, mas foi muito triste o que aconteceu com ela. Agora preciso ir. Até mais, Patrícia.

Tereza se afastou, os pais de André e ele foram cumprimentar Waldir.

Paula voltou para junto de Eliete, que o tempo todo ficou a observá-la conversando, primeiro com Tereza e, depois, com a família de André. Temia uma reação mais brusca por parte de Paula, ao ver André com a outra. Perguntou, curiosa:

— Paula, quem era aquela mulher com quem estava conversando antes de André chegar?

— Era amiga de minha mãe.

— Amiga de sua mãe?

— Essa é uma história que ainda não te contei. Mais tarde eu conto.

— Está bem, mas estou estranhando. Sua mãe jamais teria amizade com uma mulher simples como essa. Está chegando a hora, seria bom se você fosse para perto de seu irmão.

Paula obedeceu. O enterro aconteceu. Ela foi para casa e Waldir para o hospital. O delegado estava lá, observando as pessoas e suas reações.

No dia seguinte, logo pela manhã, ele, acompanhado por dois policiais, foi até a empresa e foi recebido por Sara:

— Meu nome é Sampaio. Sou delegado e estou aqui para investigar a morte de dona Carolina.

— Pois não, doutor, queira me acompanhar.

Ele a seguiu. Entraram na sala de Mário. Tudo estava da mesma forma como Carolina havia deixado. O delegado foi observando tudo. Sentia que ali encontraria alguma pista do assassino.

— Pode me dizer quais foram as últimas pessoas com quem ela conversou?

— Pois não, doutor. Primeiro foi Ari, um funcionário que ela despediu.

— Despediu? Por quê?

Sara contou os motivos.

— Sabe onde esse Ari mora?

— Sim, senhor.

— Por favor, escreva o endereço em um papel e dê para o policial que está lá fora. Com quem mais ela conversou?

— Com o doutor Oscar. Ele é o gerente financeiro da empresa. Tiveram uma discussão e ele saiu daqui muito nervoso.

— Sabe sobre o que discutiram?

Sara contou, e o delegado continuou perguntando:

— O que mais ela fez?

— Soube que ela mandou despedir Nilda, esposa de Ari. Ela trabalhava na casa de dona Carolina.

— Puxa! Essa senhora, nos poucos dias que ficou aqui, causou muita confusão, não foi?

— Foi sim, doutor. Ameaçou despedir todos os funcionários porque recebiam um salário, segundo ela, muito alto. Disse que despediria todos e trocaria por outros, com um salário menor.

— Obrigado. Acho que já consegui muita coisa aqui. Agora vou para a delegacia, pois preciso intimar essas pessoas com quem conversou.

Sara o acompanhou até a porta. Ele, pensando no que ia fazer, foi embora.

Assim que chegou na delegacia, pediu que fosse mandada uma intimação para Ari, Nilda e Oscar.

A intimação foi mandada. Ari e Nilda chegaram juntos e com as crianças. Não tinham com quem deixar. O delegado quis conversar com cada um em separado. O primeiro a entrar na sala foi Ari. Estava preocupado, pois jamais havia entrado em uma delegacia. Sentou-se na frente do delegado, que perguntou:

— O senhor foi despedido por dona Carolina?

— Sim, senhor.

— Sabe por que motivo?

— Ela disse que foi porque o doutor me contratou sem dizer pra ela. Ela ficou muito braba, disse que a minha mulher tinha traído ela.

— Traiu como?

— Porque a minha mulher não contou que o doutor tinha me contratado e dado uma das casas deles pra gente morar.

— Isso era motivo?

— Acho que não, doutor. Eu estava fazendo meu trabalho direito e minha mulher já trabalhava na casa dela há muito tempo. Ela não tinha motivo pra fazer isso.

— O senhor ficou muito zangado com ela, não ficou?

— Fiquei, sim senhor. Depois de muito tempo, a gente estava vivendo muito bem. O doutor me deu um trabalho, deu a casa pra gente morar, arrumou até escola e creche pras crianças. De repente, ela, sem motivo, tira meu emprego e o da minha mulher e disse que a gente tinha que mudar em uma semana. A gente não tem pra onde ir, doutor. Ela era muito ruim! Não tinha piedade nenhuma.

— Ficou tão zangado que seria capaz de matar?

— Não, senhor! Nunca pensei nisso, só estava tentando encontrar um lugar pra gente morar! Tenho três crianças!

— Espero que esteja dizendo a verdade. Agora, pode sair, vou falar com sua mulher.

— Sim, senhor.

Ari saiu e, logo em seguida, Nilda entrou. Ela, assim como Ari, estava nervosa e assustada por ter de comparecer a uma delegacia.

— Pode se sentar, minha senhora, e não precisa ficar assustada nem nervosa, só vamos conversar.

Ela continuou calada e sentou-se na cadeira que ele lhe apontou.

— Como é se nome?

— Meu nome é Nilda, mas olha, doutor, nem eu nem Ari, a gente não nada tem com a morte da dona Carolina.

— Isso é o que vamos ver. A senhora trabalhava há muito tempo na casa dela, não trabalhava?

— Trabalhava, sim.

— O que achava dela?

— Não achava nada. Fazia meu trabalho.

— A senhora gostava dela?

— Eu preciso trabalhar, não preciso gostar dos patrões.

Como ela era com os empregados?

— Como assim?

— Como ela tratava os empregados?

— Ela sempre deixou claro que era a patroa e a gente, os empregados. Não permitia que a gente olhasse pra ela ou pra ninguém da família. Quando tinha que se dar algum recado, era sempre com a cabeça baixa.

— Todos obedeciam?

— Todos precisam trabalhar, e o salário que ela pagava era muito bom.

— Entendi. A senhora acha que algum dos empregados poderia ter matado ela?

— Acho que não. Todos são gente simples que estão acostumados a trabalhar e sabem que o patrão tem sempre razão.

— Parece que a senhora não está triste com a morte dela.

— Vou ser sincera, doutor, sigo uma religião onde se aprende que a gente deve perdoar todos porque todos somos filhos do mesmo Deus e não sabemos o que fizemos em outra encarnação, mas às vezes não dá, doutor. Durante o tempo que trabalhei naquela casa, muitas vezes desejei que ela morresse, mas nunca pensei que isso pudesse acontecer, nem que fosse dessa maneira.

— Nunca teve vontade de matá-la?

— Sim, tive; e muitas vezes eu matei ela no meu pensamento, mas nunca ia ter coragem de fazer isso.

— Onde estava na hora em que ela morreu?

— Em casa, com meu marido. A gente estava pensando como ia poder arrumar uma casa pra mudar. Não sei se o senhor sabe, mas o doutor, que é um homem muito bom, deu emprego pro meu marido, casa pra gente morar e até arrumou creche e escola pras crianças. Ela, quando descobriu, tirou tudo da gente. A gente ficou sem emprego, sem casa e sem escola. O senhor acha que eu não fiquei com muita raiva? Claro que fiquei! Ela era muito ruim, doutor! Tinha sangue ruim mesmo!

— Vou ter que conversar com mais algumas pessoas e, depois, se precisar, mando chamar a senhora novamente.

— Está bem, doutor. Agora vou ter que esperar o doutor Mário ficar bom. Sei que ele não vai querer que a gente fique sem casa, e sem emprego. Por isso, a gente está no mesmo endereço.

— Está bem, agora pode ir.

Nilda saiu. Ari esperava por ela ansioso:

— E aí, Nilda, como foi?

— Não sei, fui bem sincera. Falei tudo que estava sentindo.

— Você não falou que estava com muita raiva dela, falou?

— Claro que falei, Ari. Eu fiquei com muita raiva, mesmo!

— Mas não precisava falar pro delegado. Ele pode pensar que foi você quem matou a mulher.

— Ele sabe que não fui eu nem você.

— Sabe como?

— Se ele tivesse desconfiado, tinha prendido a gente, Ari.

— Acha mesmo isso, Nilda? Estou preocupado... você sabe que a corda sempre arrebenta do lado mais fraco. Se eles não acharem quem matou, vão querer culpar alguém e ninguém melhor que nós dois. Ela destruiu a vida da gente, Nilda.

— Você pode até ter razão, mas a gente não pode fazer nada, só pode esperar mesmo. Agora vamos pra casa. As crianças estão com fome.

Foram embora. Assim que saíram, Pereira, um detetive, entrou na sala;

— E aí, Sampaio, como foi?

— Ambos tinham motivos para matá-la, mas acredito que não foi nenhum deles.

— Como pode ter certeza?

— Falaram com muita naturalidade. A mulher disse o que sentia pela morta, que estava com muita raiva.

— Então, pode ter sido ela!

— Pode ser, Pereira. Ela estava com raiva e eu também fiquei, quando soube o que a outra fez com ela e com sua família. Vou te contar.

O delegado contou e o detetive também achou que nem Ari ou Nilda tinham matado Carolina.

— Você tem razão, Sampaio, para qualquer um deles não faltavam motivos para matá-la. Agora vamos ver o que esse tal doutor Oscar tem para nos contar.

Oscar, pensando que Carolina havia feito queixa contra ele e, também, que ela havia morrido, resolveu não fugir e atender a intimação. Foi até a delegacia. Entrou e identificou-se. O delegado pediu que se sentasse. Muito nervoso, aceitou. O delegado olhou bem em seus olhos e perguntou:

— Pois bem, doutor Oscar, o que tem para me dizer sobre dona Carolina?

— Eu a conheci quando se casou com Mário. Ela era fina e muito educada.

— Era sua amiga?

— Não diria isso. Não gostava da minha amizade com Mário. Nunca freqüentou minha casa, ao contrário de Mário, que sempre nos visitava e a quem meus filhos chamam de tio, mas, quando nos encontrávamos em alguma reunião, ela sempre foi gentil.

— Está dizendo que não gostava dela?

— Não. Estou dizendo que não tinha com ela a mesma amizade que tenho com Mário.

— Fui informado que o senhor está afastado da empresa, posso saber por quê?

Oscar estava incomodado com o olhar do delegado. Começou a tremer e a suar muito. Procurou se conter e respondeu:

— Mário pediu que eu ficasse afastado por alguns dias, precisava resolver alguns problemas.

— Posso saber se esses problemas tinham alguma relação com o senhor?

Oscar sabia que não poderia fugir daquela pergunta, mas temia que o delegado interpretasse mal sua resposta.

O delegado continuou olhando em seus olhos. Vendo que não havia outra maneira, Oscar respondeu:

— Não sei se o senhor vai entender. Sou gerente financeiro da empresa. Perdi muito dinheiro no jogo e peguei emprestado da empresa. Mário descobriu antes que eu conseguisse devolver e pediu para que me afastasse até ver o que faria comigo. Ele é meu amigo e sabe que, com a minha idade, seria muito difícil eu conseguir qualquer outro emprego, que dirá um onde recebesse o mesmo salário que lá.

— Que aconteceu quando ele adoeceu?

— Carolina foi à empresa e descobriu o que havia acontecido.

— E o que ela fez?

— Ficou furiosa. Não teve o mesmo entendimento de Mário. Disse que eu seria preso, que ia me entregar à polícia.

— O senhor ficou assustado?

— Sim, muito.

— Se ela o entregasse, o que aconteceria com o senhor?

— Não sei, delegado. Acredito que perderia tudo que tenho, inclusive minha família. E minha vida estaria destruída para sempre.

— O senhor ficou com muita raiva dela, não ficou?

— Sim, com muita raiva, ainda mais quando soube, por ela, que Mário está morrendo e que não há chance alguma de que ele se recupere.

— Se ela não estivesse por perto e o doutor Mário se recuperasse, o senhor acha que teria alguma chance de ser perdoado por ele e tudo voltar a ser como antes?

— Claro que sim. Ele me daria uma segunda chance. Sempre foi meu amigo e o dinheiro que peguei emprestado não é muito para ele. Não significa nada frente à enorme fortuna que ele possui.

— Por ele ter muito dinheiro, o senhor achou que poderia roubá-lo?

— Não senhor, eu não roubei, apenas peguei emprestado e ia devolver, só não tive tempo.

— Bem, apesar de minhas dúvidas, não há flagrante, o senhor acatou a intimação, tem residência fixa e, pelo menos oficialmente, ainda tem emprego e não posso detê-lo aqui para averiguações, mas devo dizer que gostaria muito de fazer isso.

— O senhor tem razão, eu merecia mesmo ser preso.

— Pelo que pude entender, a morte de dona Carolina foi providencial para o senhor.

— Infelizmente, preciso concordar com o senhor.

— O senhor a matou?

— Não, claro que não! Jamais teria coragem para isso! — Oscar disse mais nervoso ainda.

— Onde estava na hora em que ela foi assassinada?

— Em minha casa, ao lado de minha esposa.

— Ela pode confirmar isso?

— Pode, claro que pode.

— Está bem, por ora é tudo. Provavelmente vou chamá-lo outra vez.

— Pode chamar sempre que precisar.

Oscar, ainda muito nervoso, saiu e foi para casa.

— Então, Sampaio, que achou de tudo que ele disse?!

— Ele, igual aos outros, tinha motivos para querer ver dona Carolina morta, Pereira. Essa mulher era realmente odiada por todos e tinha uma imensa facilidade para conseguir inimigos.

— Mas, no caso dele, ela teve razão, não teve? Afinal o marido dela era amigo desse sujeito e ele o roubou!

— Sim, no caso dele, ela tinha razão. Não sei, mas acho que ele faltou com a verdade. Ele estava muito nervoso e até gaguejou em algumas respostas, você percebeu, Pereira?

— Sim, Sampaio, principalmente quando você perguntou se a mulher dele confirmaria que ele estava em casa com ela na hora do crime.

— Também notei. Preciso conversar com a mulher dele. Vou intimá-la para que compareça. Só conversando com ela poderemos saber se ele está dizendo a verdade.

— Faça isso, Sampaio, mas não esqueça que ela é mulher dele, e poderá mentir também.

— Você me conhece, Pereira, sabe que sei como fazer as perguntas e como obter respostas.

— Tem razão, você é um especialista nisso!

Reencontro

Waldir, assim que terminou o enterro da mãe, voltou para junto do pai. Ele ainda não havia perdido a esperança de ver Mário abrir os olhos novamente, nem que fosse só por alguns minutos. Estava ali, quando Paula entrou.

— Waldir, como ele está?

— Da mesma maneira, Paula. Estou começando a me desesperar.

— Será que ele está sofrendo?

— Não sei, mas parece que não. Seu rosto está tranqüilo. Parece que está sonhando.

— Ele precisa acordar, Waldir. Tenho muito que conversar com ele.

— Conversar o que, Paula?

Paula começou a chorar.

— Por que está chorando, Paula? Que aconteceu?

— Não sei o que vai pensar, mas aconteceu algo, antes da morte de mamãe, que me deixou desnorteada.

— Que foi, Paula? Deve ser algo muito grave para te deixar assim.

— Vou te contar, você precisa saber. Não sei qual será sua reação, mas preciso contar. Sempre foi muito centrado, sei que entenderá e que me perdoará.

— Pelo amor de Deus, Paula? Que aconteceu? Que você fez?

Ela contou desde o momento em que atendeu ao telefonema da vizinha de Tereza, como foi lá e o que descobriu.

Waldir a ouviu sem interromper e, a cada palavra dela, ficava mais surpreso. Quando ela terminou de falar, ele perguntou:

— Mamãe não pertencia a uma família rica e tradicional? Ela tem outra filha?! Você deve estar enganada, Paula! Essa mulher que te contou essa história deve ter inventado!

— Não, ela não inventou, mamãe confirmou tudo.

— Quando?

— Quando fui até a empresa conversar com ela.

— Você foi até a empresa?

— Sim, fiquei nervosa por ela ter me trocado pela outra e deixado que André ficasse com ela, sem nada fazer para separá-los, como havia me prometido.

— Paula, minha irmã, por que queria que eles se separassem? Se eles se amam mesmo, não poderá fazer nada. Desista dele! Tenho certeza de que poderá encontrar alguém que te ame realmente. Sei que mamãe tinha uma influência muito grande sobre você, mas nem sempre ela estava certa. Não é por sermos filhos que devemos ou podemos aceitar tudo que nossos pais dizem ou nos ensinam. Veja mamãe! Ela te ensinou a ser prepotente e a julgar-se acima de qualquer pessoa, quando, na realidade, ela mesma não era aquilo que dizia ser e, como todas as pessoas, tinha seus defeitos e suas qualidades.

— Não sei, Waldir, tenho pensado muito sobre isso e acho que você tem razão. Ela me influenciou, sim, mas eu fui culpada em aceitar! Você sempre resistiu e nunca deu atenção para o que ela dizia a respeito da sua superioridade. Você sempre tratou todos de igual para igual, por isso os empregados lá de casa te adoram.

— Tem razão. Preferi seguir os conselhos e exemplos do papai. Você puxou mais a mamãe.

— Não tenho o que puxar dela! Não sou sua filha e nem do papai! — Paula chorava desesperada enquanto dizia isso.

— Que está dizendo, Paula? Você está nervosa e fora de controle!

— Estou nervosa sim, mas não fora de controle, Waldir!

— Não sou filha deles! Sou filha de Eliete! Por isso quero que papai acorde e diga que, apesar de não ser sua filha, sempre me amou!

— Paula, de onde tirou essa idéia? Você é minha irmã e filha dos nossos pais!

— Não sou, Waldir! Mamãe me contou e Eliete confirmou! Não sou sua irmã! Sou uma fraude, uma mentira!

Waldir ficou calado, estava difícil para ele assimilar aquilo que Paula falava.

— Fale alguma coisa, Waldir! Não fique me olhando como se eu não estivesse aqui!

— Não pode ser, Paula. Que está acontecendo com a nossa família? De repente tudo de ruim desabou sobre nossas cabeças! Papai ficou doente, mamãe não era quem dizia ser e morre de uma maneira estúpida! Temos uma irmã que não sabe da nossa existência e agora você vem com essa história de que não é minha irmã! Que está acontecendo? Estou ficando louco?

Paula, chorando, abraçou-se a ele dizendo:

— Também estou sem saber o que fazer. Não sou aquela pessoa superior que mamãe me fez crer durante toda a minha vida. Sou filha de uma empregada doméstica e nem sei quem é meu pai! Estou desnorteada e fiquei com muita raiva de mamãe por ter me escondido isso. Por isso, no dia em que ela morreu, eu tinha ido até a empresa. Queria dizer para ela o quanto a odiava. Mas, quando cheguei lá, ela estava saindo em um táxi. Eu pensei que ela estava indo para casa e a segui e vi quando ela entrou naquele apartamento. Estacionei o carro e fiquei um bom tempo sentada, esperando para ver quando saía. Estava lá quando chegou um carro da polícia. Com medo, fui embora. Não sabia que ele estava lá por causa da morte dela...

— Você esteve lá?

— Sim. — respondeu chorando muito.

— Paula, não sei se tudo isso que está dizendo é verdade, mas, sendo ou não, nada mudará em relação ao que sinto por você. É minha irmã e te amo muito. Agora estou me sentindo sufocado. Preciso sair um pouco, respirar ar puro e pensar a respeito de tudo o que me contou. Pode ficar ao lado de papai por alguns minutos?

— Claro que posso. Você está ao lado dele o tempo todo. Pode ir e ficar todo o tempo que quiser. Não sairei daqui até que volte.

Waldir estava saindo do quarto quando, diante dele, viu Deise. Ela, ao vê-lo, ficou parada, sem saber o que dizer.

— Deise? Que está fazendo aqui?

— Depois que seu pai conversou comigo, fiquei esperando que você me procurasse e, como isso não aconteceu, cheguei a pensar que ele também havia brincado comigo, mas não consegui acreditar, pois me pareceu sincero. Com o passar dos dias, fui ficando aflita e Luzia me convenceu a telefonar para sua casa e tentar descobrir o que havia acontecido e se você e seu pai haviam realmente brincado. Telefonei e me informaram que ele estava aqui neste hospital desde o dia em que conversou comigo. Depois, pelos jornais e por comentários na loja, fiquei sabendo da morte de sua mãe. Pedi licença em meu trabalho e vim até aqui. Acho que está precisando conversar.

— Meu pai esteve com você no dia em que ficou doente?

— Sim, ele foi até a loja e conversamos muito.

Ela contou o que havia conversado com Mário. Quando terminou de contar, Waldir perguntou confuso:

— Meu pai descobriu, naquele dia, que minha mãe o traía e que ela havia planejado nos separar? — Waldir perguntou desesperado e surpreso.

— Sim, disse que resolveria com sua mãe e que, depois, conversaria com você e ia lhe contar tudo. Pediu que eu o esperasse no dia seguinte, mas você não foi me ver.

— Ele sofreu o derrame naquela noite e, desde então, estou aqui ao seu lado. Pensei em você muitas vezes, mas não fui te procurar porque sabia que você não acreditava em mim e não queria me ver.

— Confesso que, quando Murilo contou aquela história de que você só estava brincando comigo, acreditei e sofri muito, pois você me pareceu tão sincero. Pedi muito a Deus que me ajudasse a te esquecer, mas foi em vão. Durante todos aqueles dias, não consegui te esquecer nem por um minuto. Quando seu pai chegou na loja e me contou toda verdade, não pode imaginar como fiquei feliz.

— Meu pai não chegou a conversar comigo. Eu não sabia que havia te encontrado. E não poderia saber, pois foi nesse dia que ele sofreu o derrame... e até agora ainda não sei se ele vai ficar bom ou ao menos recobrar a consciência. Pensei muito em você e em tudo que falou sobre essa Doutrina que segue. Lembrei que você me contou de como ficou quando seu pai morreu. Sentia que, se conversasse com você, seria mais fácil a espera que eu teria de passar até que ele acordasse. Muitas vezes pensei em como eu ficaria, caso ele não acordasse nunca mais.

— Se soubesse que você estava sofrendo tanto, eu teria vindo imediatamente. Passei por isso quando vi meu pai doente.

— Sei disso, mas sei também que aceitou sua morte, porque acha que ele está vivo em algum lugar e que um dia o reencontrará.

— Sim, acredito muito nisso. Mas sinto que seu pai está muito bem e sendo amparado por espíritos amigos.

— Tem certeza disso?

— Sim, toda a certeza do mundo. Seu pai me pareceu um homem muito bom, portanto deve haver muitas pessoas que estão rezando por ele e, mesmo sem saber, estão vibrando e assim ajudando. Minha preocupação é com sua mãe.

— Minha mãe, por quê?

— A morte dela foi violenta e, quando isso acontece, é muito difícil para o espírito entender o que aconteceu e aceitar. Por isso te peço que reze muito por ela e peça para todos que a conheceram que façam o mesmo. Evitem falar sobre como ela morreu. Isso não importa mais. Ela, neste momento, só precisa de entendimento, luz e saber perdoar para poder continuar seguindo seu caminho.

— Perdoar?! Como ela, se é que está mesmo viva em algum lugar, pode perdoar? Foi assassinada, Deise!

— Sim, eu sei. Mas, se não houver o perdão, não haverá paz para nenhum de vocês e muito menos para sua mãe. Vocês precisam deixar tudo nas mãos de Deus. Só Ele sabe como julgar. Nós, aqui na Terra, não somos ninguém para fazer isso.

— Não consigo entender o que está falando. Está além das minhas forças. Não sei quem matou minha mãe, mas sei que vou descobrir.

— Está bem, não vamos mais falar nisso. Se você permitir, queria entrar no quarto onde seu pai está e, juntos, fazermos uma oração para que, se for vontade de Deus, os médicos do plano espiritual juntamente com os da Terra o ajudem a voltar para junto de você e de sua irmã. Sinto que a presença dele é muito importante para vocês.

— A presença dele não é só importante, é tudo em nossa vida. Pode entrar, fico agradecido, só que não poderei rezar ao seu lado

— Por que não?

— Eu não sei rezar, nunca ninguém se preocupou em me ensinar. Minha mãe era contra qualquer religião. Dizia que as pessoas que, por muitos anos, freqüentam uma religião qualquer rezam, fazem promessas, ficam falando o nome de Jesus a todo instante, mas são as piores que conheceu, pois, depois que saem da igreja, cometem as piores maldades. Ela dizia que não adiantava ficar o tempo todo na igreja ou em qualquer outro lugar só falando o nome de Deus e não aprender nada.

— Em parte, ela não deixava de ter razão. Existem, sim pessoas assim, que dizem pertencer a uma religião e não aprendem nada. Por isso para Deus não existe religião, existe o ser humano na sua caminhada. Quando morremos, ninguém vai nos perguntar a que religião pertencíamos, mas o que fizemos com a vida que Deus nos deu. Toda e qualquer religião é boa, já te disse isso. Depende de cada um tirar o melhor dela, aprender e procurar usar em sua vida os ensinamentos.

— Você pode ter razão, mas mesmo assim não sei rezar.

— Conhece o Pai Nosso?

— Quando criança, Eliete me ensinou.

— O Pai Nosso foi à única oração que Jesus nos ensinou. Ela é repetida por todos os cristãos independente de religião. Eu disse repetida, pois quase ninguém presta atenção, apenas repete as palavras e não pensa no seu significado e no que elas querem dizer realmente.

— O que está querendo dizer?

— Que as palavras do Pai Nosso têm um significado muito importante. Todos falamos, mas, quando estamos passando por alguma dificuldade ou perdemos alguém a quem amamos, não nos lembramos nunca do "Seja feita a Vossa vontade" ou quando alguém nos faz algo que nos magoa, ficamos com raiva e esquecemos do "Perdoai nossas ofensas, assim como perdoamos a quem nos tem ofendido".

Waldir ficou parado, ouvindo.

— Não conheço muito de religião alguma, mas da maneira como está falando, acho que tem razão.

— Por isso, não importa a religião, o que importa realmente é o desejo sincero de acertar, praticarmos o bem e perdoarmos sempre. O perdão é o único caminho para se chegar a Deus e, para que isso aconteça, Ele permite que reencarnemos quantas vezes forem necessárias até que consigamos vencer nossos limitações. Seu pai está naquela cama, não sabemos se ficará bom novamente. O que podemos fazer neste momento é rezar pedindo que fique bom e que volte a ser como antes, mas, no final do nosso pedido, dizer: Que seja feita a Vossa vontade.

— Está bem, vamos entrar no quarto. Minha irmã está lá. Ela não está bem, não só por causa do papai, mas também por ter descoberto algo que a abalou profundamente.

— Que bom, será mais uma para rezar por ele e por ela também. A descoberta da verdade é um bem enorme em nossas vidas.

Entraram no quarto. Paula estava ao lado do pai, Waldir se aproximou dela, dizendo:

— Paula, esta é Deise, está aqui para juntos rezarmos para que o papai.fique bom.

— Rezar?! Nunca acreditamos em religião!

— Sei que você, assim como eu, nunca acreditou em religião e nunca rezou, mas nesta hora, não custa tentar. Se não fizer bem, com certeza não fará mal.

Paula, calada, afastou-se. Deise sorriu dizendo:

— Paula, Waldir me contou que vocês foram criados não acreditando em religião, mas não é preciso ter religião para se rezar um Pai Nosso. Basta ter fé em Deus. Só Ele sabe o que é melhor para todos nós. Vou me colocar na cabeceira da cama. Quero que vocês se coloquem um de cada lado e estendam suas mãos sobre o corpo de seu pai e sigam em pensamento tudo que eu disser.

Os irmãos se olharam e, embora descrentes, obedeceram. Deise estendeu as mãos sobre a cabeça de Mário, fechou os olhos e começou a falar:

— Senhor Deus, criador de tudo e de todos. Estamos aqui pedindo para que doutor Mário, com a ajuda dos médicos da Terra e do plano espiritual, consiga superar este momento e, se for de Vossa vontade, que ele retorne para os braços daqueles que tanto o amam.

Em seguida começou a rezar o Pai Nosso. Quando Deise falou "seja feita a Vossa vontade", repetiu-o por três vezes.

Waldir e Paula acompanhavam tudo que ela dizia, mesmo sem acreditar muito. Não conseguiram deixar de desejar que Mário ficasse bom e naquele momento acreditaram em uma força superior que não podiam ver, mas sentiam que estava se fazendo presente.

Quando terminou de rezar, Deise, disse:

— Agora é só deixarmos nas mãos de Deus, Ele, só Ele sabe o que é melhor para todos nós.

Sem perceber, Paula começou a chorar e disse baixinho:

— Meu, Deus, sei que não O conheço muito bem, mas se for de Sua vontade, permita que meu pai acorde, nem que seja só por um minuto, para que eu possa lhe dizer o quanto o amo e como sou grata por ter me recebido em sua casa e por ter me dado tanto carinho.

Deise não entendeu o que Paula estava falando, mas sentiu que ela estava sendo sincera. Waldir se aproximou do pai e o beijou na testa.

— Papai, nós te amamos, mas sabemos que tudo está nas mãos de Deus... e, como Deise me ensinou, que seja feita a vontade d'Ele...

Deise sorriu, pois sentiu um leve tremor em suas mãos. Tremor esse que ela conhecia há muito tempo. Sabia que ali estavam espíritos amigos e que provavelmente Mário ficaria bom. Em seguida, disse:

— Agora preciso ir embora, Waldir. Sabe que moro longe, mas sinto que o pai de vocês ficará bom e voltará a ser tudo como antes.

— Deus te ouça, Deise. Não posso te acompanhar, pois não quero sair de perto do meu pai, mas, assim que ele acordar e ficar bem, vou te procurar e poderemos conversar com mais tranqüilidade. Obrigada por ter vindo. Só de ter conversado com você, sinto-me bem melhor.

— Também acho que deve continuar ao lado de seu pai. Tenho fé que ele ficará bom. Vou ficar esperando até que me procure e estarei rezando por ele e para que vocês da família, embora possam não entender os motivos, aceitem a vontade de Deus.

Waldir foi até onde ela se encontrava, beijou seu rosto e a acompanhou até a porta. Ela sorriu e foi embora.

Investigação

Os dias foram passando. Waldir continuou ao lado do pai e Paula passava boa parte do dia no hospital. Mário continuava recebendo medicamentos através de soro. Waldir muitas vezes chegou a pensar que o pai nunca mais acordaria, mas, nessas horas, telefonava para Deise, que sempre lhe dizia:

— Não esqueça de dizer: Seja feita a Vossa vontade.

O delegado continuou investigando. Waldir contou ao delegao que Deise dissera o nome do homem que estava com a mãe. Mas isso era pouco. O soldado que havia acompanhado o taxista Tomé investigou a vizinhança do lugar onde Murilo desceu do táxi, mas não adiantou. Ninguém conhecia alguém com as mesmas características ditas pelo zelador do prédio e confirmadas por Abílio. Em sua sala, o delegado conversava com Pereira, o investigador:

— Este caso está difícil de ser solucionado. Esse Murilo é a chave para se desvendar esse crime, mas, como encontrá-lo se ninguém o conhece? Mesmo assim, não vou desistir. Você sabe que em um crime, mesmo que ele pareça perfeito, sempre aparece uma pista e é atrás dela que estou.

— Precisamos continuar investigando, Sampaio, mas você sabe que não foi ele quem matou a madame. Quanto ao outro, o Oscar, já conversou com a mulher dele?

— Mandei intimá-la, deve estar chegando. Vamos ver se ela confirma o que o marido falou. Ele disse que estava com ela na hora do crime.

— Ela poderá até confirmar, mas não podemos esquecer que, como esposa, poderá querer ajudar o marido.

— Se ela tentar isso, sabe que temos argumentos para fazer com que se perca e acabe confessando que está mentindo.

Estavam conversando na sala do delegado, quando um soldado entrou avisando que Laura havia chegado. O delegado pediu que a fizesse entrar. Ela entrou acompanhada por Oscar, mas o delegado pediu que ele saísse. Oscar foi obrigado a obedecer. Nervoso saiu. O delegado olhou para Laura e perguntou:

— Que sabe sobre o assassinato de dona Carolina Mendes Cordeiro?

— Somente aquilo que vi na televisão e que li nos jornais. Que ela foi morta quando estava em um apartamento e na companhia de um homem que ninguém conhece. — respondeu tentando aparentar calma.

— A senhora era amiga dela?

— Não posso dizer que sim. Apesar de nos encontrarmos em algumas festas e reuniões, nunca nos visitamos. Carolina nunca veio, nem mesmo quando me casei e meus filhos nasceram. Mário nos visitou muitas vezes, na minha casa, mas sempre sozinho ou acompanhado dos filhos.

— Então não eram amigas?

— Pode-se dizer que não.

— Onde estava na hora em que o crime aconteceu?

— Estava em casa.

— Seu marido estava com a senhora?

— Sim, ele está em férias e íamos viajar.

— Ele disse que está em férias?

— Sim, ele raramente tirou férias nos anos em que trabalhou na empresa.

— A senhora não estranhou ele ter entrado em férias tão de repente?

— Não, há muito tempo peço para que ele faça isso, mas ele sempre dizia que não podia deixar a empresa e que o dinheiro das férias podia nos ajudar muito. Há muito tempo estamos construindo e o senhor sabe como se gasta nisso.

— Sei, sim senhora. Mas seu marido não estava em férias, ele foi afastado por roubar a empresa. Doutor Mário não quis denunciá-lo, mas dona Carolina assim que soube, apresentou queixa contra ele na polícia e exigia que ele devolvesse o dinheiro.

Laura empalideceu e começou a tremer muito. O delegado percebeu e continuou:

— Seu marido tirou o dinheiro da empresa porque jogou e perdeu muito.

— Não pode ser, o senhor deve estar brincando. Oscar jogava há alguns anos atrás, mas prometeu que havia abandonado e que nunca mais jogaria.

— Parece que ele não cumpriu a promessa, jogou e perdeu muito. Para pagar dívidas de jogo pegou dinheiro na empresa, mas o doutor Mário descobriu.

Ela começou a chorar e não conseguiu falar. O delegado continuou:

— Por isso, seu marido está na lista de suspeitos da morte dela.

— Não! Ele não faria isso! Pode ser jogador, mas assassino, nunca! — disse desesperada.

— Espero que a senhora esteja certa, mas volto a lhe perguntar: seu marido estava com a senhora na hora do crime?

Ela chorando muito, respondeu:

— Estava, sim, doutor. Eu disse que ele pode ser jogador, mas nunca mataria alguém...

— A senhora não imagina o que uma pessoa é capaz de fazer quando está desesperada, e seu marido estava não só desesperado, mas apavorado, com medo de ir preso. E a senhora, que fazia naquela tarde?

Laura pensou rápido nas conseqüências para sua vida se dissesse que Oscar não estava em casa com ela. Nesse momento, após descobrir tudo o que havia acontecido, percebeu que ele poderia mesmo ter matado Carolina, mentiu:

— Eu estava preparando um lanche.

— Seu marido estava com a senhora? — O delegado voltou a perguntar olhando em seus olhos.

— Já disse ao senhor que sim! — respondeu nervosa, mas sem titubear.

— Está bem, sendo assim, nada mais temos para conversar. Se precisar da senhora mandarei chamá-la.

— Obrigada, posso me retirar?

— Claro que sim, boa-tarde.

Ela se levantou e ia saindo quando ele perguntou?

— Que lanche estava preparando?

Ela se voltou para ele e respondeu sem pensar:

— Oscar pediu que eu fizesse um bolo.

— Tem certeza que foi isso?

— Claro que sim, fiz um bolo, lembro-me bem, porque estava sem fermento e Oscar foi até a padaria para comprar.

O delegado olhou bem em seus olhos e perguntou:

— Seu marido saiu de casa para comprar fermento?

— Sim... ele foi comprar fermento... — Laura respondeu percebendo que havia falado demais.

— Por favor, senhora, pode sentar-se novamente? Acho que nossa conversa ainda não terminou.

Ela voltou a sentar-se, sabendo que não poderia continuar mentindo e tendo quase certeza que o marido havia mesmo cometido aquele crime.

— A senhora não disse que seu marido estava em casa junto com a senhora?

— Ele estava, só saiu para comprar fermento.

— Quanto tempo ele demorou em voltar

— Não sei, não olhei para o relógio. Quando ele voltou disse que demorou porque encontrou um amigo e ficaram conversando.

— A senhora sabe que amigo é esse?

— Não, ele não disse o nome. — agora ela estava muito nervosa e não pôde mais disfarçar.

— Está bem, a senhora já pode sair, mas, por favor, peça ao seu marido que entre. Preciso conversar com ele.

Laura, percebendo que tudo estava perdido, levantou-se e saiu. Oscar a esperava ansioso na sala de espera. Haviam combinado que ela diria que ele estava em casa, mas não imaginou que o delegado descobriria que era mentira. Assim que ela surgiu na sala, ele perguntou aflito:

— Como foi? Você disse que eu estava em casa?

— Disse, mas ele não acreditou e quer falar com você novamente.

Oscar ficou nervoso, pela expressão da mulher tinha percebido que algo não estava bem. Tentou sair, mas Laura não deixou, dizendo:

— Não adianta, Oscar. Você precisa entrar e contar toda verdade. Ele está desconfiado de você e eu, sinto muito, mas também estou. Não importa o que você fez, conte a verdade, ficarei ao seu lado aconteça que acontecer. Você é meu marido e eu te amo.

— Não fui eu Laura, juro!

— Está bem, mas agora entre e conte toda verdade.

Oscar, vendo que não existia outra alternativa, entrou e sentou-se na cadeira que o delegado lhe apontou.

— Bem, senhor Oscar, acho que o senhor terá de refazer seu depoimento. O senhor estava mesmo em casa na hora do crime?

— Não, doutor. Menti porque pensei que, se contasse o que havia acontecido, o senhor acharia que eu matei Carolina, mas não matei! Juro!

— Está bem, mas agora conte a verdade.

— Eu estava muito nervoso porque Carolina ia apresentar queixa dizendo que ia mandar me prender. Queria que eu devolvesse todo o dinheiro que peguei. Eu não tinha como levantar a quantia, porque era muito alta. Por isso precisava falar com Carolina e para que minha mulher não desconfiasse e sabendo que não tinha fermento em casa pedi que ela fizesse um bolo. Ela não sabia o que havia acontecido na empresa, pensava que eu estava em férias.

— O senhor pediu o bolo de caso pensado? Para poder sair de casa?

— Sim, precisava me ausentar e não podia dizer que ia falar com Carolina para lhe pedir um pouco mais de prazo.

— Falou com ela?

— Não, quando cheguei em frente à empresa, ela estava saindo em um táxi e resolvi segui-la.

— Que aconteceu depois?

Oscar contou tudo o que aconteceu. O delegado, não acreditando muito naquela história, perguntou olhando bem em seus olhos:

— Está dizendo que a seguiu e ficou estacionado em frente ao prédio até a hora em que ouviu o barulho do tiro e ela cair?

— Foi isso que aconteceu. Do lugar onde eu estava estacionado, podia ver a varanda do apartamento e vi quando ela levou o tiro e caiu.

— O senhor sabia que ela tinha um apartamento ali?

— Não, senhor.

— Como sabia que foi ela quem levou o tiro?

— Eu a vi quando desceu do carro. Estava com uma blusa vermelha e uma calça preta. Quando vi a mulher na varanda, percebi que estava com a mesma roupa que Carolina vestia, por isso sabia que era ela.

— O senhor foi embora... por quê?

— Sabia que alguma coisa havia acontecido e que, se me pegassem por perto, certamente me envolveriam no crime. Fugi assustado, fui para casa.

— Levou o fermento para casa?

— Sim, antes de ir até a empresa, eu já havia comprado. Quando cheguei em casa, disse para minha mulher que estava conversando com um amigo, por isso demorei.

— O senhor não chegou nervoso, descontrolado? Afinal tinha presenciado o assassinato de uma pessoa que, para o senhor, era inconveniente.

— Eu não sabia que ela estava morta, sabia que havia levado um tiro e caído. Estava nervoso, sim, por isso, antes de entrar em casa respirei fundo e fiquei alguns minutos tentando me controlar. Assim que entrei, disse para minha mulher que estava com dor de cabeça, fui para meu quarto e me deitei. Ela não podia sequer ter idéia de que algo como aquilo tivesse acontecido.

— Tem mais alguma coisa para contar? Não esqueceu nenhum detalhe?

— Não, senhor, foi assim que tudo aconteceu.

— O senhor tem alguma arma?

— Não, senhor. Nunca tive, sempre tivemos medo de ter uma arma em casa por causa das crianças.

— Nisso fez muito bem, mas percebe que é o principal suspeito. Tinha um motivo muito forte e, também, teve oportunidade.

— Não fui eu doutor! Jamais teria coragem de matar alguém!

— Mesmo quando esse alguém colocava em risco sua vida familiar e sua liberdade?

— Mesmo assim, doutor! Tanto que fui até a empresa para conversar com Carolina e pedir que me desse mais um prazo...

— Está bem, por ora é só isso. Não posso lhe prender, porque por enquanto é só um suspeito. Mas, sua esposa disse que pretendem viajar... Por favor, não faça isso. Posso precisar falar com o senhor a qualquer momento e, se não o encontrar, sua situação pode se complicar.

— Não iremos viajar. Sei que o senhor vai encontrar o verdadeiro culpado. Sou inocente.

— Assim espero. Agora pode sair.

Oscar saiu da sala com a cabeça baixa. Estava com medo e com vergonha de encarar Laura e, depois, os filhos. Ele sempre fora para eles um exemplo de pai e esposo, mas agora viu que tudo estava desmoronando à sua volta. Assim que saíram, já na rua, Laura perguntou desesperada:

— Oscar, que você fez?

— Não fiz nada, Laura, não fui eu quem a matou! Precisa acreditar nisso!

— Como posso acreditar, se você sempre mentiu?

— Nunca menti!

— Como não? Prometeu que nunca mais jogaria e voltou a jogar! Foi afastado da empresa por roubo e me disse que estava em férias! Como quer que eu acredite em você agora?

— Precisa acreditar. Vou te contar tudo como aconteceu.

— Está bem, conte, mas vai ser difícil eu acreditar em uma palavra do que disser.

Oscar contou como tudo havia acontecido. Desde o desvio do dinheiro e quando Mário o descobriu. Da conversa que tiveram e como Mário, por causa dela, das crianças e da grande amizade que sentia por eles, pediu que ele se afastasse da empresa até que decidisse o que faria. Depois contou da chegada de Carolina à empresa. Da descoberta dela e da ameaça que fez. Do seu desespero e sua ida naquela tarde para tentar fazer com que ela lhe desse mais prazo. Da hora em que a viu saindo com o táxi e do tempo que ficou na rua em frente ao prédio em que ela morreu. Contou quando ouviu o tiro e viu ela caindo, do desespero em que ficou e de como fugiu, voltando para casa.

Laura ouviu tudo calada. Quando Oscar terminou de falar, ela disse com muita raiva:

— Mário era verdadeiramente seu amigo, mas você, Oscar, nunca foi amigo dele de verdade!

— Não diga isso! Eu sempre fui amigo de Mário, desde o tempo da faculdade! Estou trabalhando com ele há muito tempo, e ajudei no crescimento da empresa!

— Sim, mas não hesitou em roubá-lo! Embora não gostasse de Carolina, por sempre considerá-la arrogante e extremamente pedante, neste momento tenho de admitir que, se estivesse no lugar dela, teria feito a mesma coisa! Você só merecia isso mesmo, ir para cadeia! O roubo em si já é condenável, mas roubar de seu melhor amigo?! Como pôde, Oscar? Estou decepcionada com você! Estou com medo! Estou vendo nossa vida desmoronar e tudo por sua culpa. Como vamos ficar, e as crianças? Terão de mudar de escola, pois o Júnior tem dezesseis anos e a Sueli só quatorze! Eles são adolescentes, Oscar! Acha que vão entender e suportar as insinuações dos colegas? Como acha que se sentirão ao saber que o pai é um assassino? Será que percebe o grande mal que nos fez com esse seu maldito vício do jogo? Será que não pensou em nós quando estava jogando naquela mesa?

Oscar não respondeu, baixou a cabeça e de seus olhos começaram a brotar lágrimas de arrependimento. Laura, vendo que nada mais havia para dizer, também ficou calada. Os dois se encaminharam calados para o carro e foram para casa.

Assim que eles saíram da sala do delegado, o detetive Pereira perguntou:

— Que achou, Sampaio?

— Não estou certo, mas acho que ele é o culpado.

— Por que diz isso?

— Ele tinha o motivo, a oportunidade e, além disso, mentiu. Se fosse realmente inocente, não teria por que mentir. Vamos investigar mais um pouco, sei que a qualquer momento encontraremos uma prova que nos levará até ele.

— Tem razão, ele tinha todos os motivos, mas os outros que passaram por aqui também tinham. A mulher era mesmo muito ruim.

— Podia ser, mas esse, como qualquer outro, não é motivo para ser assassinada.

— Tem razão, Sampaio. Bem, meu plantão terminou, preciso ir embora. Não vejo a hora de chegar em casa e relaxar.

— Faça isso, eu vou ficar mais um pouco. Preciso reler todos os depoimentos. Quem sabe encontro algo que não percebi enquanto eles falavam.

— Se achar que deve, faça isso. Eu estou indo embora. Até amanhã, Sampaio.

— Até amanhã, Pereira e descanse bastante.

Pereira saiu, Sampaio pegou os papéis e começou a lê-los.

Renúncia

Paula desde o dia em que encontrou Deise no hospital, nunca mais havia voltado lá. Não foi mais à faculdade e ficava o tempo todo dentro do quarto. Suas amigas telefonavam convidando-a para sair, mas ela se recusava. Ficava o tempo todo pensando: *Minha vida sempre foi uma mentira. Julguei-me superior a todos, mas na realidade não sou ninguém. Filha de uma empregada doméstica e criada nesta casa por favor. Minha mãe, Carolina, sempre me ensinou a ser superior. Por que será que ela fazia aquilo, se sabia que eu não era ninguém. Sei que preciso aceitar Eliete como minha mãe, mas ainda não consigo. Continuo vendo-a como uma empregada e não quero ser sua filha! Não sei o que vou fazer da minha vida. Preciso esperar papai... Papai? Que papai?! Ele não é meu pai! Apenas me criou e sempre deixou bem clara a diferença que existia entre mim e Waldir. Ele conversava mesmo era com seu filho, enquanto eu, ele deixava por conta de Carolina. Assim que ele morrer, já que legalmente tenho direito, vou pegar minha parte na herança e vou embora desta casa para nunca mais voltar.*

Eliete estava preocupada com a atitude de Paula, que evitava totalmente tocar no assunto com ela e ficava jogada em sua cama, sem fazer mais nada. Eliete sofria com tal situação... *Não quero forçar uma aproximação. Sei que para ela é muito difícil aceitar o que aconteceu. Dona Carolina a criou muito mal, fez com que sempre se julgasse superior. Bem que, algumas vezes, tentei interferir, mas foi em vão, Paula nunca me deu ouvidos, muito menos agora que sabe toda a verdade. Por que dona Carolina tinha que contar logo agora, depois de tanto tempo? Se tivesse contado quando ela era criança, talvez fosse mais fácil aceitar, mas agora, que já está uma moça, nunca me aceitará como mãe. Nunca. A minha única salvação é o doutor Mário ficar bom. Ele vai saber como conversar com Paula e convencê-la de que, apesar de não ser sua filha legítima, sempre a tratou com carinho e muito amor e que nunca fez diferença entre ela e o irmão. Mas preciso... Vou tentar, mais uma vez conversar com ela.*

Foi até a porta do quarto e bateu de leve.

Paula, parecendo irritada, perguntou

— Que você quer, Eliete?

— Conversar com você, Paula.

— Não tenho o que conversar com você ou com qualquer outra pessoa!

— Mas eu preciso falar com você. Se, depois que eu te disser tudo que preciso, você não quiser mais falar comigo, prometo que nunca mais vou insistir para conversarmos.

— Está bem, entre.

Eliete entrou. Ainda da porta, perguntou:

— Posso me sentar aí nesse sofá?

— Pode, mas espero que essa conversa não seja muito longa.

— Não vai ser. Como você está se sentindo?

— Como acha que estou me sentindo?

— Não sei, mas acho que está pensando uma porção de coisas e está confusa com tudo que aconteceu.

— Não consigo parar de pensar e estou confusa mesmo, porque quero te ver como minha mãe! Quero gostar de você, mas não consigo! Para mim, minha mãe é Carolina! Por isso, acho que vou pegar minha parte da herança, que tenho por direito, e ir embora desta casa para nunca mais voltar!

— Se fizer isso, já pensou como vão ficar seu pai e seu irmão? Eles te adoram.

— Ele não é meu pai, Waldir não é meu irmão e ninguém melhor do que você sabe disso!

— Está enganada, eles são, sim, seu pai e seu irmão, assim como dona Carolina era sua mãe.

— Que está dizendo?

— Já te contei que, quando fui obrigada a ter dar para esta família, sofri muito, entrei em desespero e quase cometi uma loucura. Foi nessa época que conheci uma Doutrina. Nela aprendi e aceitei que tudo está sempre certo e que nada acontece por acaso. Com o passar do tempo, lendo muito e estudando, aprendi que desencarnamos e reencarnamos várias vezes, até o dia em que conseguimos superar todas as nossas fraquezas. Durante essas vidas, conhecemos e encontramos amigos e inimigos, formando, assim, laços de amor e de ódio. Continuaremos nascendo por muitas vezes mais, até que esses laços sejam transformados só em amor.

— Deve estar louca! Que história é essa de desencarnar e reencarnar? Que palavras mais horríveis!! Parece um monte de ossos com carne caindo por todo os lados! Credo! Por que não diz morrer e nascer?

Eliete começou a rir e disse:

— Tem razão, essas palavras são feias mesmo, mas são as que todos usam.

— Deixe os outros usarem, mas, por favor, comigo, não fale mais assim. Para mim, tudo isso é muito complicado. Na faculdade, quando uma vez se discutiu sobre fé e religiões, surgiu esse assunto, mas não consegui acreditar e me retirei, para não discordar das pessoas que acreditavam.

— Deveria ter continuado discutindo, talvez tivesse aprendido alguma coisa. Dizer que não acredita é muito cômodo, mas negar as provas das nossas várias vidas, seria o mesmo que duvidar da existência de Deus e de Sua justiça.

— Não estou te entendendo, o que Deus tem a ver com esta conversa? Acredito em Deus, mas não posso aceitar isso de nascer, morrer e nascer novamente.

— Deus tem tudo a ver com isso. Sem a reencarnação, nada poderia se explicado. Por que alguns nascem ricos e poderosos enquanto outros nascem sem ter nada e lutam muito para sobreviver. Por que alguns nascem com o corpo perfeito e outros não? Deus não pode ter filhos preferidos. Ele nos ama a todos com o mesmo carinho e nos dá a oportunidade de crescermos espiritualmente para podermos nos aproximar d'Ele.

— Bem, o que está dizendo pode ter algum fundamento, mas é muito complicado. Quero saber o que isso tem a ver com a minha situação. Vivia feliz, sem problemas, julgando-me a pessoa mais feliz e poderosa deste mundo. De repente Carolina jogou essa bomba sobre minha cabeça e não sei mais quem sou. Sei que você é minha mãe, mas não consigo aceitar. Apesar de tudo que ela fez e mentiu, eu amava Carolina como minha mãe e estou sofrendo muito com sua morte.

— Parece complicado, mas não é. Basta ler, estudar e questionar o que aprende. Não pode aceitar só porque estou falando. Se você tiver paciência, entenderá que para tudo sempre existe uma resposta e que estamos vivendo a vida que escolhemos e pedimos.

— Ainda diz que não é complicado? Como vou aceitar que uma pessoa peça para ser pobre ou doente? Você está mesmo louca! Se quiser, continue, mas posso te adiantar que está perdendo seu tempo. Jamais vou entender ou aceitar uma coisa dessas!

— Está bem, mas mesmo assim vou continuar. Estudando a Doutrina, fui aprendendo que nada acontece por acaso e que tudo está sempre certo, embora nem sempre entendamos e aceitemos. Eu entendo que, se tudo estava certo, em outra vida você e dona Carolina pediram para ser mãe e filha, mas o corpo físico dela não suportaria outra gravidez, por isso Deus me colocou nesta casa para que eu te gerasse para ela.

— Que está dizendo, Eliete?

— Estou dizendo que você, espiritualmente, é filha de dona Carolina e pertence a esta família, Paula. Eu fui somente um instrumento de Deus para que o seu desejo e o dela fossem atendidos.

— Isso é uma loucura! Não sentiu por ter me dado para ela?

— No princípio sim, mas depois que entendi que a vida espiritual é que importa, aceitei e Deus permitiu que eu continuasse nesta casa e te visse crescer e tornar-se adulta. Sou feliz e agradecida por isso. Hoje você é uma linda moça tem todas as chances de conseguir o que quiser na vida. Tem tudo aquilo que, se estivesse ao meu lado, eu jamais conseguiria te dar. Só preciso te dizer mais uma coisa... Dona Carolina te ensinou que o dinheiro compra tudo e todos, mas na realidade não é bem assim. A prova é que ela, com todo o dinheiro que tinha, está morta, e morta assassinada. O dinheiro dela não pôde impedir isso e, talvez, tenha sido ele o que provocou sua morte... E a morte iguala as pessoas, até os mais ricos e poderosos, que se julgam donos de tudo, morrem e toda fortuna e poder desaparece. A Terra não pertence a ninguém, só a Deus. Ele nos empresta para que possamos crescer espiritualmente, mas assim que desencarnamos... ou morrermos, como você prefere... — Eliete riu ao dizer isso e continuou —, tudo que fizemos e conquistamos fica aqui junto com este nosso corpo que nos serviu enquanto precisávamos. A única coisa que levamos são os amigos que conquistamos, aqueles que perdoamos e por quem fomos perdoados. Só isso, nada além. Sei que você não me aceita como mãe, mas eu te adoro como a filha querida que, embora eu tenha gerado, nunca foi minha. Sei que minha presença nesta casa te incomoda, por isso, assim que o doutor voltar para casa e não precisarem mais de mim, vou embora, vou desaparecer da sua vida. Não se preocupe que ficarei muito bem. Durante esses anos todos que trabalhei aqui, recebi um bom salário e guardei, pois não tinha onde gastar. Poderei viver muito bem até o fim da minha vida. Quero que seja feliz. Agora vou embora, preciso cuidar da casa.

Eliete, embora emocionada, falou com a voz firme, levantou-se do sofá e saiu do quarto. Paula ficou sem saber o que dizer e pensando em tudo quanto ela havia dito.

Eliete, assim que saiu do quarto, deixou que as lágrimas, até então evitadas enquanto conversava com Paula, caíssem por seu rosto. Estava descendo a escada quando ouviu:

— Eliete, espere!

Eliete se voltou e viu Paula descendo a escada correndo. Assim que chegou perto, Paula a abraçou e, chorando, disse:

— Perdão, Eliete, perdão por todas as coisas que disse e fiz. Você sempre esteve ao meu lado e só agora entendo a extensão da sua renúncia. Você não vai embora desta casa e muito menos desaparecer da minha vida. Assim que papai voltar, pois sei que ele vai voltar, conversaremos e direi a ele o quanto o amo, mas que quero te chamar de mãe...

Eliete, chorando muito, pela primeira vez desde que Paula cresceu, pôde beijá-la e abraçá-la com carinho de mãe.

— Obrigada, minha filha, e que Deus te abençoe por este momento...

— Você é quem tem que ser abençoada por sua renúncia e por me amar tanto. Por mais que eu faça para que seja feliz, nunca poderei pagar tudo o que fez por mim. Perdão...

— Não tenho o que perdoar. Você é minha menina, a quem sempre amei. Eu sou quem precisa te agradecer por este momento. Agora preciso cuidar da casa. Ela tem que estar perfeita para quando o doutor voltar. Como você disse, também sei que ele vai voltar e da mesma maneira que era, sem defeito algum.

— Deus te ouça! E pensar que há pouco eu estava pensando em sua morte e na herança que eu receberia... Como me arrependo desses maus pensamentos!

— Sempre atraímos para junto de nós companhias boas ou ruins, dependendo do nosso estado de espírito. Quando estamos tristes ou deprimidos, atraímos espíritos também tristes e deprimidos. O mesmo acontece quando estamos revoltados e com ódio, atraímos espíritos com esses sentimentos, e é nessas horas que pensamos coisas que, por nós mesmos, não pensaríamos... e é nesta hora, também, que devemos dizer: este pensamento não é meu, eu não sou assim. E pensar em outra coisa. Agora, minha filha, preciso mesmo ir cuidar da casa.

— Antes de ir, tem algum livro para que eu possa ler e aprender mais sobre essa Doutrina que falou?

— Tenho sim. Vou até meu quarto pegar o *Evangelho segundo o Espiritismo*, acho que deve começar por ele. Depois, se quiser, posso te emprestar outros.

— Obrigada, sei que vou gostar. Se essa Doutrina te fez entender tudo o que aconteceu, deve ser boa. Preciso aprender muito sobre ela e sobre a vida. Vou com você até seu quarto.

Terminaram de descer a escada abraçadas. José as viu e sorriu. Ele conhecia toda a história e sabia como Eliete havia renunciado à filha e que ela, mais que ninguém, merecia ser feliz.

A Vontade de Deus

Fazia mais de vinte dias que Mário estava no hospital. Deise e Waldir conversavam todos os dias por telefone. Ela, embora quisesse, não podia ir ao hospital, pois precisava trabalhar. Sempre que conversava com ela, Waldir sentia-se melhor e mais confiante na recuperação do pai, mas, naquele dia em especial, olhando para o pai, pensava... *Papai sinto que o senhor nunca mais vai acordar. Já se passaram muitos dias e, como Deise diz, não posso mais tentar segurá-lo aqui. Assim, de coração preciso dizer: Que seja feita Vossa vontade. Digo isso, porque temo que esteja sofrendo, sem poder voltar. Não posso mais ser egoísta e querer que fique ao meu lado. A Deise me ensinou que o espírito é livre e que não pode ser aprisionado. Não quero te prender mais, papai. Meu Deus, Seja feita a Vossa vontade.*

Deise, no trabalho, sentiu uma vontade imensa de ir até o hospital. Conversou com a dona da loja e ela lhe deu folga naquela tarde. Deise saiu rapidamente. Precisava chegar logo. Tomou o ônibus que demoraria mais ou menos vinte minutos. Quando chegou e entrou no quarto, viu Waldir segurando a mão do pai. Sentiu uma enorme ternura por ele, aproximou-se, tocou em seu ombro e disse:

— Waldir, como ele está?

Ele se voltou, abraçou-a e, chorando, respondeu:

— Não sei, Deise, mas acho que ele não vai acordar e tenho medo que esteja sofrendo. Sei que, com meu desejo, não estou permitindo que ele vá embora. Mas acabei de dizer para ele que o estou libertando e que seja feita à vontade de Deus.

— Fez bem, só Deus sabe o porquê das coisas. Mas vamos orar e pedir que, se for vontade de Deus, que ele desperte. Venha, me dê uma de suas mãos... e a outra vamos colocar sobre a cabeça dele.

Waldir obedeceu e ficou ouvindo Deise, que estava com os olhos fechados, dizendo:

— Senhor, meu Pai, sei que somos imperfeitos e que nos custa aceitar Sua vontade. Sei que só o Senhor sabe o que é realmente bom para nosso espírito, mas, como não entendemos, sofremos muito. Se for de Sua vontade, pedimos que doutor Mário acorde e volta a ser como antes, mas, se for o contrário, aceitamos Seu desejo e entregamos o espírito dele e as nossas vidas em Suas mãos.

Deise abriu os olhos e viu Waldir que, chorando, permanecia com os seus fechados. Soltou sua mão da dele, deu a volta na cama e o abraçou, dizendo:

— Waldir, sei que está triste, mas não temos mais o que fazer a não ser confiar na bondade e justiça de Deus... e entregar a vida de seu pai em Suas mãos.

— Quero fazer isso, mas é muito difícil, não consigo imaginar minha vida sem meu pai.

— Sei exatamente o que está sentindo, já passei por isso quando meu pai morreu, mas a vida continua e, com o tempo, só nos resta uma saudade que não nos faz sofrer mais. Mas seu pai ainda não morreu. Vamos esperar que a vontade de Deus seja que ele fique bom e volte a ser como antes.

Estavam abraçados, e não perceberam que Mário abrira os olhos. Só ouviram ele dizer:

— Estou com fome.

Waldir e Deise se voltaram para ele, Waldir se debruçou sobre o pai e disse chorando:

— Papai, o senhor acordou? Está bem?

Mário, com dificuldade, respondeu baixinho:

— Estou com muita fome...

Enquanto Waldir conversava aos poucos com o pai, Deise saiu correndo pelo corredor do hospital em busca do médico. Naquele dia, por sorte, era plantão do neurologista que cuidava de Mário. Ele a acompanhou até o quarto e, assim que chegaram, começou a examinar Mário que repetia:

— Estou com fome...

Depois de examinar Mário, o médico olhou para Waldir e Deise, que acompanhavam todos seus movimentos e olhavam para ele ansiosos.

— Por este exame, parece que ele está bem, mas há algum problema motor no lado esquerdo do corpo.

— Está dizendo que ele vai ficar paralítico do lado esquerdo?

— Sim, ao menos por algum tempo. Mas preciso pedir mais alguns exames para ver a extensão do problema. Por outro lado, ele provavelmente não terá dificuldade para falar. Isso é muito bom. Vou pedir os exames agora mesmo.

Saiu da sala. Waldir voltou a ficar bem perto dos olhos de Mário que o viu e sorriu:

— Você está aí, meu filho? — disse com dificuldade e sussurrando.

— Estou, papai, desde que ficou doente.

— Quero conversar com você, mas estou com muita fome, parece que faz anos que não como.

— Está bem, vou falar com o médico e ver se pode se alimentar. Deve estar com fome mesmo, pois ficou muitos dias alimentando-se só através de soro.

— Faça isso, meu filho.

Assim que terminou de falar, adormeceu. Waldir ficou desesperado e disse:

— Deise! Ele dormiu outra vez! Meu Deus do céu, não vou suportar passar por tudo novamente!

— Fique calmo, o médico deve voltar logo. Vamos ver o que ele diz. Acho que seu pai ter acordado é um bom sinal e, como o médico disse, ele está falando muito bem, e só tem algum problema no lado esquerdo. Vamos esperar e confiar em Deus.

Waldir não respondeu, ficou segurando a mão do pai. O médico voltou, acompanhado por dois enfermeiros que colocaram Mário em uma maca e saíram do quarto. O médico disse:

— Agora vamos fazer os exames, esperem aqui.

— Doutor, ele voltou a dormir!

— Não se preocupem! Ele acordou, e isso é um bom sinal. Vai acordar e dormir muitas vezes, até acordar completamente. Espero que a lesão que causou a paralisia do lado esquerdo não seja muito grave. Mas, só saberemos depois dos exames. Fiquem aqui, voltarei em seguida.

Saiu do quarto. Waldir não sabia se chorava ou ria. Seu coração batia forte. Quase duas horas depois, o médico retornou, trazia em seu rosto um sorriso alentador e disse:

— De acordo com os exames, por incrível que pareça, os danos provocados pelo derrame não foram muitos. Ele ficará com o lado esquerdo comprometido, mas com muita fisioterapia poderá ficar quase perfeito. Os órgãos da fala não foram atingidos. Pode-se dizer que foi um milagre, mas ele está de volta.

Waldir começou a chorar com mais força, com soluços profundos e, num impulso, abraçou-se ao médico, dizendo:

— Obrigado, doutor pelo ótimo atendimento que deu a ele.

— Não tem de agradecer a mim, mas a Deus. Fiz o que aprendi, mas confesso que não tinha muitas esperanças.

Deise também chorava e, em pensamento, agradecia por Mário ter ficado bem, e por Waldir ter acreditado e entregado a vida do pai em Suas mãos.

— Ele agora terá repentes de acordar e adormecer, mas em poucos dias estará totalmente acordado.

— Ele só disse que estava com muita fome. Poderá se alimentar, Doutor?

— Sim, aos poucos. Quando ele acordar novamente, veremos se está em condições de tomar uma sopa leve. Com o passar dos dias, tudo voltará ao normal.

— Obrigado mais uma vez, doutor.

O médico saiu. Waldir se aproximou de Deise e levemente a beijou, dizendo:

— Obrigado por você ter estado ao meu lado. Sinto que, sem a sua presença, eu não teria suportado tanta angústia.

— Como o médico disse, não é a mim que tem de agradecer, mas a Deus. Agora acho que deveria telefonar para sua casa e contar a todos o que aconteceu.

— Tem razão! Fiquei tão feliz e surpreso que me esqueci completamente! Vou telefonar agora mesmo!

Telefonou para casa. Quem atendeu foi Eliete.

— Eliete, papai acordou!

— Que bom, Waldir! Como ele está?

— Está muito bem! O médico disse que, dentro de alguns dias, ele poderá voltar para casa e que vai ficar praticamente idêntico ao que era antes do derrame.

— Graças a Deus, Waldir! Eu confiava em Deus, sabia que ele não ia nos tirar o doutor, ele é um homem muito bom e tem muito para fazer nesta terra!

— Também acho e estou muito feliz. Vou conversar com o médico e perguntar se papai pode ver todos vocês. Conte para Paula, sei que ela também vai ficar feliz.

— Vou contar agora mesmo. Telefone avisando se já podemos ir até aí.

— Vou telefonar. Até mais.

Waldir desligou o telefone, Eliete também e foi para o quarto de Paula. Bateu e ouviu:

— Eliete, não precisa mais bater na porta do meu quarto para entrar. Ela sempre vai estar aberta para você.

Eliete sorriu e entrou.

— Paula, Waldir telefonou, seu pai acordou!

Paula deu um pulo, sentando-se na cama onde estava lendo recostada e, em seguida, ficou em pé:

— Verdade, Eliete? Ele está bem?

— Sim, o médico disse que em poucos dias ele poderá voltar para casa! Isso não é maravilhoso? Precisamos agradecer a Deus por essa felicidade!

— Tem razão! Eliete, desculpe, mas pela falta de hábito, não consigo te chamar de mãe, mas isso não quer dizer que esqueci... eu estou gostando de ser sua filha...

— Não se preocupe com isso, não importa como me chame, o que importa é que me aceitou como sua mãe e isso foi o que sonhei durante toda a minha vida.

— Obrigada por me entender, mas agora, vamos para o hospital?

— Não, Waldir disse que é para esperamos. Ele vai conversar com o médico e saber quando podemos ir.

— Está bem. O livro que me deu para ler está me fazendo muito bem. Estou conhecendo uma nova forma de ver as coisas. Obrigada por isso também.

— Que bom, minha filha. Espero que agora, além de entender, consiga viver seus ensinamentos. Se quiser, pode me acompanhar até a casa espírita que freqüento, sei que vai gostar.

— Irei, sim, Eliete. Agora vou me preparar, assim que Waldir telefonar quero ir para o hospital e ver papai. Temos muito para conversar. Será que ele pode conversar?

— Acho que sim, Waldir disse que ele não ficou com problema de fala, e que vai ficar praticamente igual ao que era. Agora vista-se, vou contar aos outros empregados da casa. Sei que também ficarão contentes.

Eliete saiu do quarto. Lá fora sorriu e pensou feliz: *Ela mudou muito. Não só a meu respeito, mas em tudo. É uma outra pessoa, obrigada meu Deus!*

No hospital, Waldir e Deise conversavam; ela dizia:

— Preciso ir embora, já está tarde e vou demorar para chegar em casa. Se não chegar na hora de costume, minha mãe vai ficar preocupada. Mas, Waldir, o pior já passou e agora está tudo bem. Amanhã telefono para saber como ele passou a noite.

— Está bem, pode ir e obrigado mais uma vez por ter ficado ao meu lado. — disse abraçando-a e beijando de leve seus lábios.

— Waldir, Waldir...

Olharam para Mário que chamava pelo filho. Waldir imediatamente se afastou de Deise e foi para junto do pai:

— Estou aqui, papai.

— Não estou me sentindo bem, minha cabeça está confusa. Sei que preciso te contar algo urgente, mas não consigo me lembrar do que se trata.

— Deve ser a respeito da Deise, mas não precisa mais se preocupar, nós conversamos e ela está aqui. Está tudo bem, pode ficar tranqüilo.

Deise se aproximou, Mário pode vê-la e sorriu, dizendo:

— Era sobre ela mesma que queria lhe falar, mas acho que tem outra coisa, só que não estou conseguindo me lembrar.

— Não se esforce papai. Não deve se preocupar com nada, só em ficar bom e poder voltar para casa.

— Que aconteceu, Waldir, por que estou neste hospital?

— O senhor não se sentiu bem e teve de ser trazido para cá. Mas dentro de alguns dias poderá voltar para casa e tudo será como antigamente.

— Que bom, meu filho...

Voltou a adormecer. Waldir não ficou preocupado, pois o médico havia dito que seria assim. Abraçou Deise e a acompanhou até a porta.

— Até amanhã, meu amor. Vou te telefonar para dizer como ele passou a noite e quando ele for para casa, quero que vá até lá, conhecer a casa e todos que moram lá. Eliete, José e todos os empregados são como se fossem da família.

— Vou sim. Espero que ele volte para casa bem depressa. Agora preciso mesmo ir.

Ela foi embora e ele voltou para junto do pai, que continuava adormecido.

Crime Perfeito

Os dias foram passando e, em casa, Murilo e Lia conversavam:

— As coisas não estão bem, Murilo. A polícia está atrás de você e a qualquer momento poderá te encontrar.

— Vai ser quase impossível, ninguém sabe quem sou e onde vivo. São poucas as pessoas que me conhecem, só basta ficar longe delas.

— Não sei! Estou ficando preocupada... acho melhor mudarmos de cidade e ir para um lugar onde ninguém nos conheça. Nosso dinheiro está acabando, precisamos pensar em uma maneira de conseguir mais. Estive pensando que, mudando de cidade, você poderá se aproximar de outra mulher rica e conseguir que ela nos sustente como essa outra fazia.

— Podemos fazer isso, até acho uma boa idéia, mas penso que não será necessário mudarmos de cidade. A polícia não tem como me encontrar, e, mesmo que isso aconteça, não poderão me incriminar. Tenho testemunhas de que não fui eu quem a matou. Não se esqueça de que eu estava no andar térreo do prédio e na companhia do porteiro. Ele e o outro homem sabem que não fui eu.

— Tem razão, mas mesmo assim estou com medo.

Ouviram a campainha da porta. Lia se levantou e foi atender. Abriu a porta e levou um susto enorme, pois dois policiais estavam ali. Olhou para a rua e viu uma viatura de polícia com mais dois policiais. Perguntou assustada:

— Que aconteceu? Por que estão em minha porta?

— Seu nome é Lia?

— Sim, senhor, mas do que se trata? — perguntou tremendo e muito nervosa.

— A senhora precisa nos acompanhar. Seu marido está em casa?

— Estou, mas do que se trata? — Murilo perguntou, aproximando-se.

— O senhor também precisa nos acompanhar.

— Para quê? Não saio da minha casa se não souber o motivo! — disse nervoso.

— Doutor Sampaio, o delegado de polícia, precisa falar com os dois, e o senhor terá que nos acompanhar de livre vontade, se não, serei obrigado a algemá-lo.

Vendo que não havia alternativa, Murilo e Lia acompanharam o policial.

— Está bem, só que vou no meu carro, me recuso a entrar em uma viatura.

— Sinto muito, mas não pode ser. Precisa ir acompanhado por um policial e isso só pode ser feito na viatura.

— Sei do que se trata. Sou eu quem estão procurando, minha mulher não tem nada a ver com aquilo. Eu estava com aquela mulher.

— Não sei do que se trata, o doutor delegado quer falar com os dois.

— Está bem. Vamos Lia, sabe que não temos nada a temer. Eu estava no andar térreo do prédio e tenho testemunhas.

Sob o olhar curioso dos vizinhos, entraram na viatura.

Assim que chegaram na delegacia, foram recebidos pelo delegado e pelo detetive Pereira. O delegado, ao vê-los, sorriu e pediu que se sentassem. Obedeceram e Murilo, mesmo antes do delegado fazer qualquer pergunta, disse:

— Sei que o senhor está me procurando e, para facilitar, vou dizer que era eu quem tinha um romance com aquela senhora e que fui a última pessoa a vê-la, mas não a matei! Quando ela foi atingida por aquela bala, eu estava no térreo, conversando com o porteiro. Ele pode ser minha testemunha, ele e o outro homem que não lembro o nome.

— Sei que não foi o senhor, mas preciso falar com sua mulher.

— Ela não tem nada a ver com isso! Estava em casa!

— É verdade, dona Lia?

— Sim, estive a tarde toda com minha mãe, ela veio me visitar. — Lia respondeu muito nervosa.

— Conhece um rapaz chamado Elias?

— Não, nunca ouvi falar.

— Pois ele a conhece muito bem. Através dele conseguimos seu nome e endereço.

— Deve estar mentindo! Não conheço ninguém com esse nome! — disse gritando e assustada.

— Na realidade, ele não sabia seu nome, nem onde morava, mas se lembrava da placa do seu carro e através dela, chegamos até a senhora, pois o carro está registrado em seu nome, e depois até seu marido. Tem alguma coisa para me contar?

— Não, não tenho! O senhor está querendo me confundir! Não conheço esse tal de Elias!

— Vou mandar chamá-lo. Ele está preso por outro motivo, mas, como a bala que matou dona Carolina partiu da arma que estava com ele, para se livrar, o Elias resolveu contar como tudo aconteceu.

Lia olhou para Murilo, que, assim como ela, estava branco e assustado.

— Que vou dizer, Murilo?

— Acho que deve dizer a verdade, dona Lia. — quem respondeu foi o delegado.

— Não sei o que o senhor está dizendo ou insinuando, não conheço esse homem!

— Está bem; vou mandar que o tragam até aqui e veremos se não o conhece realmente.

Murilo, vendo que não havia como escapar, resolveu confessar tudo.

— O senhor está certo, fui eu quem planejou tudo.

— Como fez isso?

— Carolina e eu estivemos juntos por muito tempo. Ela me mantinha com um padrão de vida muito alto. Resolveu me mandar embora sem um tostão. Eu não teria como continuar com aquele mesmo padrão. Não tenho profissão alguma e, durante todo o tempo que fiquei com ela, nunca mais trabalhei. Ela não permitia, queria que eu ficasse à sua disposição a qualquer hora. Fiquei desesperado e com muito ódio. Sabia que, mesmo que contasse para o filho dela, talvez ele brigasse, mas, no final, ela saberia como conversar com ele e tudo ficaria bem. Eu, vendo que perderia toda aquela mordomia, não achei justo que ela continuasse a vida sem problema algum, enquanto eu ficaria na rua da amargura. Através da empregada de uma amiga de Lia, ela conheceu esse tal de Elias, um bandido que, por qualquer dinheiro, mataria qualquer pessoa. Para que eu não fosse envolvido, ela conversou com ele e combinou como deveria matar Carolina.

— Como ele sabia que ela estaria na varanda naquela hora?

— Sempre que eu ia embora, depois de ficar com Carolina várias horas no apartamento, ela ia até a sacada para me acenar com a mão o último adeus. Lia conversou com Elias, marcou dia e hora e disse para ele ficar no prédio que está com a construção parada em frente ao apartamento. Se Carolina saísse sozinha na varanda, era para ele atirar e matá-la. Se eu estivesse ao lado dela, era para ele ir embora. Naquele dia, eu fui até lá, na última tentativa de fazer com que Carolina mudasse de idéia, mas foi em vão, ela não aceitou e disse que não se importava com o que acontecesse comigo, pois durante todo tempo em que estivemos juntos eu tinha sido muito bem pago. Fiquei com muito ódio. Sabia que Elias estava lá esperando o sinal, e me despedi, saí e parei para conversar com o porteiro, pois assim ele seria a testemunha de que eu não tinha nada a ver com o crime. Como de costume, assim que saí, ela foi para a varanda e ele atirou. Depois, tomei um táxi, desci bem longe de casa para que ninguém descobrisse onde eu morava e fui para minha casa. Foi assim que tudo aconteceu.

— O plano foi bem elaborado, mas cometeram um erro: confiaram em um bandido, sem saber que, na primeira oportunidade em que fosse preso, para se livrar, contaria tudo. Ele já está preso, será condenado por assassinato e vocês como mandantes. Terei que deter os dois.

— O senhor não pode esquecer tudo o que contei? Tenho algum dinheiro e posso pagar pela nossa liberdade. — Murilo perguntou com olhar malicioso.

— Quanto acha que vale a liberdade de vocês? — o delegado perguntou com o olhar também malicioso.

— Todo o dinheiro que tivermos até nossa casa e carro.

— Isso é muito pouco. Pelo crime que fizeram, teriam que pagar muito mais, pois nem todo o dinheiro do mundo faria com que eu os libertasse e, agora, estão com mais um crime, tentativa de suborno. O salário que ganho não é muito, mas é o suficiente para que eu viva muito bem. Pode levá-los. — disse olhando para um soldado que esteve o tempo todo ali.

Assim que saíram algemados, Pereira sorrindo disse:

— Que duplinha, hein, Sampaio!

— É mesmo. Bolaram muito bem, mas, como sempre, alguma coisa tem que dar errado. Não sei como as pessoas ainda acham que podem fazer o crime perfeito. Será que nunca vão aprender? Bem, agora vamos ver qual é o próximo passo. Temos de informar à família que o assassino e os mandantes já confessaram e estão presos.

Pereira saiu da sala. Sampaio respirou fundo e sorriu satisfeito.

A Força do Amor

Os dias foram passando e, a cada dia, Mário ficava melhor. Estava paralisado e não podia andar, mas estava lúcido e alimentando-se muito bem. Waldir e Paula acharam por bem não contar a ele que Carolina estava morta. Temiam que ele não suportasse. Mário lembrou-se de tudo o que havia conversado com Carolina na noite em que sofreu o derrame. Olhou para Waldir, que continuava ao seu lado, e pensou: *Carolina me disse que você não é meu filho, mas isso, para mim, não tem a menor importância, te amo de todo o meu coração, filho. Por sua atitude, percebi que ela não te contou... e isso é muito bom. Vou conversar com ela e ver o que deseja para nunca te dizer, só assim nunca você nem ninguém vai saber disso. Você é meu filho e te amo...*

— Em que está pensando, papai?

— Em como estou feliz por ter você como filho! Mas, onde está sua mãe? Por que não veio me visitar?

— Ela está um pouco doente, mas virá assim que se recuperar. — Waldir mentiu, com medo de que, ao saber que Carolina havia morrido, o pai levasse um choque e pudesse ter uma outra crise.

— Preciso falar com ela, mas quero que saiba que te amo muito.

— Também te amo papai. Não imagina como fiquei preocupado quando não acordava. Temi que não acordasse nunca mais.

— Sabe, filho. Acho que sonhei. Não me lembro muito bem, mas parece que estava em uma fazenda muito grande e que meu pai estava ao meu lado e conversamos muito.

— Lembra o que conversaram?

— Não, mas eu estava muito feliz por estar ao lado dele.

— Enquanto o senhor esteve dormindo, conversei muito com Deise e li alguns livros que ela me emprestou. Aprendi coisas sobre a vida e o espírito que nunca havia parado para pensar.

— Lá vem você com essa história de espíritos. — Mário sorriu enquanto dizia isso.

— Sei o que pensa a respeito, mas, enquanto esteve dormindo e no meu desespero, aquela leitura e o que eu e Deise conversamos me fez muito bem, tive forças para ficar ao seu lado, e sempre confiando na bondade de Deus.

— Nesse caso, foi muito bom, mas não quero me envolver com essas coisas. Só quero ficar bom e voltar ao meu trabalho. Mas parece que nunca mais vou poder andar ou conseguir escrever, coisa que gosto tanto de fazer, porque, sendo canhoto, logo a mão esquerda é que ficou inútil...

— Não diga isso, papai. O médico disse que, pela extensão do derrame, as seqüelas que ficaram foram muito poucas e, com uma boa fisioterapia, poderá ficar quase bom. Disse também que parece um milagre, pois o senhor poderia ter voltado bem pior. Poderia não falar nunca mais e isso, sim, seria terrível.

— Tem razão, meu filho.

— Quanto ao sonho, aprendi que nunca estamos sós e que, quando dormimos, nosso espírito sai para passear, sempre acompanhado por espíritos amigos, por isso, vovô deve ter estado ao seu lado o tempo todo e devem ter conversado muito.

— Não sei se o que está dizendo é verdade, mas lembro-me de que estava muito feliz.

— Papai, está na hora de eu telefonar para Deise, você se importa em ficar alguns minutos sozinho? Sei que poderia telefonar aqui do quarto, mas o senhor sabe como é...

— Claro que sei. O que vai conversar com ela é coisa só de vocês. Não se esqueça de que também tive sua idade e também me apaixonei. Pode ir, ficarei bem. Ela é uma boa moça e gostei muito dela quando conversamos. Vá, que depois precisamos conversar a respeito do que sua mãe fez para separar vocês.

— Não quero falar sobre isso, papai. Mamãe fez o que achou certo, mas, para nossa sorte, minha e de Deise, o senhor interferiu e colocou tudo em seus devidos lugares, e eu o amo ainda mais por isso. Mas agora vou telefonar e não vou demorar.

— Pode ir, meu filho. Não vou sair daqui, prometo. — disse rindo e olhando para a perna paralisada.

Waldir saiu e Mário o acompanhou com os olhos. Alguns minutos após, o neurologista e Durval, entraram na sala. Ao ver Mário bem disposto, Durval disse animado:

— Você está muito bem, amigo! Nem parece que passou por momentos tão difíceis!

— É mesmo, Durval, mas devo agradecer a você e ao senhor também, doutor. Waldir me contou como foram dedicados.

— Não tem o que agradecer e, quanto à dedicação, quem merece um prêmio é seu filho. Ficou ao seu lado o tempo todo. — o neurologista disse sorrindo.

— É verdade, Mário, esse menino te ama muito.

— Sei disso, Durval, também o amo.

— Estamos aqui para te dizer que está de alta e que pode ir para sua casa agora mesmo.

— Que boa notícia! Não vejo a hora de chegar em casa e dormir a noite toda em minha cama sem ser acordado para tomar injeção! — disse rindo e feliz.

Waldir entrou no quarto. Além de falar com Deise, tinha ligado para casa e sabido da prisão de Murilo e Lia. Estava contente, mas, ao ver os dois médicos, disse assustado:

— Que aconteceu? Por que estão juntos aqui no quarto?

— Não é nada, Waldir, pode se tranqüilizar. Viemos, eu como amigo da família e o Bráulio como neurologista, dizer que seu pai está de alta e que pode ir para casa agora mesmo.

— Que bom, Durval! Essa era a notícia que eu mais queria ouvir. Duas boas notícias praticamente no mesmo instante! As coisas estão melhorando...

— Pode ir para casa, mas não esqueça de que precisa fazer fisioterapia todos os dias, até conseguir ficar em pé e andar, com a ajuda de uma muleta, mas sei que conseguirá sem problemas.

— Quanto a escrever?

— Isso vai ser mais difícil. Sei que sempre usou a mão esquerda, mas, como na maioria dos casos, basta treinar a mão direita e não terá problemas..

— É mesmo, acho que vai dar certo, pois há situações em que uso as duas mãos muito bem. Vou conseguir escrever! Sei disso! Agora já posso ir mesmo?

— Claro que sim, já assinei sua alta. Waldir, arrume suas coisas e as de seu pai. Daqui a pouco o enfermeiro vem te ajudar e poderão ir sossegados. Espero vê-lo em meu consultório, doutor Mário, daqui a um mês. Espero também que, nesse tempo, tenha feito progresso! Mas, se acaso precisar, sabe onde me encontrar...

— Tudo bem, doutor, mas vou fazer tudo para progredir e, antes de um mês, não tenho a mínima intenção de ver você comigo a não ser como amigo...

Os médicos saíram e, logo depois, dois enfermeiros entraram e colocaram Mário em uma cadeira de rodas. Assim que saíram do hospital, ajudaram a colocá-lo no banco traseiro do carro de Waldir, que, feliz, levou-o para casa.

Chegou de surpresa, não quis avisar. O porteiro da mansão, assim que os viu chegando, sorriu feliz:

— Que bom que voltou, doutor!

— Também acho, Pedro! Você pensou que ia ficar livre de mim, mas enganei a todos! — Mário disse sorrindo e feliz por rever aquele seu empregado de tantos anos.

Enquanto o carro se dirigia para a porta principal da casa, o porteiro avisou a todos. Eliete, Paula e os outros empregados saíram correndo, alegres, para receber Mário de volta em casa.

— Papai! Que bom que voltou! Estou muito feliz! Fiquei com medo que não voltasse nunca mais! — Paula abraçou e beijou o pai, várias vezes.

— Mas voltei! E nunca mais vou ficar doente!

— Seja bem vindo, doutor. Estou feliz por sua volta.

— Também estou muito feliz, Eliete. José, cuidou bem do meu carro?

— Cuidei direitinho, doutor.

— Sabia que cuidaria, mas agora vamos entrar. Quero ir para meu quarto.

— Papai, eu e José teremos de carregá-lo, mas não se preocupe que, assim que o senhor estiver instalado, vou comprar uma cadeira de rodas bem...

— Nem pensar! Não quero cadeira alguma! Vou fazer fisioterapia e tentar andar. Sinto que, se me sentar em uma cadeira de rodas, nunca mais voltarei a andar, e isso, não quero. Vou precisar de sua ajuda e da ajuda do José por alguns dias, mas será só por alguns dias.

— Está bem, papai, se achar melhor. O senhor é quem manda.

Estavam entrando, quando Mário perguntou:

— Onde está Nilda, ela não veio trabalhar hoje?

— Todos se olharam, Eliete respondeu.

— Ela não trabalha mais aqui, doutor. Dona Carolina a despediu.

— Despediu, por quê? — falou espantado.

— É uma longa história, papai. Acho melhor o senhor se acomodar e depois conversaremos. — respondeu Paula, constrangida.

— Que história é essa, Eliete? Eu não sabia que mamãe havia despedido Nilda.

— Você estava no hospital com seu pai, Waldir, e achamos melhor não te incomodar com mais esse problema. Mas agora leve seu pai lá para cima, depois conversaremos sobre isso.

— Acho que tem razão. Vamos, José, me ajude.

Pondo-se um de cada lado, tiraram Mário do carro e o levaram para seu quarto. Assim que se acomodou, Mário perguntou para Waldir:

— Sua mãe, onde está? Preciso conversar com ela, urgente.

— Papai, agora que está em sua casa e na sua cama, quem precisa conversar com o senhor sou eu. Procure não ficar nervoso, mas mamãe não está em casa.

— Onde ela está? — Mário tornou a perguntar nervoso.

— Papai, procure manter a calma. Conversei com o doutor Bráulio e ele disse que o senhor está em condições de ouvir o que tenho para contar, mas precisa se controlar.

— Estou controlado, só aflito. Onde está Carolina?

— Ela está morta, papai.

— O quê?! Não pode ser verdade.

— Mas é verdade, vou lhe contar como aconteceu. O senhor está bem? Quer mesmo saber como foi?

— Estou bem, e é claro que quero saber como foi.

Waldir contou e terminou dizendo:

— Os assassinos já estão presos, serão julgados e condenados.

Mário ouviu em silêncio e, assim que Waldir terminou, enxugando com a mão uma lágrima que caía, disse:

— Estou muito triste com isso que aconteceu. Carolina podia ter todos os defeitos do mundo. Eu podia até não concordar com seu comportamento, mas a amava e ainda a amo. Infelizmente, com suas atitudes, ela procurou com suas próprias mãos sua morte. Por capricho, ou não sei qual tenha sido o motivo, envolveu-se com pessoas de mau caráter e recebeu de volta o que plantou. Quando melhorar, quero que me leve até o cemitério, quero ter uma última conversa com ela.

— Faremos isso, papai.

Paula, ao lado, ouviu tudo que Waldir contou e reviveu os momentos de tristeza e surpresa por que passara no dia em que Carolina morreu. Chorou baixinho. Mário percebeu, pediu a ela que se aproximasse para sentar-se ao seu lado. Abraçou-a com o braço direito e disse:

— Sei, minha filha, o quanto você sentiu a falta de sua mãe, ela foi sempre sua amiga, mas a vida precisa continuar. Eu e seu irmão estamos aqui e desejo que nossa família continue unida como sempre foi.

— Papai, sei de toda verdade. Mamãe, no dia em que morreu, me contou tudo.

— Que verdade?

— Sei que não sou sua filha, que sou filha de Eliete.

— Sua mãe mentiu! Você é minha filha e tenho muito orgulho disso! — Mário disse visivelmente alterado.

— Não precisa continuar mentindo, papai. Mamãe disse e Eliete confirmou. Fiquei muito triste, quis até ir embora desta casa, mas Eliete conversou muito comigo, contou como tudo aconteceu e só posso agradecer a Deus, ao senhor, e à mamãe por terem me aceito em sua casa e me dado tanto amor e carinho. Obrigada, papai.

Mário voltou a chorar, só que desta vez de alegria. Puxou Paula para junto de si e disse:

— Minha filha, não importa se sou ou não o seu pai verdadeiro. Te amo tanto como minha filha, que até esqueci que na realidade você não era. Não importa o sangue, o que importa é o amor e isso não falta nesta casa. O que tem a dizer sobre isso, Waldir?

— O mesmo que o senhor, papai. Amo Paula como minha irmã querida e nada fará com que isso mude. Como o senhor disse, não importa o sangue, mas o amor.

— Disso sempre tive certeza. Agora, preciso saber o que houve com Nilda. Por que Carolina a mandou embora daqui. Ela sempre foi uma ótima empregada. — perguntou para Eliete que acabava de entrar no quarto.

— Não foi por isso que ela foi mandada embora. Vou contar o que aconteceu.

— Faça isso, Eliete, também, estou curioso. Não sei por que, mas gosto muito da Nilda.. Foi sempre muito solícita e agradável.

Eliete contou e terminou dizendo:

— Dona Carolina não a perdoou por não ter lhe contado que o senhor a ajudou tanto. Disse para Nilda que ela a havia traído. Além da Nilda, ela também mandou o Ari embora da empresa e exigiu que em uma semana eles deixassem a casa que o senhor emprestou para eles morarem. Eles ainda estão lá, mas estão desesperados, sem saber o que fazer.

— Carolina era muito egoísta e orgulhosa, jamais aceitaria que eu fizesse algo sem lhe consultar. Se eu estivesse bem, não teria havido problema algum para Nilda quando ela descobrisse. Eu saberia como falar com Carolina, mas infelizmente eu não estava presente. Mas tudo isso tem conserto. Quem está cuidando da empresa? — não podia ficar pensando na morte de Carolina, não queria entristecer num momento em que sentia que a família precisava dele.

— Sara, doutor. Não sabemos como tudo está correndo por lá, mas deve estar tudo em ordem. O senhor precisa ficar bom logo, para voltar a cuidar de sua empresa.

— Vou ficar, Eliete, mas enquanto isso não acontece, preciso que telefone para Sara e peça que venha até aqui.

— Vou fazer isso, doutor, mas acho melhor que seja amanhã. O senhor já falou muito e precisa descansar.

— Já descansei muito. Não sabe que fiquei o tempo todo dormindo? — disse rindo.

— Sei, sim senhor.

— Então, telefone agora para Sara e peça que venha imediatamente. Peça que pegue um táxi.

— Está bem, vou fazer isso agora.

Eliete saiu do quarto. Waldir disse:

— Já que o senhor está bem, peço para me dar licença, preciso telefonar para Deise e contar que o senhor já está em casa. Sei que ela vai ficar muito feliz.

— Vá, meu filho

Waldir saiu. Depois de alguns minutos, Eliete entrou novamente no quarto trazendo uma xícara com chá para Mário. Ao entrar, sorriu ao ver Paula deitada no braço do pai e fazendo carinho em seus cabelos, mas ficou calada. Mário olhou para ela e disse:

— Eliete, estou feliz por finalmente tudo ter sido esclarecido e Paula saber que você é sua mãe. Nada mudará nesta casa. Você continuará aqui, não mais como governanta, mas como minha amiga.

— Não, doutor, obrigada, mas não posso ficar sem trabalhar. Gosto do que faço e ficaria muito triste se o senhor me impedisse. Disse que nada vai mudar nesta casa, espero que comece por isso. Paula é minha filha por que a gerei, mas é sua de coração, sei que a ama e sou feliz por isso.

— Está bem, se é assim que quer, não tenho o que dizer... Paula, minha filha, se quiser, pode ir para seu quarto. Sei que gosta de ficar lá.

— Gostava, papai, mas agora que quase o perdi, sinto por todo tempo em que, no meu egoísmo, deixei de conversar com o senhor e com todos desta casa. Eu mudei, papai! — disse rindo.

— Notei isso assim que te vi. Você está bonita e tem um brilho diferente nos olhos. Que aconteceu?

— Promete que não vai rir?

— Prometo.

— Conversei com Eliete ela me falou de uma Doutrina que está seguindo há muito tempo. Fiquei curiosa e pedi que me emprestasse alguns livros para que eu pudesse conhecer. Comecei a ler e fiquei impressionada.

— O que você leu?

— Que somos todos filhos de Deus e por isso, perante ele, todos somos iguais, não importa a religião que seguimos e, também, que não existe diferença entre ricos e pobres ou brancos e negros.

Que nunca estamos sós e sempre vivemos da maneira que escolhemos. Ele nos deixa decidir e escolher o caminho que queremos seguir e nos deixa nascer e renascer muitas vezes até conseguirmos superar todas as nossas fraquezas.

— Nascer, renascer? Você também está falando como Waldir?

— Não sei, papai. Não conversei com ele sobre isso.

— Pois se conversar, verá que vocês dois estão falando essas mesmas coisas! Parece que, enquanto estive doente, essa Doutrina tomou conta da minha casa! — disse rindo.

— Se Waldir está dizendo essas mesmas coisas, acredito que sim, papai. Acho que o senhor também deveria conhecer. — ela disse, também rindo.

— Talvez um dia, mas por enquanto preciso conversar com Sara e ver como está a empresa e resolver os problemas, se houver.

Mais ou menos duas horas depois, Sara chegou e Eliete levou-a até o quarto. Ao ver Mário deitado, tendo ao seu lado Waldir e Paula, sorriu:

— Posso entrar?

— Claro que sim, Sara. Estava ansioso para te ver!

— Parece que o senhor está muito bem, doutor! — ela disse, aproximando-se da cama e, sabendo que ele era canhoto, estendeu sua mão em direção à mão esquerda de Mário, num gesto de solidariedade. Ele tentou estendê-la, mas não conseguiu. Um pouco atrapalhado disse:

— Vou ter de aprender a usar a mão direita.

— Para o senhor não vai ser difícil, já que a usa para algumas coisas. — disse dirigindo o cumprimento para a outra mão.

— Tem razão, Sara, mas pretendo voltar a usar a esquerda o mais rápido possível. Agora, como está a empresa? Soube que Carolina andou fazendo algumas trapalhadas.

— Sinto muito por ela, doutor.

— Também fiquei triste ao saber, mas cada um colhe o que planta. Nada podemos fazer a respeito. Ela se foi, mas nós continuamos aqui e temos muito para fazer. Conte o que Carolina fez além de mandar Ari embora.

— Pelo visto, o senhor já soube. Ela conversou com o doutor Oscar.

— Sabe o que eles conversaram?

— Não, mas ele saiu da sala muito nervoso.

— Posso imaginar. Preciso que faça algumas coisas. Vá pessoalmente até a casa da Nilda e diga que seu marido pode voltar amanhã para empresa e assumir seu posto e ela, se quiser, poderá voltar para esta casa.

— Em nome deles, eu agradeço. São pessoas especiais e muito lutadores.

— Tem razão, não sei porque, mas gostei de Nilda assim que a vi aqui em casa e de seu marido também. Se acreditasse nessas coisas que Waldir e Paula andam dizendo, diria que os conheço de outras vidas. — disse rindo e olhando para os filhos que continuavam ao seu lado.

— Quem sabe, papai, quem sabe... — Waldir disse também rindo.

— Quem sabe... mas agora, Sara, vá e dentro de algum tempo voltarei para a empresa. Antes de ir, preciso que faça mais uma coisa. Entre em contato com Oscar e peça que venha aqui em casa. Temos muito para conversar.

— Farei tudo isso, assim que for embora. Eu e todos os funcionários da empresa rezamos muito para que o senhor ficasse bom e voltasse a trabalhar. Estou muito feliz por ver que está tão bem. Só podemos agradecer a Deus.

— Nesse ponto, acho que tem razão. Os médicos disseram que foi um verdadeiro milagre eu ter voltado tão bem. Agora vá.

Sara saiu. Mário sorriu e, voltando-se para Waldir, disse:

— Essa moça é meu braço direito. Sei que a empresa, estará muito bem em suas mãos.

— Papai, estive pensando... se quiser, posso ir à empresa todos os dias após a faculdade, até que o senhor volte. Sei que não entendo muito, mas estou no último semestre e já aprendi alguma coisa, mas só na teoria. Com ajuda de Sara, acho que poderei aprender na prática. Seria um tipo de estágio. Que acha?

— Acho muito bom, afinal, a empresa é de vocês dois.

— Papai — disse Paula — estive pensando e também gostaria muito de ir à empresa, nem que fosse para começar como recepcionista. Por não ter o que fazer, passo o tempo todo em meu quarto. Descobri que isso não é bom.

— Você mudou muito, Paula! Estou feliz por ver que deixou de ser aquela menina fútil. Fico feliz em ver vocês dois interessados na empresa. Parece que tudo está em paz aqui em casa.

Ainda estavam conversando quando Oscar, acompanhado por Eliete, entrou no quarto. Estava aparentemente nervoso. Assim que o viu, Mário disse.

— Que bom que veio, Oscar. Temos muito para conversar.

— Obrigado por me ter chamado. Estou à sua disposição.

Mário olhou para os filhos e disse:

— Meus filhos, o assunto que tenho para conversar com Oscar é particular. Será que poderiam nos deixar a sós por algum tempo?

Waldir e Paula levantaram-se e saíram do quarto. Mário disse:

— Oscar, sente-se aí nessa poltrona.

— Mário, estou aqui para te pedir perdão mais uma vez. Tive vontade de ir ao hospital te visitar, mas não tive coragem, temi que minha presença agravasse mais sua saúde.

— Estive quase todo o tempo dormindo e, quando acordei, vi que estava paralisado de um lado e os médicos disseram que poderia ter sido pior. Com o passar dos dias, passou a sonolência e fui ficando cada vez mais lúcido. De certa maneira, o tempo em que passei hospitalizado foi bom para perceber que não somos ninguém e que a qualquer momento nossa vida pode se transformar e todo dinheiro e poder, que pensamos ter, desaparece. Percebi que só o amor dos meus filhos e as orações de meus amigos importavam. Pensei em você e em como temos sido amigos. Se acreditasse em algumas coisas que meus filhos estão dizendo, diria que a amizade que sinto por você vem de outras vidas. — Disse rindo.

— Mário, Laura começou a freqüentar uma casa espírita. No princípio detestei, mas aos poucos ela me convenceu a ler alguns livros e, como eu estava com todo o tempo livre, comecei a ler e também estou começando a crer que isso, de outras vidas, deve ser verdade.

— Você também?

— Sim, tem fundamento. Pode ser uma explicação para muitas coisas que nos acontecem...

— Está bem, depois de ter feito uma porção de coisas erradas, você entra para uma religião qualquer e acha que foi perdoado e fica encontrando desculpa para tudo. Assim fica fácil!

— Não estou tentando encontrar uma desculpa. Sei que errei muito e estou sofrendo por isso. Carolina ameaçou de me entregar à polícia. E meu sofrimento não é pelo emprego, pois sei que tenho capacidade e posso encontrar outro a qualquer momento, mas por ter magoado o meu melhor amigo. Por isso, mais uma vez, peço que me perdoe. Sei que nunca mais confiará em mim e não vai deixar que eu continue trabalhando na sua empresa, mas não quero perder sua amizade. Meus filhos gostam muito de você e Laura também.

— Mandei te chamar, porque, como estava te dizendo, pensei muito e resolvi que também, apesar de tudo, sempre gostei muito de você e sempre fui seu amigo. Agora vou ficar aqui por um bom tempo até me recuperar e não poderei ir para a empresa. Sara me trará todos os relatórios e poderei acompanhar. Waldir e Paula também irão para lá todos os dias, mas preciso de alguém que comande e tome as decisões maiores. Só posso pensar em você, que esteve ao meu lado desde o início e sabe como ela funciona.

— Está dizendo que quer que eu volte para a empresa?

— Sim, vou te dar um voto de confiança e espero que tudo por que passou tenha servido de lição e que não volte a jogar nunca mais! E, se precisar de dinheiro, converse comigo, mas nunca mais o roube.

— Obrigado, Mário. Pode ter certeza que farei o melhor para que a empresa, na sua ausência, continue caminhando bem.

— Confio em você e conheço sua capacidade. Quanto ao dinheiro que tirou, será descontado um pouco por mês. Sabe que vai demorar muito para pagar, mas terá de pagar.

— Claro que sim! Obrigado, meu amigo!

— Espero que entenda bem o valor dessa palavra. Agora preciso descansar. O dia foi de muitas emoções e estou cansado. Volte para a empresa e cuide de tudo, deve haver muita coisa parada por lá, dependendo de um representante legal meu. Mande os advogados aqui para eu passar uma procuração para você. Quando sair, diga para meus filhos que preciso dormir um pouco.

— Cuidarei de tudo na empresa, Mário, pode confiar. — disse isso levantando-se e segurando a mão que Mário lhe oferecia. Saiu dali exultante. Mário o acompanhou com os olhos e pensou:

— *Será que ele foi meu amigo em outras vidas?*

Decisão de Carolina

Carolina, que estava deitada, levantou-se e ficou olhando à sua volta. Viu que era um campo enorme, com árvores e uma plantação que ela não conhecia, e pensou assustada: *Que lugar é este? Essa plantação, também não conheço. Como vim parar aqui?*

Começou a caminhar e a olhar curiosa. Lembrou-se de ter estado com Murilo e pensou, furiosa, *Já sei o que aconteceu! Aquele vinho que tomei, ele deve ter colocado alguma coisa, adormeci e ele me trouxe para cá! Ele não perde por esperar! Vou encontrar um meio para sair daqui e denunciá-lo para a polícia! Eu disse que não queria mais vê-lo, ficou com raiva e quis se vingar, mas não adiantou, sou esperta e conseguirei encontrar um caminho! Vou continuar andando. Por aqui deve existir alguma casa com um telefone. Assim que encontrar vou telefonar para casa e para a polícia!*

Continuou andando. Passou por um pequeno rio e seguiu seu curso. Depois de andar muito e estar cansada, viu à distância uma casa muito grande. Caminhou mais um pouco e aproximou-se até uma varanda que rodeava toda a casa. Tudo parecia deserto, *devem estar dentro de casa, vou bater na porta.*

Bateu, mas ninguém atendeu. Forçou a porta e percebeu que ela estava aberta, abriu devagar e entrou em uma sala enorme. Notou que, embora os móveis fossem antigos, tudo estava muito limpo e arrumado. Bateu palmas e esperou, mas não ouviu ruído algum. Percebeu que estava diante de um espelho e, olhando nele, podia ver-se totalmente. Mas, quando prestou atenção nos detalhes, ficou assustada, *minhas roupas estão imundas e rasgadas! Será que ninguém mora aqui? Não pode ser, está tudo muito limpo...*

Viu um corredor e seguiu por ele. Chegou em uma grande cozinha. Estava com fome, aproximou-se, mas o fogão de lenha estava apagado. Ouviu um ruído de vozes que vinha do lado de fora da casa, correu para a porta da frente. Assim que chegou lá, assustou-se. Viu que várias pessoas, homens e mulheres, conversavam. Notou que estavam sujos e mal vestidos parecendo mendigos. Ao vê-los, ficou com medo e tentou retornar para a casa, mas um dos homens a viu e aproximou-se, dizendo:

— Moça, faz tempo que chegou?

— Não, acabei de chegar. — respondeu assustada.

— Que bom, moça. Vai gostar daqui.

— Desculpe, mas não vou ficar aqui. Fui trazida contra a minha vontade e preciso voltar para minha casa.

— Não vai, não mesmo, moça... — disse com ironia na voz.

— Claro que vou! Só preciso de um telefone!

— Não vai, não moça... a gente não vai deixar...

— Como não? Vocês são comparsas do Murilo?

— Não, a gente também está esperando por ele...

— Ele prometeu dar dinheiro para vocês? Se isso aconteceu, posso garantir que tenho muito mais dinheiro que ele! Se me ajudarem a sair daqui, darei a vocês tudo que quiserem! Meu marido é um empresário muito rico! — Carolina disse desesperada e com muito medo.

— Dinheiro aqui não resolve, moça...

— Como não? O dinheiro pode comprar tudo e todos! Basta me dizer quanto querem para me ajudar e eu pago! Preciso sair daqui e voltar para minha casa!

Carolina percebeu que o homem ficou calado, ao mesmo tempo em que as outras pessoas se aproximavam. Com medo, voltou correndo para a casa. Fechou a porta e ficou encostada nela por algum tempo. Depois foi para uma janela e, através de uma fresta, olhou e viu que eles se aproximavam. Correu pelo corredor e foi para a cozinha. Para sua surpresa, o fogão estava aceso e as brasas estavam fortes. Sobre o fogão, havia uma panela de onde saia muita fumaça. Deduziu que deveria estar cheia de água fervendo. Fechou a porta que separava a cozinha do corredor e aproximou-se do fogão. Segurou forte no cabo da panela e ficou preparada para jogar, assim que entrassem. Esperou por muito tempo, mas eles não entraram. Devagar, foi para uma janela de madeira que havia na cozinha e tornou a olhar por outra fresta. Na havia ninguém. De onde estava, voltou-se e olhou novamente para o fogão. Sentiu uma espécie de vertigem e segurou-se na janela para não cair. Devagar, foi até uma cadeira que estava perto da mesa, sentou e, colocando a cabeça na mesa, sobre seus braços, começou a chorar convulsivamente. Chorou por alguns minutos, depois levantou a cabeça, enxugou as lágrimas com as mãos e pensou: *Não posso ficar assim, chorando como se fosse uma criança! Preciso sair deste lugar! Quanto tempo será que estou aqui? Por minhas roupas, sujas como estão, deve ser há muito tempo. Será que Mário já morreu? Tomara que sim, pois, assim que chegar em casa, vou resgatar o seguro de vida. Agora vou esperar mais um pouco e, se aquelas pessoas não voltarem, vou continuar andando. Deve existir uma outra casa por aqui. Tomara que, nessa, tenha um telefone ou ao menos alguém que possa me ajudar a ir embora daqui.*

Olhou em direção ao fogão e viu uma mulher negra que estava ao lado dele e, com uma colher de pau, mexia uma panela. A surpresa foi tanta que Carolina não percebeu que ela estava com roupas diferentes das suas. Usava uma saia branca e longa e um avental também branco. Olhou para Carolina, sorriu e continuou mexendo na panela com a colher de pau.

— Que bom que está aqui! — Carolina disse feliz.

A mulher não respondeu, apenas sorriu e continuou mexendo na panela. Carolina continuou dizendo:

— Se me ajudar a sair daqui, posso pagar muito bem! Tenho muito dinheiro!

A mulher voltou a olhar para ela e, calada, sorriu novamente.

— Diga alguma coisa! Que lugar é este?

— Não se lembra, Carolina?

— Como sabe meu nome? De onde me conhece?

— Olhe para suas roupas e mãos.

Carolina olhou primeiro para suas roupas e depois para as mãos, gritou nervosa e assustada:

— Que brincadeira é essa? Que roupas são estas? Como minhas mãos estão negras? Já sei, devo ter adormecido quando coloquei a cabeça sobre a mesa e a senhora trocou minha roupas e fez alguma mágica para me enganar!

A senhora, calada, sorriu e voltou-se para a panela que fervia no fogão. Carolina continuou:

— Sei o que aconteceu! Murilo lhe disse quem sou eu e preparou tudo isso para me deixar louca ou para que eu morra, mas está enganado! Nunca tive medo e sei que encontrarei alguém a quem possa pagar para escapar daqui! Quanto você quer? Sei que todos têm seu preço! Basta dizer que eu pago o que for, mas preciso sair daqui e voltar para casa! E ninguém vai me impedir!

— Já está em casa, Carolina. Depende de você continuar aqui ou ir para outro lugar. Ninguém pretende te impedir. Está tendo, mais uma vez, a oportunidade de escolher.

— Não entendo o que está dizendo. Se posso escolher, escolho ir embora!

— A porta está aberta. Pode ir...

Carolina olhou para onde a mulher apontou a mão e viu a varanda. Sabia que lá fora estava o quintal. Estava indo para a porta, quando ouviu a mulher dizendo:

— O doce de banana está pronto, quer um pedaço, Carolina?

Ela sentiu como se tivesse levado um choque, olhou novamente para mulher e gritou:

— Mercedes! Sim, está diferente mas é a mesma Mercedes! Não estou entendendo você era uma negra da fazenda, como pode ter se transformado em minha mãe, aquela que vendeu minha filha? Como pode ser!

— Tudo pode ser, Carolina. Você voltou para casa.

— Estou me lembrando. Vivi aqui e era negra! Como posso ter me transformado desta maneira?

— Está começando a se lembrar. Volte para a cadeira e sente-se novamente.

Aturdida, Carolina voltou a se sentar e as lembranças foram surgindo lentamente. Lembrou-se de Mercedes fazendo doce de banana, que era o que mais ela gostava. Lembrou-se de tudo que havia acontecido. Do mal que, juntamente com Murilo, fez a Mário. De Eliete preparando chás para que ela abortasse várias vezes. De Waldir e Paula que, ainda crianças, deixou nas mãos de Mário e de como ele cuidou dela e das crianças.

— Não estou entendendo. Onde estão os outros?

— Estão todos renascidos. Só eu retornei, você se lembra, disso, não lembra?

— Você morreu! Fui até sua casa e vi como estava doente! Foi no dia em que me disse que Patrícia, aquela moça que namora com André, é a filha que você me roubou e vendeu.

— Eu não entendia porque havia feito aquilo, só quando retornei foi que, assim como você, também me recordei e entendi. Patrícia foi uma das crianças que você, auxiliada por Eliete, abortou. Eu tinha voltado para garantir que ela nascesse, por isso, quando você quis abortar, não concordei. E ela, por ter sido rejeitada por você várias vezes, desta vez seria sua filha, mas criada longe de você. Ela precisava ter uma infância feliz.

— Estou me lembrando de tudo. E Paula, era filha de Eliete, de quem ela não gostava e que eu gostava muito? Quando Eliete batia nela, a menina corria para minha casa e chorava em meus braços. Foi por isso que, agora, adotei-a e criei como se fosse minha filha?

— Sim. Entre vocês existem laços antigos. Mas você errou na educação dela e a transformou em alguém egoísta, fútil e arrogante, e ensinou-lhe que era superior, que não devia se misturar com as pessoas pobres porque estas, segundo você, não eram confiáveis... sem lembrar de Nilda e Ari, que escolheram ser pobres para poderem superar suas fraquezas. Como Murilo, que pediu a mesma coisa. Mas, como você, ele também fracassou e os dois perderam a oportunidade de resgatar nesta encarnação.

— Murilo! Aquele canalha! Me traiu antes e agora também! Eu o odeio, como odeio você! Nunca vou perdoar! Hoje sou uma mulher rica e poderosa! Não quero ficar aqui como uma negra! Uma serviçal! Quero voltar para minha casa! Quero ver meus filhos e saber se Mário já morreu! Será que não entende que tenho muito dinheiro e que posso tudo!

— Aqui seu dinheiro e poder não têm valor, Carolina. A única coisa que pode fazer é se arrepender de tudo que fez e pedir a Deus uma nova oportunidade. Estou aqui para te ajudar.

— Não preciso da sua ajuda nem da ajuda de ninguém! Parece que não ouviu o que eu disse! Sou Carolina Mendes Cordeiro! Uma mulher muito rica e poderosa! Se um dia fui escrava nesta casa, hoje não sou mais! Mário deve ter morrido, quero procurar Murilo e fazer com que pague por me ter drogado e trazido para cá! Você disse que eu posso fazer minhas escolhas! Pois bem! Quero voltar para minha casa e ser branca! Quero que tudo seja como antes! Não pertenço mais a este lugar!

— Nada poderá ser como antes. As vidas que você teve como Carolina, a escrava, e como Carolina Mendes Cordeiro, terminaram e não voltarão mais. Terá que escolher outra vida, Carolina.

— Não quero outra! Sou feliz sendo Carolina Mendes Cordeiro! Por que não posso voltar! Tudo isto não passa de uma armação de Murilo!

— Não pode voltar porque está morta, Carolina. A vida não termina com a morte ela continua por toda eternidade.

— Não estou morta! Você está louca! Sinto meu corpo, ele está aqui! Como posso estar morta! Deixe de brincadeira!

— Você não entendeu o que aconteceu? Não se lembrou da vida que teve aqui? Não lembrou que Mário, apesar de tudo que fez a ele, te aceitou e ajudou, e que você morreu com tuberculose? Ele voltou como Mário Mendes Cordeiro, um homem rico e poderoso, somente para te ajudar e por isso se casou com você e te deu todo dinheiro que pediu.

— Já te disse que não me importo com nada disso e não quero me lembrar! Quero voltar para minha casa! Disse mil vezes que não queria saber nunca mais de você ou de sua família! Continuo te odiando e esse ódio nunca vai passar!

— Estou triste por você, Carolina, mas nada posso fazer para te obrigar a entender e aceitar. Agora vou embora e você ficará com aqueles que estão lá fora.

— Quem são eles? — Carolina perguntou, assustada, ao lembrar deles.

— São espíritos que, assim como você está fazendo agora, não aceitam a realidade e continuam com ódio. Não entenderam que só o perdão e o amor podem resgatar qualquer sentimento. Eles ficam vagando sem destino na tentativa de encontrar a casa e a vida que deixaram.

— Eles me farão mal?

— Não, se fizer tudo que mandarem e os aceitar como seus senhores. Se fizer isso, poderá vagar com eles.

— Vou fazer isso! Tudo será melhor do que continuar aqui e sendo negra! Sei que, ao lado deles, poderei encontrar minha casa e Murilo.

— Está bem, Carolina. Se é assim que quer, assim seja, mas se um dia se arrepender desta decisão e quiser ajuda, basta pedir. Assim como eu, muitos te amam.

Carolina sorriu com desprezo e caminhou em direção a porta. Assim que chegou na varanda, olhou e viu todas aquelas pessoas que a esperavam. Foi em direção a eles.

De onde estava, perto do fogão, Mercedes chorando viu Carolina desaparecer ao lado deles. Hugo e Pires, que durante todo o tempo estavam ali, mas não foram vistos por Carolina, aproximaram-se.

— Infelizmente ela não aceitou, Mercedes. Nada mais podemos fazer. Sabe que ela poderá voltar para o Pai quando quiser. Ele estará sempre de braços abertos para recebê-la.

— Sim, tem razão, Hugo, mas é uma pena que tenha perdido mais esta encarnação.

— Não podemos interferir na sua decisão, só podemos pedir por ela e lhe enviar muita luz. Sabemos que tudo tem um tempo certo para acontecer. Agora vamos embora. Temos muito para fazer pelos outros que ainda estão renascidos.

— Tem razão, vamos.

Epílogo

O tempo passou. Fazia mais de dois anos que Carolina havia morrido. Mário, durante todo esse tempo, fez fisioterapia e, aos poucos, conseguiu ficar em pé sozinho e, com a ajuda de uma bengala, andava devagar. Apresentou Leila a Waldir e Paula, que ficaram felizes em conhecer a nova irmã. Ela e Waldir se formaram e, com Paula, continuaram trabalhando ao lado do pai.

Nilda e Ari voltaram para o trabalho e, graças a Mário, continuaram criando seus filhos com tranqüilidade e as crianças cresciam felizes. A empresa, durante o tempo em que Mário esteve afastado, expandiu-se sob sua orientação e com o comando de Oscar, que, orgulhoso, hoje dizia:

— Viu Mário, não te disse que daria o melhor de mim para que a empresa crescesse?

— Estou vendo, Oscar, mas nunca duvidei disso. Tanto que a entreguei em suas mãos.

— Por mais que faça pela empresa e por você, nunca poderei agradecer por ter confiado em mim e me dado outra chance.

— Isso são águas passada. O que importa é que você nunca mais jogou e estou com saúde ao lado de meus filhos que só me trazem alegria.

— São umas pérolas, todos os três.

— Waldir disse que quer se casar logo. Fiquei muito feliz. Deise é uma ótima moça e gosta muito dele. Precisamos pensar em fazer uma linda festa. Quero que todos saibam como estamos felizes, Oscar.

— Eles se merecem. Sei que serão felizes, Mário. Se quiser, posso pedir a Laura que organize a festa.

— Não será preciso. Eliete, Paula e Leila se encarregarão disso.

— Você soube que os assassinos de Carolina foram condenados? O tal Murilo e a esposa, como mandantes, à pena máxima?

— Sim. Mas isso não me importa. Carolina recebeu o que procurou. Embora ela sempre pensasse que eu tinha outras mulheres, você é testemunha de que isso nunca aconteceu. Eu a amava e tentava entender suas atitudes. Mas isso já passou. Quero passar o resto da minha vida cuidando da empresa e ao lado dos meus filhos. Waldir se casando, logo me dará netos e, aí sim, serei o homem mais feliz deste mundo.

— Eu também estou muito feliz. O susto que Carolina me deu foi a maior lição da minha vida. Vi meu casamento e vida destruídos, fiquei com medo de ser preso e envergonhar meus filhos.

— Para alguma coisa Carolina serviu, não foi? — Mário perguntou sorrindo.

— E como! Se não fosse ela, talvez eu não tivesse me conscientizado de como estava errado e que nunca mais deveria me aproximar de uma mesa de jogo.

— Isso é o que mais me deixa feliz.

— A mim também, Mário. E, quanto às suas pretensões políticas, ainda pretende se candidatar?

— Estou pensando no assunto. Ainda mais agora, que já não preciso me preocupar tanto com a empresa, pois vocês estão cuidando muito bem dela. Quem sabe se me candidatar e for eleito não poderei de alguma forma fazer algo por este país.

— Deve fazer isso. Sei que tem vontade e capacidade.

— Vou pensar, mas vamos deixar esse assunto de lado por enquanto. Temos coisas mais importantes para resolver. Um dia, quem sabe...

— Quanto a Carolina, já a perdoou?

— Não, um dia talvez possa perdoá-la por me ter traído, mas por enquanto ainda não, mas vamos parar com essa conversa. Agora só vamos pensar na festa do casamento.

— Tem razão.

Waldir e Deise estavam radiantes. Deise mais do que ninguém, pois Mário quis que sua mãe se mudasse para uma casa em um bairro melhor. Ela não aceitou, dizendo que aquela casa tinha sido construída por seu marido e, por isso, queria continuar vivendo ali. Mário aceitou seu pedido, mas mandou reformar a casa, que ficou uma maravilha.

— Gostou da reforma da casa, mamãe? — Deise perguntou abraçada a Waldir.

— Claro que sim, minha filha! Está maravilhosa! Não tem mais umidade e Decinho não está mais tendo crises de bronquite. Não desejo mais nada nesta vida, só que vocês sejam muito felizes.

— Seremos, mamãe, sei que seremos...

O dia da festa chegou. Toda sociedade foi convidada. Paula, Leila e Eliete, que agora andavam sempre juntas, organizaram tudo. Os empregados da casa, e principalmente Nilda, junto com a equipe contratada, esforçaram-se para que tudo ficasse em ordem. Depois de muito tempo, a casa foi aberta para uma festa noturna, à beira da piscina, no jardim profusamente iluminado, para que os convidados pudessem aproveitar das delícias daquela noite de verão. O juiz e o padre realizaram o casamento diante de um pequeno altar ali montado. Todos estavam felizes. Mário quis dar a eles, de presente, uma casa para morarem, mas Waldir e Deise não aceitaram, quiseram continuar morando ali, junto de Mário. Entre os convidados, estavam André e sua esposa, Patrícia, que, ao se aproximar de Paula, disse:

— Voltamos há pouco da Europa. Estive muito tempo fora do Brasil e não tenho amigas com quem possa sair. Gostaria de ser sua amiga.

Paula a olhou e, mesmo sem saber por que, sentiu uma enorme ternura. E pensou: *Ela não sabe, mas no meu coração é minha irmã. Parece feliz com a vida que tem, por isso não tenho o direito de lhe contar a verdade. Não sei como aconteceu, mas agora, vendo-a ao lado de André que parece estar muito feliz, sinto que na realidade nunca o amei, foi só um capricho como tantos outros.* Assim pensando, disse:

— Também ficarei feliz em ser sua amiga. Estou trabalhando muito e sem tempo para as minhas futilidades de antes. E por isso minhas amigas daquela época se afastaram. Não posso mais ficar saindo todas as noites para festas. Mas para você, para jantarmos ou fazermos algumas compras, sempre arrumarei um tempo.

— Que ótimo, fico feliz por ter aceitado.

Paula sorriu e se afastou, indo para junto de Marcelo, que não podia deixar de comparecer ao casamento de seu melhor amigo.

Não só aqueles que podiam ser vistos estavam ali. Hugo, Pires e Mercedes também estavam e, assim como os outros, riam de felicidade. Hugo disse, não conseguindo esconder o orgulho e felicidade.

— Sabia que tudo terminaria bem. Mário, embora não precisasse renascer, pediu para voltar e poder ajudar Carolina. Não conseguiu o que pretendia, mas, por outro lado, fez com que esta família ficasse bem e feliz. Com seu amor, manteve todos juntos e se amando.

— Tem razão, Pires mas olhe ali!

Olharam e viram Paula e Marcelo conversando. Aproximaram-se e puderam ouvir o que ele dizia:

— Sabe, Paula. A gente se conhece desde crianças e te acho linda, embora antes fosse fútil e pedante... e sempre te considerei uma amiga, assim como ao Waldir, mas hoje estou notando como você está diferente! Mudou muito, não foi?

— Sim, mudei. Não só na aparência, mas também nos meu conceitos de vida. Aprendi que não sou superior a ninguém. Que todos, perante Deus, somos iguais. Por isso cada um tem de viver sua vida da maneira como é... mas, obrigada pelo linda! — disse rindo.

— Agora que Waldir se casou, sinto que vou ficar sem meu amigo, ao menos como era antigamente e acho que também está na hora de pensar no meu futuro. Estou querendo arrumar uma namorada e, quem sabe, me casar. Gostaria que fosse você.

— Eu?! Nunca pensei em namorar com você!

— Nem eu com você, mas talvez dê certo. Vamos tentar?

Paula olhou em seus olhos e, desta vez, sentiu algo diferente. E disse sorrindo:

— É... talvez dê certo...

— Então vamos dançar? — ele perguntou pegando em seu braço.

— Vamos... — ela respondeu sorrindo e o acompanhando.

Saíram dançando. Eliete os viu e sorriu. Mário se aproximou dela e disse:

— Finalmente parece que Paula encontrou seu caminho, Eliete. Estou muito feliz com a mudança dela.

— Também estou, doutor, pela mudança e por ter encontrado o caminho. Gosto muito do Marcelo. Ele é um bom moço.

— Tem razão! Bem, minha amiga, parece que logo seremos avós. Estamos velhos, Eliete..

— Sim, mas com uma vida muito bem vivida, doutor.

— Vamos dançar, Eliete?

— Eu, doutor?!

— Sim, por que não?

— Tem razão, doutor, por que não?

José, Nilda, Ari e Sara também estavam na festa, mas não como empregados e sim como amigos. Todos dançavam e as crianças corriam de um lado para outro. Os amigos espirituais riram e se afastaram. Pires perguntou:

— Alguém sabe alguma coisa sobre Carolina?

— Estou sempre procurando por ela, para saber como está e esperando o dia em que entenda que Deus sempre lhe dará novas oportunidades. Mas ela, embora não tenha conseguido se adaptar ao lado daqueles espíritos, continua vagando sozinha e procurando encontrar sua casa. Quer por que quer voltar a ser a Carolina Mendes Cordeiro, rica e poderosa. Sem aceitar que isso nunca será possível. O mesmo está acontecendo com a vida de Murilo e Lia. Eles, assim como Carolina, também não aceitam estarem presos, dizem que são vítimas da sociedade e vivem pensando em uma maneira de escaparem da justiça. A idéia deles é que, assim que ficarem livres, Murilo encontre uma outra mulher rica e possam voltar a ter a mesma vida de antes. Todos os amigos espirituais deles estão muito tristes.

— Tudo a seu tempo, Mercedes. Tudo a seu tempo.

— Tem razão, podemos enviar luzes e dar boas intuições, mas não podemos interferir no livre-arbítrio deles. Mas agora está na hora de voltarmos. Todos aqui na festa estão felizes e isso, no momento, é o que importa.

Deram-se as mãos e desapareceram.

FIM

Editora Mensagem de Luz

Títulos da Escritora:

A vida é feita de escolhas
A missão de cada um
À beira da loucura
Deus estava com ele
É preciso algo mais
Nada fica sem resposta
Nem tudo está perdido
Quando o passado não passa
Sempre existe uma razão
Tudo a seu tempo

Recomendado pela escritora:

Desfazendo nós, criando laços
Autor: Wadson P. Souza

Mulheres de Fênix - recomeçando a vida
Suas verdades o tempo não apaga
Autor: Américo Simões

Este livro foi impresso na
LIS GRÁFICA E EDITORA LTDA.
Rua Felício Antônio Alves, 370 – Bonsucesso
CEP 07175-450 – Guarulhos – SP – Fax: (11) 3382-0778
Fone: (11) 3382-0777 – e-mail: lisgrafica@lisgrafica.com.br